杭州亚运会的
智慧之光

2022 年第 19 届亚运会组委会　主编

人 民 邮 电 出 版 社

北　京

序

2023 年 9 月 23 日—10 月 8 日，第 19 届亚运会在杭州成功举办，杭州亚组委全面贯彻落实习近平总书记"简约、安全、精彩"的办赛要求，向世界呈现了一场"中国特色、亚洲风采、精彩纷呈"的体育文化盛会，让世界看到了开放、热情、现代化的中国。

杭州亚运会打破历史、创下多个"第一"，是亚运会历史上规模最大，大家公认最成功的一届国际综合性体育赛事，不仅在体育竞技层面取得了辉煌的成绩，更在科技创新与应用方面实现了突破，打造了智能亚运靓丽的"金名片"。

这是一次克服重重困难、来之不易的科技盛会。智能亚运覆盖面广且跨越众多领域，从最初的项目征集，到最终的建设落地，每一步都充满了挑战与艰辛。杭州亚运会用科技创新为赛事注入了无限活力，不仅让运动员在赛场上尽情挥洒激情，更向世界展示了杭州作为一座充满活力、智慧与创新的现代化都市的独特魅力。

这是一次打破历史、开创数字化办赛先河的盛会。作为首届提出"智能"办赛理念的亚运会，杭州亚运会让世界看到了一个不断创新的现代化中国。亚运史上首个"一站式"数字观赛服务平台、首个数字点火仪式、首届"云上亚运"、首次实现移动支付互联……这一系列首创，让杭州亚运会成为有史以来数字化程度最高的亚运会。

这是一次影响深远、提升城市能级的盛会。国际奥委会主席托马斯·巴赫高度评价"杭州亚运会开幕式是数字创新和人文风采的完美结合""杭州亚运会树立了新标杆，我们看到了充分利用中国和杭州数字专业技术的赛事组织！"通过筹办亚运会，杭州提升了基础设施水平，科技企业也获得了对外展示的广阔平台，城市能级实现了

质的飞跃，数字产业获得了全球推广的重要机会。杭州正借助亚运会的东风，以科技创新为引擎，引领城市迈向更加广阔的国际舞台。

我们将总结本届亚运会的重要成果，深度谋划推动后亚运时代成果运用，持续放大亚运效应，发挥亚运遗产作用，撬动城市数字化发展潜力，努力为中国式现代化提供城市范例。本书就是推动后亚运时代成果运用的载体之一，希望总结、提炼杭州亚运会中的科技创新实践和宝贵经验，为未来大型体育赛事的筹办提供经验借鉴。

本书旨在为广大的读者群体提供知识与启发，无论是体育爱好者、科技工作者、城市管理者、政策制定者，还是对大型赛事科技创新抱有浓厚兴趣的大众读者，都能在这本书中找到属于自己的篇章。期待本书能成为连接过去与未来、传统与创新的桥梁，让更多的人了解科技创新在大型体育赛事中的重要作用，共同推动体育赛事的创新发展。

本书作为记录杭州亚运会科技创新实践的重要文献，衷心希望能为我国乃至全球体育赛事发展提供有益参考。我相信，随着科技的不断进步和创新，未来的体育赛事将更加精彩、智慧、人性化。

谨以此书，献给所有热爱体育、崇尚科技、追求创新的人们。

杭州亚组委执行秘书长、杭州市副市长 陈卫强

2024 年冬于杭州

前言

在数字化浪潮的澎湃推动下，我们正步入一个由人工智能、大数据、云计算等前沿技术引领的新时代——第四次工业革命。从 ChatGPT 的横空出世到 DeepSeek 的迅速发展，将这场技术革新推向了全新的高度。这些技术不仅渗透到各行各业，更成为经济社会转型升级的重要引擎。

体育领域作为经济社会文化的重要组成部分，在这场技术革命中也展现了前所未有的活力。奥运会、世界杯、亚运会等国际顶级赛事，正以前所未有的速度和深度，融合新兴技术，革新赛事管理，提升观众体验，优化运动员训练，成为推动体育赛事创新发展的关键力量。

中国作为全球创新的重要舞台，积极拥抱这一趋势，明确提出了"数字中国"的建设目标，并出台了《数字中国建设整体布局规划》《国务院关于实施健康中国行动的意见》《健康中国行动（2019—2030 年）》等一系列具有战略意义的文件。在国家战略的引领下，体育赛事的创新转型被赋予了新的历史使命，科技创新为我国体育事业和健康中国的可持续发展注入了源源不断的活力。

杭州这座融合了古老韵味与现代气息的城市，在第 19 届亚运会上，充分展现了"绿色、智能、节俭、文明"的办赛理念。其中，智能亚运的构想尤为引人瞩目，它将"智能"理念贯穿于杭州亚运会的筹备、组织、运营、服务和保障的每一个环节。通过运用高新技术，实现了赛事管理的智能化、观众服务的个性化、运动员训练的精准化。科技创新实践不仅提升了赛事的品质和效率，更为观众带来了前所未有的观赛体验。杭州亚运会的创新经验，正是新质生产力在体育赛事中发挥作用的具体表现，也为全球体育赛事提供了宝贵的经验。

本书旨在全面介绍杭州亚运会在科技创新方面的探索和实践，以及数字科技创新给大型体育赛事带来的深远影响。我们期望通过本书，让更多人认识到科技创新在大型体育赛事中的重要作用，推动我国体育赛事跨步向前，为体育事业的繁荣和发展贡献力量。同时，我们也期待杭州亚运会的成功经验能够为全球体育赛事提供借鉴和启示，共同推进全球体育赛事的科技创新进程，开启体育与科技融合的新篇章。

在编写本书的过程中，如何紧跟新一轮科技革命和产业变革的步伐，如何全面展现杭州亚运会的创新实践，以及如何将复杂的技术问题转化为读者易于理解的语言，都是需要不断探索和努力的方向。正是这些挑战，让编写工作充满了发现与创新的乐趣，每一次技术的突破、每一个创新的应用，都让我们深切感受到科技与体育结合的巨大魅力。

本书共有 5 章，系统地介绍了智能亚运的缘起与顶层设计、智能办赛、智能参赛、智能观赛和智能亚运对城市发展的影响。每一章都力求深入浅出，既有宏观的规划与设计，也有微观的实践与应用，展现了智能亚运的全貌。

本书在编写的过程中，得到了亚组委各部室、各主办和协办城市、相关合作伙伴的大力支持和帮助。他们的智慧和汗水，是这本书得以成形的基石。没有他们的辛勤付出和无私奉献，就没有这本书的问世。在此，对他们的付出表示最诚挚的感谢。

创新是中国式现代化的第一动力，智能亚运是近年来中国科技创新成就的一个缩影。在科技创新引领高质量发展的浪潮中，让我们携手前行，共同见证体育与科技的深度融合，让创新成果切实转化为推动体育产业提质增效的核心动能。

由于时间仓促，本书在编写的过程中难免存在一些疏漏或者不足之处，敬请读者给予指正。

杭州第 19 届亚运会组委会

2024 年 10 月

目录

第四章　　　　　　　　　　　　　　　　　　　观赛：智能相伴，精彩无限

第五章　　　　　　　　　　　　　　　　智能亚运对城市发展的影响

**　　　　　　　　　　　　　　　　　　　　　　　　　　　　　　　附录**

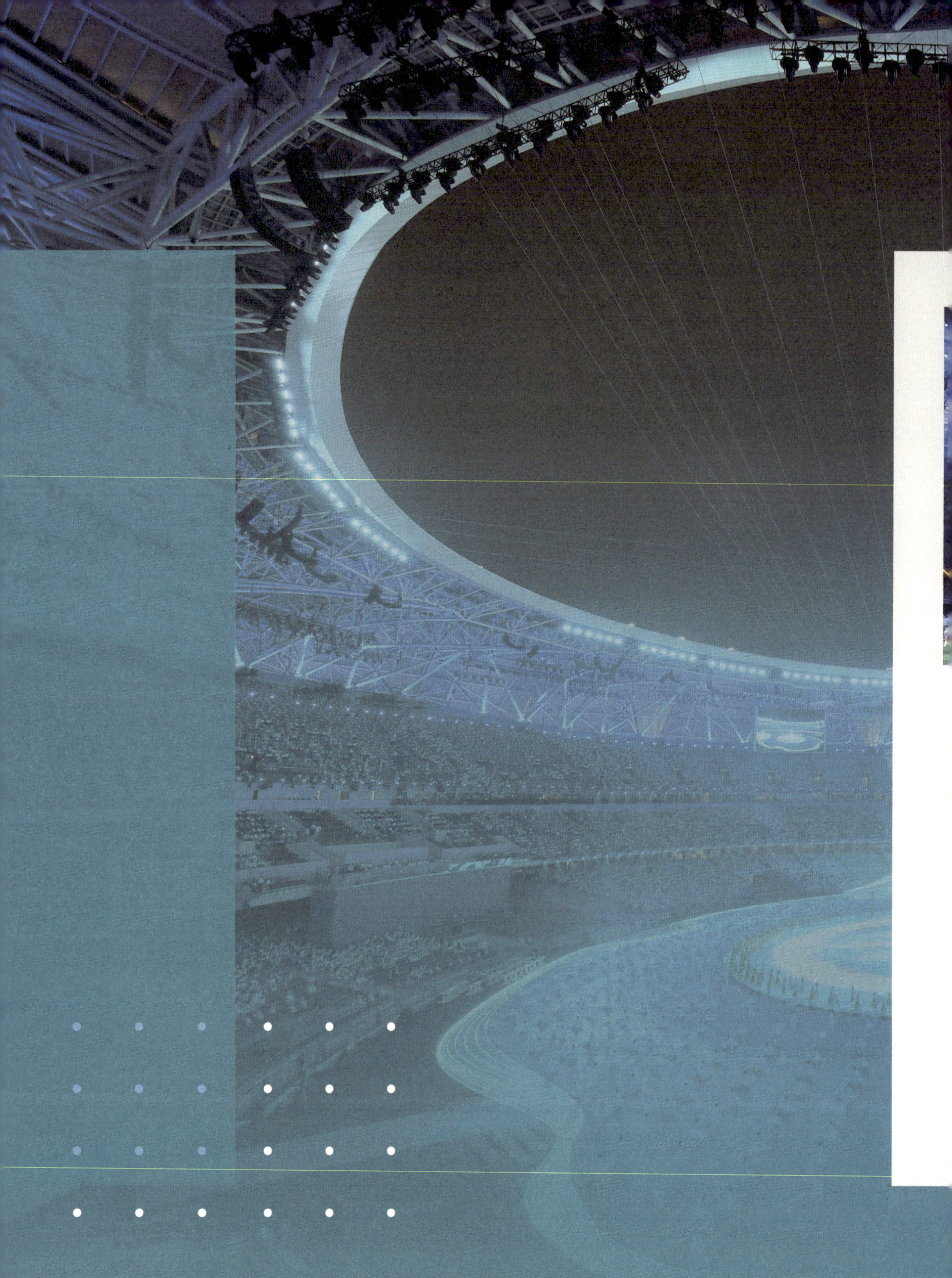

CHAPTER
ONE

第一章

智能亚运总论

一、缘起背景

亚洲运动会作为亚洲范围内规模最大的综合性体育赛事，每四年举办一次。继北京、广州之后，杭州是中国第三个举办亚运会的城市（以下简称"杭州亚运会"）。杭州亚运会于2023年9月23日开幕，至10月8日闭幕，历时16天，共设置了40个大项、61个分项和481个小项竞赛项目，是亚运会历史上项目最多的一届，由2022年第19届亚运会组委会（以下简称"杭州亚组委"）负责具体筹办工作。

2023年10月22日至28日，杭州第4届亚残运会（以下简称"杭州亚残运会"）顺利举办。亚残运会作为亚洲范围内规模最大的残疾人综合性体育赛事，自2010年起每四年举办一次，杭州继广州之后，成为中国第二个举办亚残运会的城市。杭州亚残运会竞赛项目涵盖了22个大项和564个小项，由2022年第4届亚残运会组委会（以下简称"杭州亚残组委"）负责具体筹办工作。

杭州亚运会与杭州亚残运会共同遵循"简约、安全、精彩"的办赛要求，分别秉持"绿色、智能、节俭、文明"和"阳光、和谐、自强、共享"的办赛理念，以打造体育亚运、城市亚运、品牌亚运为战略目标，向世界展示了一届具有"中国特色、亚洲风采、精彩纷呈"的体育盛会。这两场盛会不仅是体育的竞技场，更是将体育与科技、传统与现代融合，向世界展示了一个充满活力、开放包容、创新驱动的中国形象。

当今世界，新一轮科技革命和产业变革蓬勃兴起，数字技术快速发展。正如习近平总书记所强调，"我们要乘势而上，加快数字经济、数字社会、数字政府建设，推动各领域数字化优化升级"。在此背景下，加快数字化建设步伐是推动现代化发展的必然要求，是贯彻新发展理念的应有之义，是创造美好生活的重要手段。体育与科技的融合发展，是数字化加速建设的缩影，智能亚运正是在此背景下拉开了帷幕。

国家战略引领体育事业进入新阶段

近年来，随着《体育强国建设纲要》《"十四五"体育发展规划》的出台，体育与科技的深度融合成为体育事业发展的重要任务。《数字中国建设整体布局规划》为体育事业的数字化转型注入了强大动力，规划特别提到"要推进数字技术与经济、政治、文化、社会、生态文明建设'五位一体'深度融合"。这一战略部署意味着体育将深度融入数字中国建设大局，迎来新的发展机遇。

浙江省积极响应国家战略，以《浙江省体育改革发展"十四五"规划》为引领，明确指出"推进数字科技助力竞技体育"，在体育训练、场馆数字化、体育医疗等领域着力加强科研攻关与应用，推动体育事业实现快速发展。同时，浙江省更以数字经济创新提质"一号发展工程"为引擎，注重体育事业的数字化发展，积极引进和培育体育科技企业，推动体育科技创新成果的转化应用，为体育事业的持续发展注入了新动能。

杭州市作为浙江省的省会城市，更是将体育事业的发展放在了重要位置，《杭州市"十四五"体育产业发展规划》提出"鼓励体育企业实现信息化、数字化，通过数据驱动实现体育产业全链条的数字化和智能化"，以其在科技创新、数字经济的深厚基础，探索体育与数字技术的深度融合，以现代化的体育产业体系助力杭州实现"赛事之城"的建设目标。

科技创新激发体育赛事活动新变化

随着科技发展日新月异，一系列前沿科技正在不断融入经济社会的各个方面，同时也在引领体育赛事活动步入一个数字化、智能化的新时代。

科技创新助力体育赛事安全运行。体育赛事通过物联网、云计算等技术对体育场馆进行智慧化升级，实现高效的场馆运营；通过三维可视化提升场馆运营管理效率；利用大数据、人工智能等技术，建立人员安全、水电燃气、气象等在内的全方位保障体系，为各类体育赛事和日常运动提供科技支持；利用区块链技术在票务领域确保了信息的安全性和真实性。

科技创新推动体育产业协调发展。新一轮科技革命和产业变革正在加速演进，5G、Web3.0、区块链等新技术，正在重构人、场地、设施与体育活动等要素之间的关系，优化赛事的呈现方式，还深度渗透到体育训练、赛事管理、运动装备等各个环节，实现了体育产业链的升级，进一步拓展了体育产业的边界。

科技创新加速体育与健康深度融合。健康可穿戴设备、智能健身器材和体育设施智能设备，以人工智能为代表的多学科融合技术，帮助运动员量身定制训练计划，提升运动效果，也给公民日常健康强身提供智能辅助，推动全民健身的普及和发展。

杭州数字经济夯实智能亚运新基础

杭州市高度尊重科技创新和产业发展的客观规律，坚持做到有效市场和有为政府相结合，政府服务不叫不到、随叫随到，政策兑现说到做到、直达快享，不遗余力支持新兴产业、新模式和新业态的发展，努力实现"有求必应、无事不扰"的目标，在我国率先布局数字经济，聚焦云计算、智能物联、人工智能、机器人产业，高水平建设"全国数字经济第一城"。近年来，杭州市摘得国家新一代人工智能创新发展试验区、国家人工智能创新应用先导区、国家服务型制造示范城市、国家级信息消费示范

城市等一批"国字号"招牌，居全国数字经济第一方阵。

云计算产业生态齐备。杭州市形成了以阿里云为代表的 30 多家云平台服务商和 200 多家云应用服务商组成的云计算产业生态，展现出显著的区域集聚优势。《2023 年浙江省算力产业发展报告》显示，截至 2023 年年底，杭州市已建算力规模达到 4.66EFLOPS，占浙江全省的 52.6%，位于全国前列，为杭州亚运会各类智能应用提供弹性且安全的云底座支持。

物联网产业规模发展。杭州市作为物联网技术研发和应用的领先城市，截至 2023 年年底，杭州市物联网相关企业已超过 200 家，其中主营业务收入超百亿元的企业有 2 家，超 10 亿元的企业有 18 家，并赋能千行百业。物联网技术为杭州亚运会场馆管理、安全保障等场景下的数字化、智能化提供产业支撑。

视觉智能领跑全球。2023 年 8 月，杭州市提出加快高标准建设"中国视谷"，打造"视觉智能第一城"，将杭州视觉智能产业打造成世界级数字产业集群。目前，杭州市在图形图像识别、多维感知、数据融合、大数据存储分析等关键技术方面已实现全球"并跑"甚至"领跑"。视觉智能技术，为杭州亚运会提供全方位、多场景的增强现实（Augmented Reality，AR）体验，让运动员、技术官员、媒体记者、志愿者、观众等在不同场景中体验数实融合的沉浸式体验。

　　人工智能全国领先。杭州市在人工智能领域展现了深厚的实力，并具有前瞻的视野。以阿里巴巴、海康威视等为代表的高新技术企业推出的通义千问、观澜等大模型，彰显了我国在人工智能方面的技术实力。浙江大学、西湖大学、之江实验室、乾元实验室、中国（杭州）人工智能小镇等众多高校、科研机构和产业载体，推动着人工智能技术的持续创新与发展。这些科技成果为杭州亚运会注入强大的智能动力，提升了赛事管理服务效率，为运动员和观众提供精准、便捷的服务体验。

　　机器人产业蓬勃发展。杭州市拥有机器人相关企业数量超过数百家，产业总产值突破数十亿元人民币，规划并建设了经济技术开发区、高新技术产业开发区等多个机器人产业园区，形成了完善的机器人产业链体系。根据《浙江省机器人产业发展报告（2022年）》，杭州市机器人产业的年增长率保持在20%以上。机器人在杭州亚运会客户服务、赛事安保、智能清洁、移动售货、货物搬运等领域得到广泛应用。

二、经验借鉴

近些年，国内外大型体育赛事已经从单纯的体育竞技演变为体育与科技深度融合的盛会。现代体育赛事的组织与呈现愈发需要通过先进的技术手段，来提升赛事的观赏性、参与性和管理效率。本节重点回顾以往大型体育赛事中的各类技术创新应用，为智能亚运应用创新提供借鉴参考。

办赛领域

赛事主办方借助前沿技术，对赛事进行规划、管理和执行，不仅重塑了传统赛事的运作模式，也开启了一扇探索体育赛事创新机遇的大门。科技创新的强劲动力正推动着体育赛事的组织管理向更加数字化、智能化的方向迈进。

赛事指挥

赛事指挥平台，作为赛事指挥"大脑"，融合了 BIM、大数据等技术，为赛事的顺畅运行提供了坚实的技术支持。

北京 2022 年冬奥会赛事指挥平台汇集了场馆、运行、交通、气象、安保等关键信息，实现了对赛事全貌的实时监控和统一指挥，确保北京、延庆、张家口三个赛区的紧密协作和高效运行。

第十四届全运会赛事指挥平台实现了跨部门的数据整合与业务协同。它不仅是信息沟通的中心，也是决策的核心，实现了竞赛、交通、通信、医疗、气象等部门的数据互联和业务协同，确保赛事顺利运行。

场馆管理

科技的进步引领现代体育场馆迈向数字化和智能化，提升了场馆运营的效率。

作为北京 2022 年冬奥会场馆之一的国家速滑馆"冰丝带"，集成 45 个子系统，3D 可视化呈现场馆设施，实现场馆运行数据采集、趋势研判、提前预警和分析决策的综合智慧管理。

此外，国家游泳中心由"水立方"变身为"冰立方"，可实现冬季和夏季两个使用场景的转换。国家跳台滑雪中心引入了跳台滑雪助滑道冰面温度位移智能监控系统，为助滑道维护提供数据支持。

服务保障

从区块链应用到 5G 网络的全面覆盖，科技已经成为提升体育赛事后勤服务保障水平、确保比赛顺利进行的关键因素。

2018 年俄罗斯世界杯首次采用区块链门票服务，以其不易篡改、点对点交易的特性，减少了赛事购票的中间环节，有效遏制了假票流通，提升了票务安全性。

北京 2022 年冬奥会在 25 个场馆及其周边实现了 5G 网络全覆盖，保障了高清赛事直播的流畅性，提升了远程医疗和应急救治的响应速度，医疗团队能够即时获取运动员生理数据，进而为运动员提供迅速而准确的医疗救助。

参赛领域

体育竞技，作为体育精神的生动体现，历来是勇气、毅力和卓越追求的象征。而科技的融入，赋予了它新的活力。科技的运用在促进运动员的个人成绩提升、确保比赛的公正性、促进全球文化交流中扮演了重要的角色。

训练辅助

在竞技体育的激烈竞争中，科技提升运动员表现已成为全球关注的焦点。

2020 年东京奥运会备战期间，中国游泳队将航天惯性技术应用于训练，使教练能精确捕捉运动员的水下动作和关键技术参数，实现了动作的精细量化评估。

与此同时，针对滑冰、滑雪和山地自行车等高速极限运动，VR 训练模拟器能 1:1 还原赛道，允许运动员在安全环境中模拟训练，增强肌肉记忆。北京 2022 年冬奥会采用了六自由度电动模拟体育训练系统，将六自由度运动系统技术、VR 技术、数字仿真技术相结合，为运动员提供逼真的专项运动训练环境。

裁判辅助

在体育场上，胜负瞬息万变，公平判罚尤为重要。AI 技术和 AR 技术的引入，为人工裁判提供了判断辅助，提升了比赛的观赏性和专业性。

在北京 2022 年冬奥会跳台滑雪项目中，AI 技术驱动的生物力学快速反馈系统通过图像识别技术自动追踪运动员关节点，准确测量起跳时的关键动作指标，为裁判评分提供了客观的科学依据。

机器人服务

随着技术的进步，各类机器人逐渐应用于大型体育赛事中，为参赛者营造了一个更加安全、高效且舒适的服务环境。

2020 年东京奥运会，从 5G 篮球机器人在赛场上的惊艳表现，到警卫、翻译、清扫、迎宾和配送机器人的各司其职，它们有效降低了人工成本并增强了安全与服务，展示了科技的力量与魅力。

在北京 2022 年冬奥会的主媒体中心餐厅，机器人可代替传统厨师和服务员，从点餐到送餐实现机械化操作。在记者扫码下单后，通过空中轨道快速传送，即可享用机器人制作的餐点。

观赛领域

科技正在改善观赛体验，观赛方式变得更加多元和便捷，使观众通过更加直观且可以互动的赛事观赏方式，更加深入地体验体育赛事。

开闭幕式

随着现代科技的飞速发展，大型体育赛事开闭幕式的视觉盛宴愈发引人入胜，其蕴含的文化底蕴也日益深厚。

北京 2022 年冬奥会的开幕式将"冰立方"转变为奥运五环的一幕，通过三维数字装置和裸眼 3D 技术，给观众带来了震撼的视觉效果。而"黄河水"倾泻的景象，则是利用图像处理算法，将中国传统水墨画的纹理与现代科技相结合，展现了文化的传承与创新。此外，开幕式还利用了超大规模的 8K 超高清地面显示系统，由 42000 块 LED 模块构成，为观众带来了超清晰的视觉体验。

武汉 2019 年军运会开幕式采用了国内首个全三维立体舞台，结合人工智能、超高亮度激光投影等技术，展现了空间的立体多维感，完成 360° 全景式、立体式空间表演，给观众带来沉浸式体验。

科技与艺术的融合，已经成为大型体育赛事开幕式和闭幕式的新趋势，它们不仅为观众带来了更加丰富多彩的视觉和情感体验，也为赛事增添了独特的文化内涵和创意表达。

现场观赛

全息投影和 AR 技术正在彻底改变现场观众的观赛体验，不仅为运动员提供了更大的展示空间，而且使观众更深入地融入赛事和表演。

北京 2022 年冬奥会，冰上场馆的裸眼 3D 冰面投影秀，以光影展现了中国文化和故事，打破了传统舞台限制，为观众带来了不一样的视觉效果。

2022 年卡塔尔世界杯期间，FIFA + 应用程序的实时 AR 服务，通过智能设备扫描赛场，可自动识别球员并提供统计数据和实时热力图，丰富了现场观众的观赛体验。

转播观赛

数字时代，科技正在深刻改变着我们的观赛体验。

2020 年东京奥运会借助 5G+8K 技术的先进应用，引入 5G 云包厢和球迷视频矩阵等创新功能，使观众能够与亲朋好友实时共享令人激动的时刻。

在北京 2022 年冬奥会上，数字记者"小净"和 AI 手语主播以逼真的形象和自然动作，结合 AI 智能识别与实时翻译能力，为观众提供了更便捷高效的信息获取方式，为赛事报道带来了新的体验。

三、顶层设计

顶层设计是指在智能亚运建设工作的前期，从宏观层面进行规划和设计。它涉及对整个架构和运作方式的全面考虑，以确保各个部分能够协调一致地工作，达到预期的目标和效果。为了确保智能亚运的顺利落地，杭州亚组委从智能亚运与信息技术的定义关系、目标愿景与总体架构、实施路径与运行机制等方面对智能亚运进行了顶层设计。

信息技术与智能亚运

杭州亚组委于 2019 年发布了《2022 年第 19 届亚运会信息技术总体规划》（以下简称"《信息技术总体规划》"）。《信息技术总体规划》定义了信息技术是支撑亚运会系统建设，实现杭州亚运会成功举办的重要基础，其主要依托于 AGIS、互联网等专用网络及基础平台，建立面向指挥信息服务、竞赛信息服务、媒体信息服务、办赛信息服务及公众信息服务的应用系统群，主要包括赛事管理类系统、赛事成绩发布类系统、赛事成绩类系统、赛事支持类系统、竞赛视频类系统和亚组委管理类系统六大类。同年，杭州亚组委结合杭州打造"数字经济第一城"的愿景目标，贯彻落实"智能"办赛理念，提出建设智能亚运的思路：围绕智能办赛、参赛、观赛三大领域，充分利用人工智能、大数据、云计算等新一代信息技术，提升赛事组织、运营、服务、保障等各方面的智能化水平，实现赛事管理的高效化、观众体验的个性化、信息传播的即时化，为运动员、观众和组织者带来更加便捷和丰富的参与体验，让杭州亚运会成为我国科技创新成果展示的重要舞台。

在杭州亚运会的舞台上，信息技术扮演着至关重要的角色，信息技术的应用贯穿杭州亚运会的筹备与实施过程中。信息技术的缺失，就如同菜肴中缺少了"盐分"，会使整个赛事的组织和管理失去核心支撑，无法高效、准确地处理海量的赛事信息，也无法为运动员、观众和媒体记者提供及时、准确的成绩等信息服务，影响着赛事的顺畅进行。

智能亚运则是在信息技术这一坚实基础之上，融入了人工智能、大数据、云计算等技术，为杭州亚运会注入了智能化、高效化的管理和服务体验，不仅提升了赛事的运作效率，还为观众带来了更加便捷、个性化的观赛享受。例如，通过个性化赛事推荐、虚拟现实观赛等应用，让每一位观众都能享受到量身定制的观赛体验。它就像"味精"一样，为体育赛事带来了额外的附加价值，使其更加符合现代社会的需求和发展趋势。

综上所述，信息技术是体育赛事运行的基础和必需品，为赛事提供了必要的信息支撑和管理服务；智能亚运则是在此基础上进一步提升赛事品质和观众体验的智能化手段，代表了体育赛事的未来发展方向。两者共同构成了杭州亚运会赛事信息化、智能化的重要支撑，为体育赛事的成功举办和持续发展提供了有力的保障。

目标愿景与总体架构

明确智能亚运的概念后，制定一个全面的总体规划，对于指导智能亚运的各项工作十分重要。2019年8月，杭州亚组委启动《智能亚运总体规划》（以下简称"《规划》"）编制工作，并在同年12月完成了规划草案。规划清晰地阐述了智能亚运的目标愿景和总体架构，为智能亚运提供了一幅清晰的建设蓝图。

目标愿景

智能亚运涵盖了体育赛事、城市发展和数字经济等多个方面，通过科技的应用和创新实践，为杭州亚运会带来别样的精彩。

依据《规划》，智能亚运旨在打造一个科技驱动、可持续发展的赛事典范，为城市发展和品牌形象注入持久动力，具体来说，主要包括以下3个方面。

塑造科技驱动的体育亚运

智能亚运以体育赛事为核心，致力于打造一个科技引领的高水平竞技平台。通过融合人工智能、虚拟现实等前沿科技，推动赛事管理和服务的智能化革新，充分激发运动员的竞技潜力，确保赛事的公正性与透明度，给观众带来沉浸式的观赛体验，共塑一个充满活力与激情的体育亚运，为全球体育赛事数字化办赛提供新思路。

激发城市活力的城市亚运

杭州亚运会，不仅是体育竞技的巅峰舞台，更是城市革新的"加速器"。在筹办过程中，将科技与城市发展同频共振，"城市大脑"的升级与数字基础设施的完善，绿色环保理念的贯彻，共同塑造了一个高效、便捷、绿色、宜居的智慧城市。杭州亚运会的举办，不仅为城市带来了进步的新动力，也向世界展示了杭州在探索未来城市发展道路上的数字成果，为城市智慧化转型树立标杆。

打响杭州数字经济的品牌亚运

智能亚运，作为杭州崭新的城市名片，不仅彰显了这座城市在数字经济领域的新飞跃，更是科技创新成果的展示窗口，体现了杭州的城市特色和创新精神。这场盛会的成功举办，不仅显著提升了杭州的全球知名度，还加强了文化交流与合作，为城市的持续繁荣和全球数字经济的深入合作铺开了广阔道路。

总体架构

总体架构主要从宏观规划的视角出发，为智能亚运提供了一个清晰的全景视图，支撑了智能亚运目标愿景的最终实现。总体架构主要有以下 3 个方面作用。

整体设计——帮助杭州亚组委从宏观角度审视智能亚运的整体布局，清晰地识别出智能亚运的关键组成部分，确保各部分在初期设计阶段就能够相互协调。

统筹协调——将不同部门、不同技术系统整合在一起，确保智能亚运的各个方面能够高效协同工作，使各个团队能够明确职责和任务，相互协同，从而实现信息共享和资源整合。

创新优化——总体架构是一个持续迭代的蓝图，它不仅反映了前沿技术的创新实践，还为技术迭代和功能扩展预留了空间。这一架构使杭州亚组委能够持续地评估和提升现有系统性能，同时积极探索和整合新兴技术，以优化赛事管理、提升参赛者和观众体验。

作为一个综合性体系，智能亚运总体架构横向分为基础设施、数据资源、赛事信息技术和智能亚运应用四大体系，并提供技术服务方案；纵向依托政策保障、标准规范、组织保障、网络安全四大体系全程贯通，保障项目落地实现。横纵双向互为支撑，共同搭建一个高效、稳定的智能亚运架构。智能亚运总体架构如图 1-1 所示。

基础设施体系。通过终端、网络和云服务 3 个核心组成部分的紧密协作，全面

智能办赛

办赛客户端：亚运钉

智能指挥	智能医疗
智能交通	智能场馆
智能转播	智能安防
智能赛事保障	

**智能亚运
应用体系**

赛事管理类系统

赛事支持类系统

赛事成绩发布类系统

**赛事信息
技术体系**

**数据资源
体系**

| 基础库 | 专题库 |
| 数据高铁 | 数据共享 |

**基础设施
体系**

云

网络   移动通信网（5G/5G-A[1]）

终端   摄像头 传感器 手机

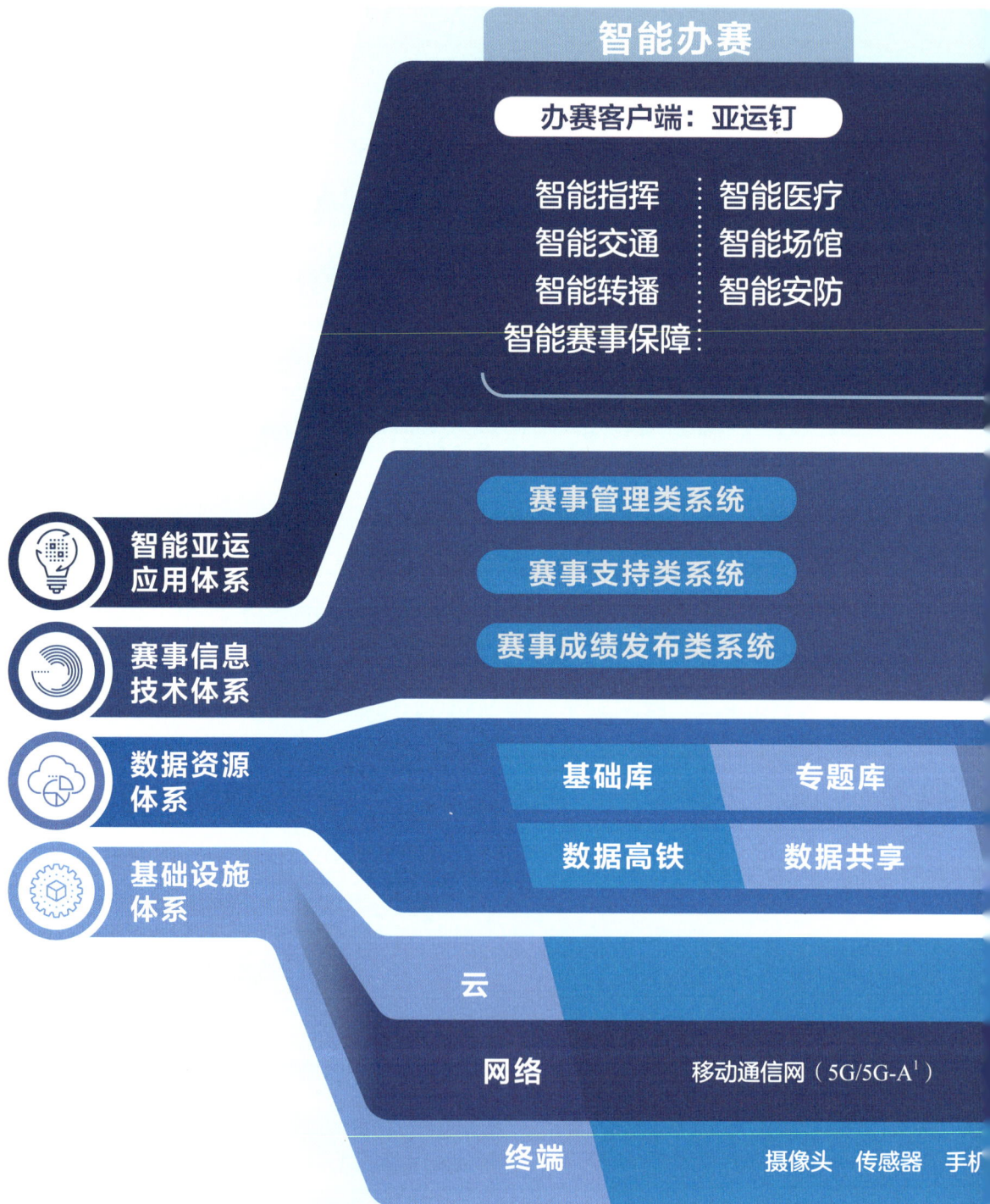

1 5G-A 全称为 5G-Advanced，也被称为 5.5G，是 5G 向 6G 演进的关键阶段。

智能参赛

智能观赛

参赛客户端：杭州亚运行

观赛客户端：智能亚运一站通

智能竞技 ┊ 智能机器人

智能生活 ┊ 智能助残

智能表演 ┊ 智能互动

智能支付

智能公共设施 ┊

政策保障体系

竞赛视频类系统

赛事成绩类系统

亚组委管理类系统

标准规范体系

归集库　　　　清洗库

算法模型　　　分析挖掘

组织保障体系

一云服务

网络安全体系

政务外网　物联感知网　视联网

定制服务终端　……

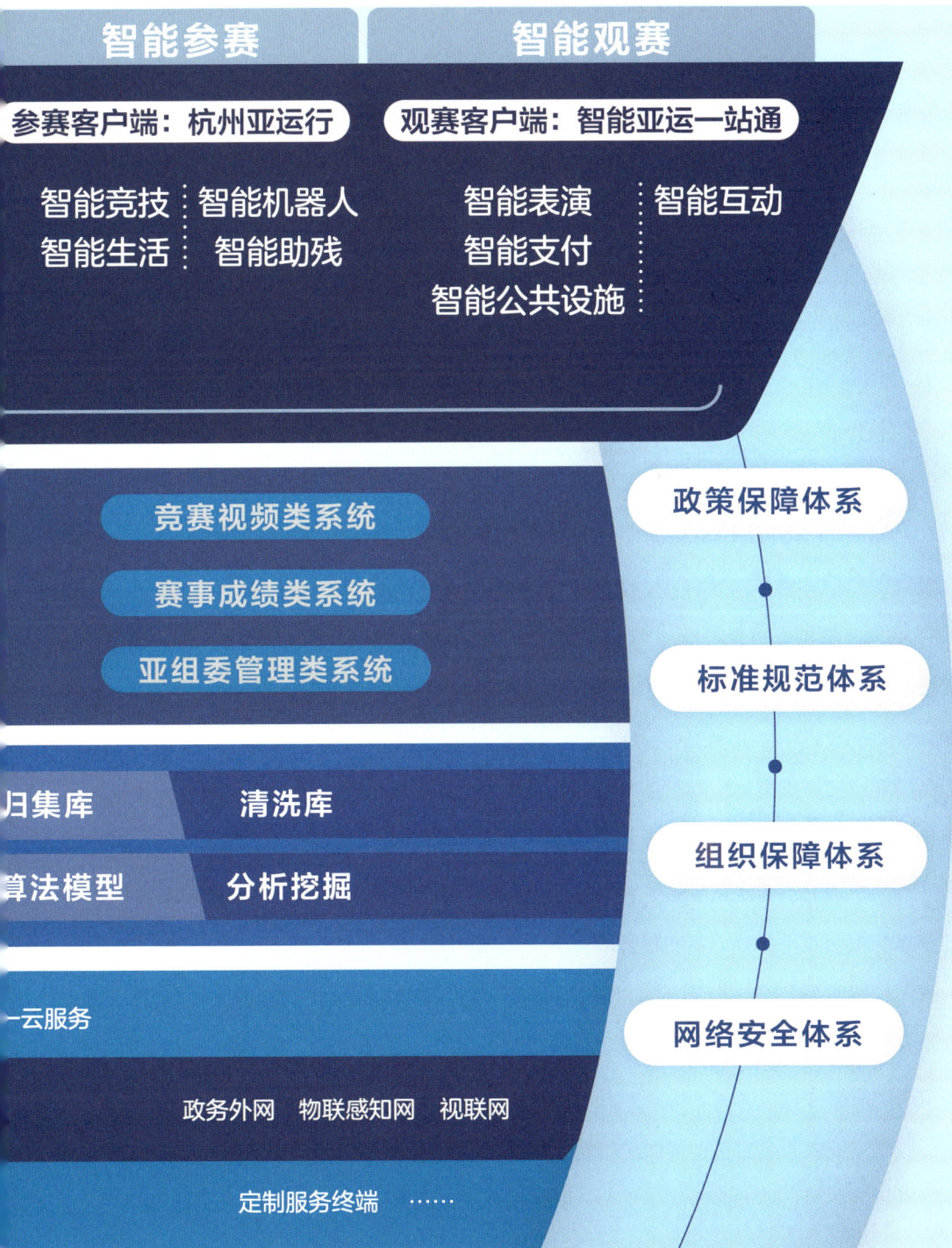

图 1-1　智能亚运总体架构

推动了赛事的智能化进程。在终端层面，充分利用物联传感器和移动设备，实时高效地采集各类数据。在网络层面，依靠 5G/5G-A、视联网等技术，不仅实现了数据的超高速传输，还保障了信息在传输过程中的安全性。在云服务层面，除了提供全方位的 IT 资源服务外，该体系更专注于对海量数据的深度挖掘与智能决策，从而为赛事的智能化管理提供有力支撑。

数据资源体系。通过基础库、专题库、归集库、清洗库等组件的协同作用，实现对赛事相关数据的全面收集、安全存储、有效整合与深度清洗。数据高铁与数据共享机制的建立，进一步保障了数据资源的高效流转与广泛共享，从而为智能亚运的各个应用环节提供充实的数据支持，使数据分析更为精准，决策响应更为及时。

赛事信息技术体系。该体系包含赛事管理类系统、赛事成绩发布类系统、赛事成绩类系统、赛事支持类系统、竞赛视频系统、亚组委管理类系统六大类，为各类相关主体提供信息化服务，为智能亚运应用提供赛事服务领域的数据与应用接口支撑。

智能亚运应用体系。全面覆盖办赛、参赛、观赛这三大核心领域，为组织者、运动员和观众等不同用户群体量身定制"亚运钉""杭州亚运行""智能亚运一站通"三大客户端为引领的多样化智能服务，打造了一个高效、便捷、互动的智能化赛事环境，提升赛事的组织效率和参与者的服务体验。

政策保障体系。通过制定《智能亚运总体规划》《智能亚运工作方案》等一系列政策，详细规划了从基础设施建设到赛事运营管理的全流程，不仅为智能亚运的建设提供了宏观指导和具体实施细则，还明确了各个阶段的工作目标和关键节点，为智能亚运的建设提供了全方位、多层次的制度保障。

标准规范体系。通过制定和实施统一的数据标准、信息安全标准、信息交换标准等规范，编制《智能亚运数据管理规范》《智能亚运接口集成规范》等技术指南，为智能亚运的各个系统设定明确的接入、运行准则，减少技术上的障碍，提升系统的整体可靠性和稳定性，确保不同系统和设备之间的兼容性和互操作性。

组织保障体系。成立杭州亚运会智能亚运建设工作领导小组，设立赛事指挥、安防安检、开闭幕式等 12 个工作组和办公室，覆盖多个关键环节。各工作组和办公室分工明确，责任到人。同时，领导小组与工作组、办公室之间形成了紧密的工作联动机制，确保信息畅通，决策迅速，执行有力。通过这一体系的运作，实现对智能亚运建设工作的全局把控与精细管理，保障各项智能应用的顺利落地与高效实施。

网络安全体系。成立杭州亚运会网络安全领导小组，制定《网络安全管理办法》《信息系统上线阶段网络安全管理细则》等一系列文件，构建一个涵盖网络监控、风险评估、应急响应和数据保护等多个关键环节的全方位安全防护网，最大程度预防和应对各种网络安全威胁，保护信息系统和数据不受侵害，从而确保智能亚运的高效、平稳运行。

实施路径与运行机制

在明确智能亚运的目标愿景与总体架构后，如何将这些蓝图转化为现实，确保智能亚运项目按计划稳步实施并顺畅运行，同样重要。为此，杭州亚组委采取了一系列措施，通过广泛调研、多元化合作、科学统筹，以及严密的组织保障体系，共同推动智能亚运的成功落地。

实施路径

广泛调研

调研工作是智能亚运建设工作开始前的重要一步，它可以帮助杭州亚组委全面了解相关领域的最新动态和技术趋势，确保后续的项目能够满足实际需求并具有前瞻性。

在智能亚运项目谋划阶段，杭州亚组委通过深入调研、专题研讨和举办论坛等形式，融合各领域专业知识，共同探索智能亚运的创新路径，塑造赛事的智能品牌。

2019 年 6 月至 7 月，杭州亚组委通过组织专家策划会、企业推介会、专题研讨会等一系列活动，汇集了 36 项智能技术，覆盖 17 个关键领域，56 个应用场景，形成《智能亚运应用场景选编》，为后续智能亚运工作奠定了基础。2019 年 11 月 21 日，杭州亚组委联合浙江大学举办"智慧体育·智能亚运"论坛，来自体育科技、人工智能领域专家学者、企业代表，以及杭州亚组委和浙江大学师生代表近 300 人参会，为智能亚运建设提出新见解、新理念、新建议。

2019 年至 2020 年，杭州亚组委先后赴海康威视、商汤科技、宇树科技、云深处、强脑科技、浙江大学、西湖大学、上海科技大学等数十家高新企业和高等院校开展智能应用调研，学习最新前沿领域技术应用，商讨共同合作模式与落地应用场景，助推智能亚运重点应用场景建设。杭州亚组委在西湖大学开展专题调研如图 1-2 所示。

图 1-2   杭州亚组委在西湖大学开展专题调研

全球征集项目

"全球征集项目"是杭州亚组委在智能亚运建设工作中的一项重要举措，它通过吸引全球顶尖团队，筛选优秀解决方案，拓宽创新视野，打破传统思维模式等方式，为智能亚运的建设注入了新的活力和前瞻性元素。

2019 年 9 月，杭州亚组委向全球发布征集第 19 届亚运会智能亚运重点项目解决方案的公告，重点围绕智能指挥、智能安防、智能安检、智能生活、智能表演、智能场馆、智能语言服务、智能出行、智能观赛和创新技术展示 10 个领域的关键技术问题开展研究，截止 2019 年 12 月 25 日，共征集到解决方案 187 份。

2020 年 1 月至 5 月，杭州亚组委组织专家组对解决方案进行初审和复审，评选出 30 个"最佳奖"和 90 个"参与奖"，具体项目可见附录四。

领导小组统筹推进

智能亚运的建设工作复杂且庞大，强有力的领导和统筹协调是确保项目顺利进行的关键之一。通过组建领导小组，可以有效地整合资源、明确方向并协调各方力量，从而提高项目执行的效率和效果。

2019 年 9 月 28 日，杭州亚运会智能亚运建设工作领导小组（以下简称"领导小组"）的成立，标志着智能亚运建设工作进入了一个新的阶段。领导小组由杭州亚组委执行秘书长、杭州市政府副市长陈卫强担任组长，下设办公室和 12 个工作组，以"专班化运作 + 项目化实施"方式统筹推进智能亚运建设工作。

领导小组主要职责包括：加强顶层设计和统筹协调，抓好需求征集、任务梳理、责任分解、督查考评等工作；强化理论体系和制度规范体系建设，负责组织制定智能亚运建设工作方案；负责协调联络省市相关职能部门，开展科技项目示范应用征集工作；负责建立工作考核办法，指导各工作组开展智能亚运项目建设工作，开展专项工作督查；负责建立健全工作例会、专题调研、工作协同等工作机制，统筹推进各项任务落地见效；负责统筹智能亚运项目的宣发工作。

同时，领导小组根据各工作组的职能和分工，确立了工作例会、协同推进、督办落实和考核评价在内四大工作机制，保障建设工作有序进行。智能亚运建设工作部署会如图 1-3 所示。

图 1-3　智能亚运建设工作部署会

多元化建设模式

仅仅依靠杭州亚组委的力量单独支撑智能亚运庞大的建设工作是远远不够的，多元化建设模式能够充分发挥不同部门和不同组织的优势，整合各方资源，促进创新和效率，确保项目能够全面、高效地推进。

因此，杭州亚组委与政府部门、企业、高校和科研院所等多方主体之间，通过紧密合作、多元化合作方式共同参与和推动智能亚运建设。

政府职能部门间的合作方面。杭州亚组委与浙江省科技厅、杭州市科技局等政府部门紧密合作，成功推动了科技成果在杭州亚运会转化落地，实现了多部门协同和联动合作。

2019 年至 2023 年，浙江省科技厅先后支持"面向复杂大场景的安防和全息多媒体展示多功能智能机器人研究""基于云端协同的亚运赛事视频直播技术研究及应用"等 19 个智能亚运项目纳入省重点科技研发项目，详见附录五。

2022 年至 2023 年，杭州市科技局先后将"四足机器人在颁奖仪式和运动员场务服务方面的应用""服务亚运会安全保障的太赫兹智能人体安检系统研发与应用"等 50 个项目列入支持项目，并在杭州亚运会相关场景下开展应用，详见附录六。

除政府职能部门之间的通力合作外，杭州亚组委还通过赞助、公开招标和捐赠等多元化方式，积极鼓励企业、高校等多元主体参与，例如联合阿里巴巴构建云计算服务体系，携手浙江大学打造人工智能特色应用，委托华信咨询开展全过程咨询，进一步拓宽合作渠道，促进跨领域协同，共同推动智能亚运的高效实施和创新发展。智能亚运多元化建设模式见表 1-1。

表 1-1 智能亚运多元化建设模式

名称	合作方式	参与方
赞助	由赞助方提供现金或与现金等价的货物与服务，组委会方提供包括广告露出、冠名等在内的各项权益	杭州亚组委、赞助企业
捐赠	由赞助方提供现金或与现金等价的货物与服务，但无相关权益合作	杭州亚组委、捐赠企业
政府采购	采购方根据项目需求进行公开招标、邀请招标、竞争性谈判等方式，并支付项目资金	杭州亚组委、属地政府、场馆、企业、高校
科技专项补助	由省科技厅、市科技局等政府职能部门根据项目适用性，对于应用于智能亚运的科技创新项目进行一定额度的补助支持	省科技厅、市科技局、杭州亚组委、企业、高校

赛时运行机制

　　智能亚运赛事期间的保障工作涉及面广、参与人员多、事项杂、重要性高，同时，杭州亚运会作为大型国际体育赛事，对赛事运行稳定性、准确性要求非常高，不能发生大型故障事件。基于此，在智能亚运的运行层面，设计了涵盖人员协作、日常工作流程、应急事件处置在内的全面覆盖机制，确保智能亚运项目在赛事期间平稳、高效运行。

运行团队保障

赛事期间，杭州亚运会赛事总指挥部作为赛事运行指挥体系的核心与枢纽，负责对杭州亚运会赛事期间运行进行全面、高效、统一的指挥与调度，下设"一办十五中心"。

信息技术指挥中心（ITCC）作为十五中心之一，负责赛事信息系统等规划建设、运行管理和服务保障工作，以及城市侧涉亚运信息技术保障统筹工作。协调解决信息技术保障重大问题，下设综合保障组、运行管理组、信息系统组、智能亚运组、通信组、网络安全组、无线电保障组 7 个业务组。主要成员由 ITCC 的指挥长、副指挥长以及七大业务组主任共同组成。杭州亚运会信息技术指挥中心主要工作人员合照如图 1-4 所示。

智能亚运组作为信息技术指挥中心 7 个业务组之一，在信息技术指挥中心的统一领导下，负责统筹各类智能应用运行保障工作。同时，智能亚运组联合各类智能应用的建设运营公司组成团队，共同保障智能亚运应用的高效与稳定。智能亚运相关组织架构如图 1-5 所示。智能亚运组主要由主任、值班主任、应用主管、值班主管及服务专家组成智能亚运应用的核心团队，共 45 人。智能亚运主任和值班主任负责智能亚运整体运行保障工作，各类应用主管负责具体事务的处理和管理，应用值班主管／应用主管负责日常监控和系统维护工作，服务专家则负责处理技术问题。

图 1-4　杭州亚运会信息技术指挥中心主要工作人员合照

其中，亚运钉、智能亚运一站通、杭州亚运行、智能视觉、智能支付等重点项目承建公司分别组建赛事期间技术保障团队，共投入 1000 多人，覆盖前端客服、后端技术支持、应急服务保障在内的各个领域。智能亚运组工作架构如图 1-6 所示。

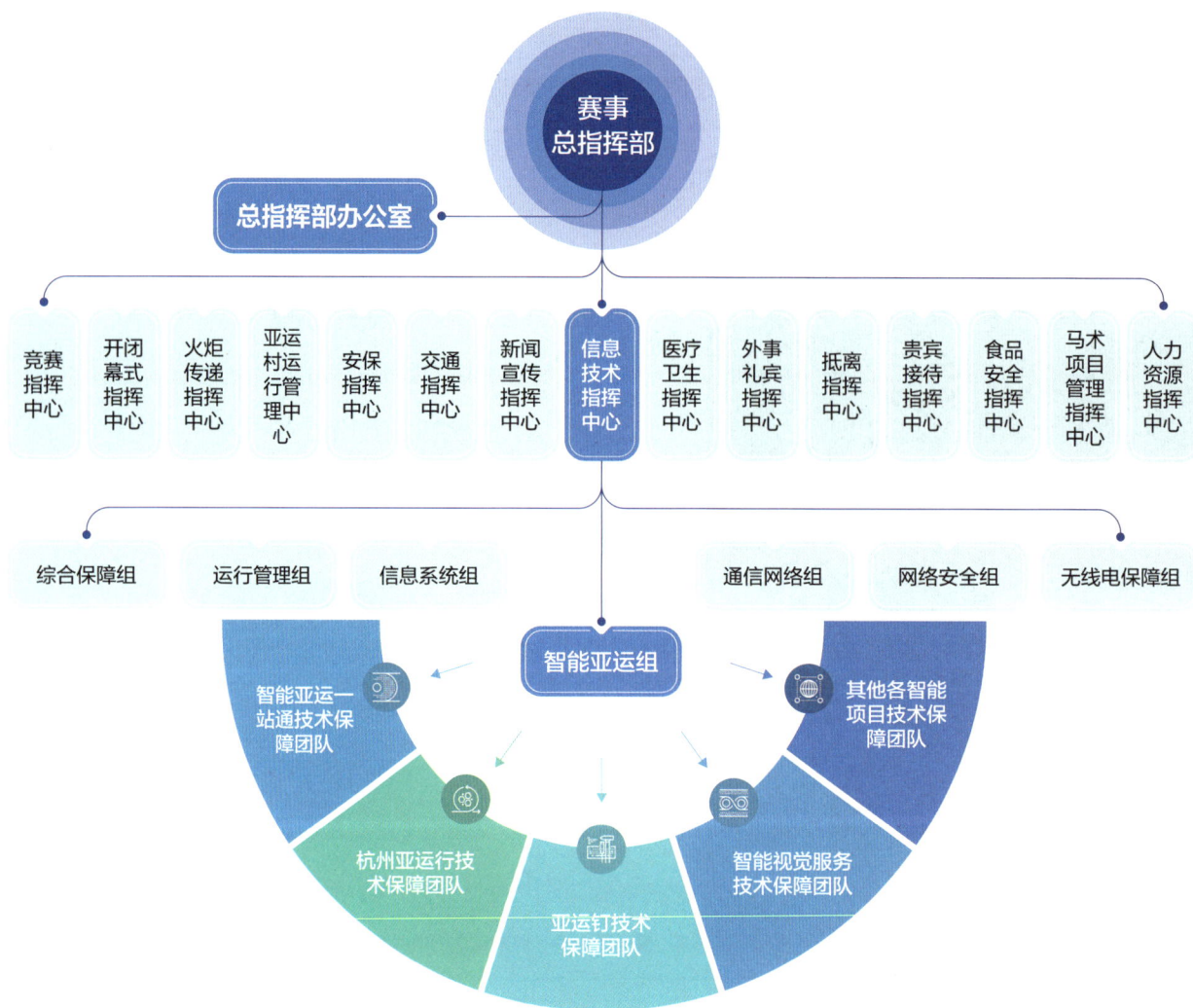

图 1-5　智能亚运相关组织架构

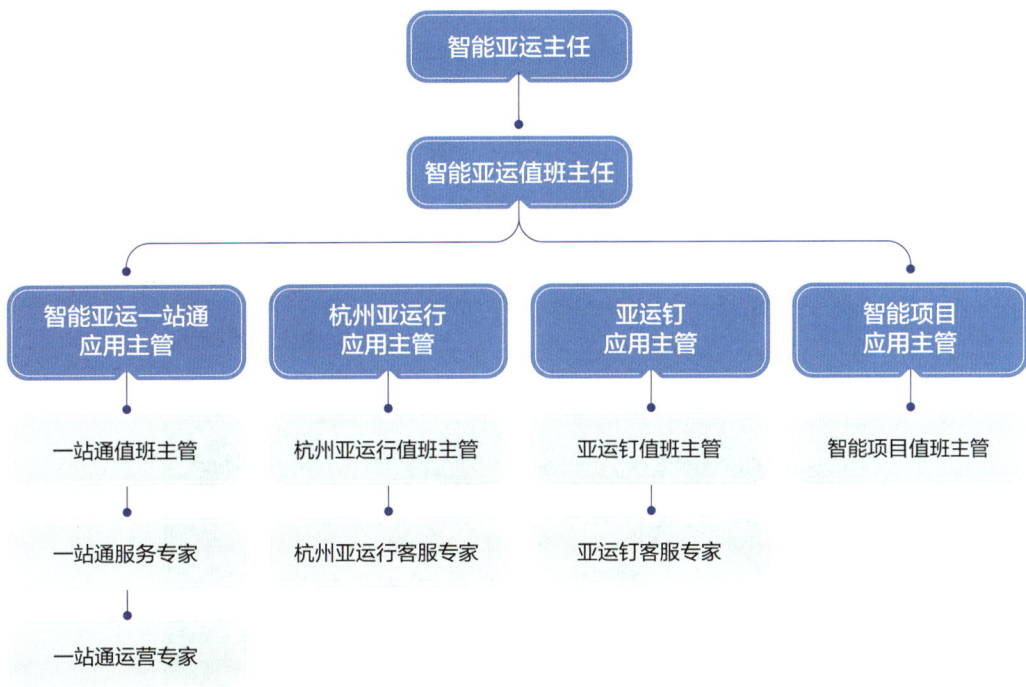

图 1-6　智能亚运组工作架构

运行机制保障

除人员保障外，智能亚运也离不开促进团队人员间高效协作的运行机制，这套机制不仅确保了赛事期间各智能应用的安全稳定运行，还为应对各种突发状况提供了有力的保障。

在日常工作运行机制方面，除每日工作例会制度、24 小时轮班值守、现场技术支持、定期技术评审和应急预案演练外，赛前，信息技术指挥中心分别于 2023 年 5 月和 7 月组织了两次综合技术演练，进行了全系统联调联试和各类安全应急事件场景的极限测试，实现了风险的早期预警和有效处置，为赛事期间的平稳运行奠定了基础。此外，借助数字办赛指挥平台、数字参赛指挥平台、数字观赛服务指挥平台，对赛事运行中产生的各类数据进行深入分析，为各智能应用运行保障提供数据支持。例如，数字参赛服务指挥平台可实时监测电子身份注册卡使用情况，确保外籍参赛者能够顺畅使用电子身份注册卡服务。技术保障团队进行应急预案演练如图 1-7 所示，工单处理场景如图 1-8 所示。

图 1-7　技术保障团队进行应急预案演练

图 1-8　工单处理场景

在应急事件保障机制方面，此类机制除主要针对日常工作外，需要各部门、各组织联动协同和响应的突发性事件进行制定。按照杭州亚运会明确的 IT 事件分类，其中 1、2 级事件便是需要重点关注的应急事件。IT 事件分类见表 1-2。

表 1-2　IT 事件分类

事件类型	细分事件	事件内容
故障类	1 级：严重事件	某关键系统运行不正常，影响比赛或大量用户的使用；用于比赛或技术运行的某个至关重要的应用发生故障或存在威胁生命安全的情况
	2 级：较严重事件	关键系统运行面临风险，当前并没有发生故障或产生影响，但是一旦发生故障可能会影响比赛或大量用户使用；或者某系统存在故障，但是此系统不是至关重要的或已经采取了暂时的解决方案
	3 级：一般事件	某系统中的某一部分运行不正常或存在问题，但不影响正常使用，需要及时调整和解决
	4 级：普通事件	单一用户的某一部分运行不正常或存在问题，但不影响正常使用，需要及时调整和解决
请求类	一般请求事件	赛事运行技术相关的请求
	IT 服务访问事件	专网账号申请与密码管理请求
	服务中断请求事件	服务意外中断或服务质量降低相关请求
	IT 设备管理事件	设备分配部署相关请求
	变更请求事件	对现有的 IT 基础设施、应用程序或服务进行更改请求

　　按照上述 IT 事件分类，上述团队组织架构依靠 IT 事件跟踪与管理系统（HDS）构建了智能亚运应用应急事件联动响应处置流程。整个流程中，应用值班主管 / 应用主管、值班主任 / 主任、指挥长之间形成了一个清晰的责任链和沟通渠道，确保了事件能够迅速、准确地得到处理。智能亚运应用应急事件联动响应处置流程如图 1-9 所示。

HDS
应急事件反馈

呼叫中心
应急事件反馈

应用值班主管 /
应用主管

1258088 热线
应急事件反馈

1、2 级事件上报定级

3、4 级事件直接流转

审阅并决策指挥   审阅并决策指挥

应用对应
技术支持人员

值班主任 / 主任

信息技术指挥中心

赛事总指挥部

需其他团队协作的事件，
进行协调并转发工单   审阅并处理

向 ITCC 汇报并
请求相关协调

1、2 级事件上报

事件协作

主管跟踪事件处理情况

事件跟踪

主管确认已完全解决后关闭事件

事件关闭

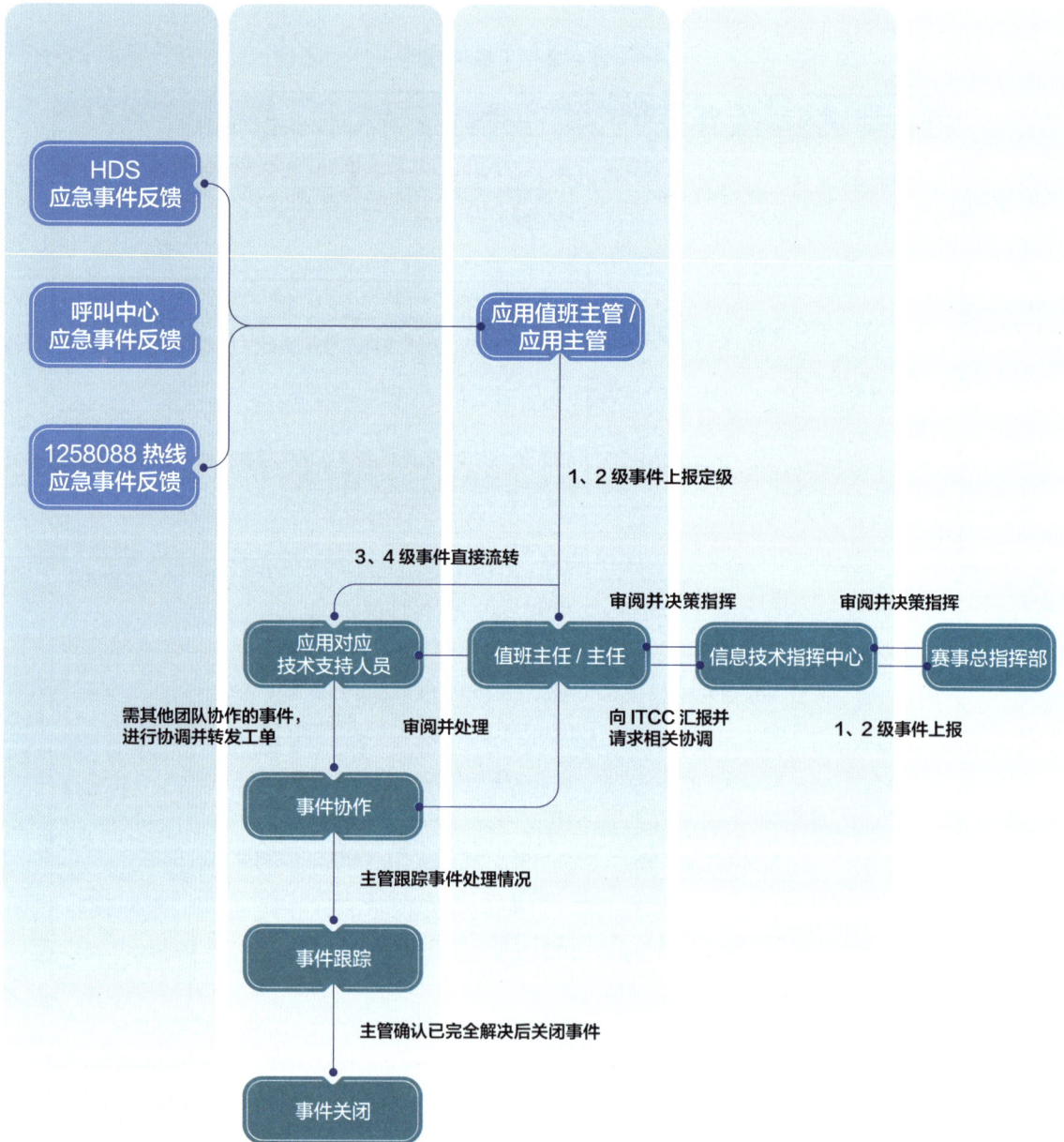

图 1-9   智能亚运应用应急事件联动响应处置流程

亚残运会转换机制

杭州亚运会结束后，各类应用将快速从亚运模式切换至亚残运会模式，需要在非常有限的转换周期内完成各智能应用下线、技术环境转换、亚残应用接口测试和系统联调等工作。

上述转换工作在信息技术指挥中心牵头指挥和协调下，智能亚运组负责具体执行和组织，转换内容聚焦在系统转换和运行转换两个方面。

系统转换以原有系统的调整和新系统的部署上线为主，不同应用根据功能不同略有区别，具体见表 1-3。

表 1-3　杭州亚残运会期间智能亚运应用系统转换工作（部分）

细分事件	事件内容
亚运钉	1. 调整通讯录的组织架构, 新增亚残运会工作人员, 隐藏部分亚运节点 2. 调整工作台接入的第三方应用的可见性
杭州亚运行	下架杭州亚运电子身份注册卡入口和亚运村服务入口, 上线杭州亚残运会电子身份注册卡
智能亚残运一站通	上线亚残运会知识、赛事查询、购票服务、出行服务等基础功能, 以及手语翻译、听障读屏等特色智能服务, 为亚残运会观众、国内外游客提供"一站式"的数字观赛服务
智能视觉	上线亚残运会 AR 服务平台, 与智能亚残运一站通进行对接, 结合场馆点位及路径进行更新等
智能支付	智能支付设备进行亚残运会的权益转换和服务商户的转换, 包括账号变更、支付方案重新配置、设备的重新部署和配置等

网络安全保障机制

赛事期间，ITCC 网络安全组负责制度制定与系统安全监控，各智能应用技术保障团队负责具体的安全防护实施工作，以确保系统的安全性和可靠性。

制度层面，网络安全组建立《网络安全管理办法》《数据保护政策》等网络安全管理制度。制度规定了网络使用的标准操作流程，明确了数据分类和敏感信息的保护措施。

团队层面，网络安全组组建了一支由资深网络安全专家为成员的团队，负责日常的网络安全监控和事件响应。各智能应用技术保障团队组建各自的网络安全保障能力，由团队安全分析师主导，系统管理员维护系统稳定与安全，开发工程师遵循安全编码，测试人员则进行全面安全测试。

技术手段层面，采用边界防火墙、内部入侵防御系统（Intrusion Prevention System，IPS）多层次的防护技术，有效地防止了恶意软件的入侵和传播。例如，网络安全组部署网络安全主动防御运营中心，可以及时发现异常行为，并生成警报信息。

各智能应用的网络安全保障机制提供平战结合的综合性措施，确保即使在面临网络安全威胁时，赛事的数字化实践与创新也能得到充分的保护和推进。赛事期间，智能亚运应用未出现一起安全事件。

四、应用全景

2023 年 10 月，在杭州亚运会智能亚运主题新闻发布会上，杭州亚组委向全球媒体发布了智能亚运建设成果。杭州亚运会依托"数字浙江"的丰硕成果，融合了5G/5G-A、云计算、人工智能、大数据等技术，构建"一屏三端"数字化服务体系[1]，成功实施了 200 余个创新项目。杭州亚运会智能亚运主题新闻发布会现场如图 1-10 所示。

图 1-10　杭州亚运会智能亚运主题新闻发布会现场

---

1 "一屏三端"数字化服务体系："一屏"指以亚运会赛事综合指挥平台为核心的一系列的各层级、各场馆数字指挥系统，"三端"指办赛端"亚运钉"、参赛端"杭州亚运行"和观赛端"智能亚运一站通"。

智能办赛

　　智能办赛领域共包括智能办赛客户端、智能指挥、智能安防、智能交通、智能转播、智能场馆、智能赛事设施在内的七大类超 50 多个应用，实现了对办赛领域的全面覆盖和高标准保障。

　　在赛事筹办期间，全球首个一体化数字办赛平台"亚运钉"融合了大模型等技术，为工作人员搭建起一个高效沟通和移动协同环境，大幅提升了赛事组织的效率和响应速度。

　　杭州亚运会通过构建以亚运会赛事综合指挥平台为核心的一系列各层级、各场馆数字指挥平台，为各级指挥单位提供了一体化、数字化决策辅助服务。其中，亚运会信息技术指挥平台作为智能亚运的大脑，更是通过"1+6"数字指挥体系[1]，对信息技术运行的每一个细节都能实现精准掌控。亚运会赛事综合指挥平台如图 1-11 所示。

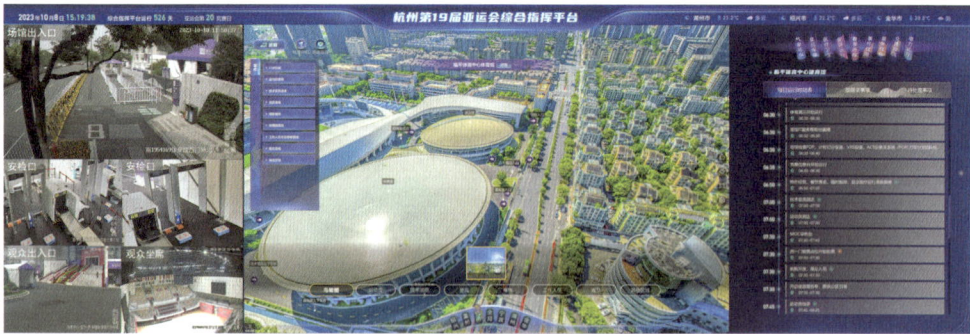

图 1-11　亚运会赛事综合指挥平台

　　为了进一步保障赛事的顺畅运行，"亚运中国星"成功发射，为赛事交通提供了强大的通信和数据传输支持。杭州奥体中心体育场、杭州奥体中心体育馆、杭州电竞

---

1 "1+6"数字指挥体系："1"为信息技术指挥平台，"6"为通信保障、网络安全、无线电保障、数字办赛、数字参赛、数字观赛 6 个专项子平台。

中心等场馆实现了 3D 重塑和万物智联，使场馆管理更加高效。5G/5G-A、智能超表面等技术的成功运用，共同确保了开幕式上 8 万现场观众能够同时享受到视频无卡顿、照片秒传的高品质观赛体验。

与此同时，"云上亚运会"的构想也成功落地实施，实现了亚运赛事核心系统100% 上云，并全面引入了云转播技术，为观众带来了高质量的直播内容。

这一系列科技的创新应用，保障了赛事的高效运行，为未来大型体育赛事的数字化管理提供了新的范本。

智能参赛

智能参赛领域共包括智能参赛客户端、智能竞技、智能生活、智能机器人、智能助残在内的五大类超 40 个应用，为参赛者提供了一个更加智能、舒适的参赛环境。

参赛者通过"一站式"数字参赛服务平台—杭州亚运行，可以实时获取赛事成绩、亚运村服务，以及媒体服务等信息，享受便捷与高效的服务体验。此外，还推出了电子身份注册卡，先行探索电子签证服务，为运动员、技术官员等提供了快速便捷的通关体验。

在亚运村内，推出了自动驾驶 AR 智能巴士、3D 云阵相机、3D 打印、人形机器人、智能篆刻、灭蚊巡检机器人、无人冰淇淋车等智能应用，为"村民"们提供了新奇的智能服务。

智能助残领域，智能仿生手 / 仿生腿、电子导盲犬、数字人手语翻译机器人、无障碍支付等助残软硬件的推出，更为残障人士构建了一个有爱无碍的参赛环境。

智能参赛的创新尝试丰富了参赛者的赛事体验，为参赛者创造了一个难忘而美好的赛事环境。

智能观赛

智能观赛领域在智能观赛客户端、开闭幕式、智能支付、智能互动、智能公共设施在内的五大类，超过 50 个应用，给观众带来不一样的观赛体验。

杭州亚运会打造了全球大型综合性运动会史上首个"一站式"数字观赛服务平台——智能亚运一站通。通过该平台，观众可以轻松获取赛事信息、享受实时直播、参与互动体验等服务，享受个性化和沉浸式的观赛之旅。

依托智能亚运一站通，线上火炬传递活动成功吸引了全球 130 多个国家和地区的上亿网民热情参与。开幕式上，超过 1.05 亿名亚运数字火炬手汇聚成"亚运数字火炬人"，以数实融合的方式点燃了亚运火炬塔。

在支付体验上，杭州亚运会实现了亚洲 10 个国家和地区的观众使用本国电子钱包直接扫码消费。此外，可见光交互技术的应用更是开辟了支付新途径，为观众带来了更加便捷、高效的支付体验。

为了提升观赛人群的互动体验，亚运 AR 服务平台、亚运元宇宙、VR 直播观赛等应用陆续上线，让观众体验到沉浸式互动观赛的神奇。亚运 AR 服务平台实现 AR 观赛打卡如图 1-12 所示。

图 1-12　亚运 AR 服务平台实现 AR 观赛打卡

此外，智慧步道、未来停车楼等智能公共服务设施的升级，也让市民们享受杭州亚运会为城市带来的便捷服务体验。

智能观赛服务为观众提供了更加多元和便利的观赛选择，丰富了观众的观赛体验，提升了观众的观赛乐趣。智能亚运应用全景如图 1-13 所示。

智能亚运应用全景

智能办赛　智能办赛客户端：亚运钉

赛事指挥
- 赛事综合指挥
- 智能交通指挥
- 信息技术指挥
- 智能安保指挥

场馆管理
- 数字孪生驾驶舱
- 数字综合管平台
- 智能运营管理
- ……

城市协同
- 亚运任务在线
- 城市大脑应用

智能安防
人员安防
- 赛事安全指挥平台
- AR 数数安保平台
- 智能安防设备

空间安防
- 亚运低空安监平台
- 低空安全电磁防御
- 水陆一体安防系统

网络安防
- 亚运天幕防御系统

智能交通
赛事交通保障
- "亚运中国星"
- 亚运数字专用车道
- 城市智慧交通
- 亚运智慧交通
- 智能网联车辆运行管理平台

智能转播
转播设施
- 云转播

转播画面
- 子弹时间
- 虚拟同框

智能设备
- 5G+8K 超高清
- 5G-A 超高清无压缩视频传输

智能场馆
场馆管理
- 亚运三馆数字化监管平台
- 杭州电竞中心数字驾驶舱

场馆场景
- "大小莲花"数智管理
- 赛龙体育中心智慧场馆大脑

场馆设备
- 智能植物柜
- 防蚊虫亚运灯

视觉形变监测
- 无源无线测温
- 智能分类垃圾桶
- 智能养草传感器

智能赛事设施
气象系统
- 赛事智能气象预报预警服务系统
- 亚运超表面

医疗设备
- 5G-AR 远程云诊疗型医疗系统
- 智能亚运碳鲟救援系统
- 5G 物联网移动防护系统
- 二氧化碳涂料
- 水消系系统
- 急救无人机

云上赛事系统
- 赛事成绩发布系统
- 网络基础设施
- 5G-A

环境保障设施
- 亚运环境质量保障指挥系统
- 亚运超表面
- 秀水卫生
- 亚运供排水质量保障指挥平台
- 数智消防体系
- 亚运电力运行保障指挥平台
- 消防侦察机器人
- 外骨骼动力护甲
- 排烟灭火机器人

智能参赛　智能参赛客户端：杭州亚运行

智能竞技
智能备战
- 陆龙碳精锻辅助训练系统
- 反兴奋剂智慧管理系统
- 基于 AI 的运动动作识别和数据分析决赛平台
- 中国乒乓球队智能大数据分析决赛平台

智能赛场
- AI 裁判系统
- 亚运食品智慧监管系统
- 智能转向机
- 计时记分系统
- 无人冰淇淋车

智能生活
居家服务
- 房间设施智控系统
- 亚运电视专属平台
- 智能语音翻译设备

智能餐饮
- 亚运转向机

智能出行
- 云上通·小程序
- 数智化管理平台
- AR 智能巴士

亚运村管理
- 亚运智慧指挥平台

智能娱乐
- 3D 云相机
- 沉浸式球眼 3D 体验厅
- AI 写真馆
- 3D 打印·元宇宙体验舱

智能机器人
生活服务机器人
- 四足机器狗
- 安保机器人
- 安消一体巡检机器人
- 搬运机器人

智能服务机器人
- 迎宾机器人
- 智能消杀机器人
- 智能巡检换刀机器人
- 咖啡机器人

娱乐互动机器人
- 人形机器人
- 围棋机器人
- 画像机器人

智能助残
助残硬件
- 智能仿生手
- 智能仿生腿
- 人工视网膜
- 矫形器
- 人工耳蜗
- 外骨骼机器人
- 电子导盲犬

智能软件
- AR 无障碍设施导航
- 数字人手语翻译机器人
- 5G 手语视频导帮服务
- 无障碍语音二维码
- 无障碍支付

智能观赛　智能参赛客户端：杭州亚运行

开闭幕式
开闭幕式舞台
- 立体透视网幕
- LED 巨型地屏
- AR 互动技术
- 数字烟花
- 数控草坪

数字点火
- 亚运数字人
- 亚运数字火炬手
- "数实融合"点火仪式

智能支付
- 境外人士跨境移动支付
- 数字人民币支付
- 可见光支付

智能互动
亚运知识科普问答
- 亚运场馆空间
- 城市文旅空间
- 亚运个人数管

观赛互动体验
- 全景亚运 VR 平台
- 虚拟体育竞技
- 元宇宙观赛
- 智能互动
- VR 直播观赛
- XR 票面互动
- AR 导航导览
- AR 互动设备
- 无人机主题表演
- 数字气味播放器
- 裸眼 3D 观赛

智能公共设施
智慧高铁
- 亚运绿色端车厢

智能公交
- 自动驾驶亚运公交专线
- 智慧公交站台
- 自动驾驶出租

智慧地铁
- 智慧客运中心
- 入馆询问

智能航空
- 航空智慧运行中心

市政服务设施
- 地下人行通道升级
- 智能客货混行
- 未来停车楼

航空生态平台

文娱休闲设施
- 亚运场馆在线
- 智慧步道
- 良渚古城遗址公园 AR 体验项目
- 南宋德寿宫遗址博物馆触摸交互
- 杭州亚运会博物馆

图 1-13　智能亚运应用全景

CHAPTER
TWO

第二章

办赛：
智能引领，亮点纷呈

杭州亚运会的筹办工作无疑是一项错综复杂的任务，它横跨了场馆建设、竞赛组织、城市运行、交通、安保等众多领域。从跨越复杂的组织结构进行沟通协调，到确保数以万计参赛者的住宿、餐饮和交通安排；从实现赛事信息的实时更新和准确传递，到应对可能出现的各种突发情况。如何确保一切工作有序进行、高效协同，避免陷入混乱呢？科技创新应用成为本届亚运会重要手段，一系列软 / 硬件设施的创新应用，有效提升了工作效率，增强了应对各种复杂情况的应急处置能力，确保赛事筹办工作的有条不紊、忙而不乱。

一、亚运钉，全球首个一体化数字办赛平台

筹办一场覆盖整个大洲的大型体育赛事，向来不是一件易事，对于需要筹备数年且赛期持续半个多月的亚运会来说更是如此。过去，繁杂的沟通应用软件未形成统一的技术标准与账号体系，导致沟通不畅、协作效率欠佳。人难找、事难办、信息难以实时同步、规则流程难统一、知识经验难沉淀，这些都是以往大型体育赛事的痛点。

杭州亚运会筹办涉及的部门庞杂、工作繁复，对外要横跨多种语言实现国际协同，

对内要横跨杭州、宁波、温州、绍兴、金华、湖州 6 个办赛城市，实现地域协同。为全面支持保障杭州亚运会的筹备和赛事期间运行，杭州亚组委联合钉钉集团打造一体化数字办赛平台——亚运钉，通过集成在线沟通、人员管理、赛事培训、交通组织、赛场监管等服务功能，打破大型组织在沟通、管理与协作上的固有壁垒，引领近 10 万办赛人员，实现跨地区、跨部门、跨层级的"组织在线、沟通在线、业务在线"大协同。亚运钉官方宣传示意如图 2-1 所示。

图 2-1 亚运钉官方宣传示意

亚运钉是怎么炼成的？

杭州亚运会涵盖全亚洲 45 个国家和地区，是历史上规模最大、项目最多、覆盖面最广的一届亚运会，筹办工作涉及多个部门，需要一个统一的沟通协同平台来推进各项工作。2018 年，为了确保沟通的高效与顺畅，杭州亚组委依托"钉钉客户端"支撑线上日常办公。随后，杭州亚组委考虑到钉钉平台上的不同组织和公司间账号需要实时简易互传资料，存在数据泄露风险，2019 年，基于专有钉钉技术底座，打造"专有钉"模式的 App——"杭州亚组委",并于 2020 年 7 月正式上线。

随着办赛进程的推进,政府人员、高校、供应商等越来越多的人员开始加入,新的问题逐步显现。"杭州亚组委"App 由于独立和安全的双重要求,经常出现平台不稳定、信息共享不畅、沟通受限等问题,影响工作效率,很多人反而用回了钉钉和浙政钉[1]。为了在数据安全性、沟通便利性和组织协同性之间找到平衡,经过多方评估,杭州亚组委决定重新规划、建设一个基于"专属钉"模式的 App。

"专有钉"与"专属钉"各有优势,适用于不同客户的不同场景。亚运钉选择使用"专属钉"解决方案,这个方案能更广泛地照顾不同类型的办赛人员,且与钉钉大平台紧密融合,不是一个独立的系统。它的特殊性在于,使用者不仅有政府工作人员,还有志愿者、安保、供应商等人员,"专属钉"在系统架构上有很好的包容性和开放度。

2021 年 6 月 1 日,基于"专属钉"的亚运钉正式上线。随后,所有参与办赛的P 类人员(专职人员)、V 类人员(志愿者)、C 类人员(供应商)、G 类人员(政府人员)、S 类人员(安保人员)陆续加入亚运钉。随着一批批办赛人员的加入,业务开始全方位协同,亚运钉也开始发展起来。

一部手机如何实现掌上办赛?

亚运钉通过融合在线沟通、文档协同、事项审批等近 300 项实用功能,集成在线沟通、人员管理、竞赛保障、交通服务等 293 个应用,实现杭州亚运会筹办各个阶段的智能协同,让"一部手机掌上办赛"成为现实。

---

1 "浙政钉"是浙江省政府联合阿里巴巴集团,为了推进数字化办公和政务服务而开发的一款移动办公平台,通过整合移动政务、移动 OA、政务专属通讯录、智能会议等诸多功能,构建了一个面向机关事业单位工作人员的办公总入口。

沟通更加顺畅

过去，大型国际赛事在筹办过程中，跨地区、跨部门、跨层级的沟通协同异常繁复。现在，通过亚运钉，用户只需轻点搜索，便能迅速锁定目标联系人，不需要烦琐的添加步骤，便可展开顺畅无阻的沟通。

通过亚运钉，组织管理更方便。例如，志愿者团队通过亚运钉举办了上百场线上培训，涉及通识、场馆、岗位、岗前强化等，借助亚运钉的直播功能突破了培训场地和培训时间的限制，且每次培训完毕，视频都会留存，支持后续加入的志愿者学习使用。

杭州亚运会筹办期间，跨国、跨语言会议繁多，为了不让语言成为障碍，亚运钉支持多国语言实时翻译，让跨语言的沟通变得便捷，信息传递的路径被大幅缩短，沟通成本显著降低。

专栏：实时翻译

建设内容：亚运钉实时翻译功能是将用户发送／接收的消息自动翻译为用户系统自带的语言环境。

在用户双方都开启实时翻译的情况下，会收获相同语言环境的交流体验。以即时通信（Instant Messaging，IM）沟通场景里的中英文翻译为例，输入的中文消息内容会自动翻译为英文，对方收到的消息就是翻译好的英文；对方用英文发送的消息，也可实时翻译为中文。

同时，亚运钉也支持文档和图片文字翻译，可以通过拍照或读取影像文件的方式对照片进行智能识别，并快速获取图中的文字，而且支持一键生成文档进行保存。无论是生活中的纸质文档还是聊天中的图片，都能轻松识别。

最具亮点的是在线会议的实时翻译服务，两个不同国家的用户在亚运钉上使用视频会议进行沟通时，亚运钉利用字幕实现实时的转写和翻译，保证跨语言沟通的畅通无阻。

建设成效：亚运钉支持 14 种语言的实时翻译和 21 种语言的文档全文翻译，帮助不同母语办赛人员无障碍沟通。例如，杭州亚组委工作人员与亚奥理事会官员就赛事技术问题沟通时，经常利用亚运钉会议里的实时翻译功能，实现语音转写和实时翻译，进而保证跨语言沟通畅通无阻。

赛事筹备期间，近 10 万用户注册亚运钉，组织节点达 4000 余个，工作群超 2.2 万个。赛事期间，通过亚运钉发送的单聊消息达到 3000 多万条，群聊消息更是高达 6000 多万条，2023 年 9 月的消息量突破 950 万条，日消息峰值超 50 万条，在线视频会议超 11 万次。

业务更加协同

亚运会赛事组织筹办工作繁杂，为了实现超大组织部门间的高效业务协同，亚运钉通过"低代码"平台，以拖、拉、拽的方式搭建应用，即使没有技术基础的业务人员也能根据需要在 5 分钟内快速构建一款专属应用，实现了各类业务需求的快速上线与服务。杭州亚组委各业务部门、场馆通过"低代码"平台搭建了"赞助企业业务审批""线上训练场馆预约系统""赞助企业 SP 证场馆座席预约系统""场馆临时通行证申请""亚运村智能排班"等共计 20 个应用。

以赞助企业业务审批为例，杭州亚运会有 150 多家赞助企业，涉及数以万计的市场活动审批。针对这类需求，一种方式是在线下开展申请审批，另一种方式是需要单独开发一套系统实现相应功能。但在亚运钉上，通过"低代码"平台就能在短时间内上线审批应用服务，实现线上提交、审批、反馈，一步到位，线下审批流程从平均5个工作日缩短到2个工作日。据统计，赛事期间，亚运钉处理了超过23万项审批事务，累计节约了超过70万天的审批时间，并减少了28万张以上的纸张使用。

以亚运村排班工作为例，亚运村有1300多名工作人员和志愿者，来自不同中心，排班方式非常个性化，即便同一个部门也会有多套上班/值班时间，逻辑非常复杂。如果依靠人工排班，需要先分派、优化调遣，各个部门签字，流程漫长。而通过亚运钉"低代码"平台，只需30分钟，就完成40个班组的个人信息和排班意愿收集，匹配好服务时间，为每个人制定个性化班次日程，完成上传分发只需要一分钟。

以场馆预订为例，杭州亚运会开赛前期和赛事期间，400多个子项目的参赛团队均有训练需求，要预订55个竞赛场馆和22个非竞赛场馆。开发一个专门的预订系统费时费力，成本高，杭州亚组委工作人员通过"低代码"平台，仅一天就完成了场馆预订系统的搭建工作。

此外，通过亚运钉Teambition功能，亚运会项目管理工作的效率也得到了提升。以智能亚运项目管理为例，智能亚运涉及200多个项目的管理，在使用亚运钉Teambition功能之前，工作人员需要依次对接项目相关人员，跟踪项目进展。随着Teambition功能的应用，工作人员可以直接搭建包含项目需要的各项工作流和任务，形成项目模板，智能亚运项目相关人员在线填写模板，并自动生成项目周报、报表，项目管理清晰高效。

除上述应用外，第三方应用也不断进入，志愿者在线、亚运智能医疗急救保障系统、交通车辆调度、杭州数智气象、免费乘坐公共交通、竞赛可视化监管系统等33个第三方应用陆续在亚运钉上线。亚运钉上的各种应用生态得以繁荣，涵盖了行政审批、会议管理、培训学习、赞助商合作、气象服务和医疗防疫等各个业务领域。

知识进一步沉淀

在杭州亚运会筹办期间，积累了大量的文件资料，过去，这些资料散落在各个部门和不同人员手中，查询难度大，数据价值难以发挥。如今，亚运钉的知识库和云盘功能则为办赛人员提供了丰富的知识资源和便捷的协作空间。知识库让信息活起来，资料收集变得更加简单。知识库共储备了 4000 余条赛事专用术语，沉淀了 50 余万份数字资产文件。

过去，数据并不作为资产被认可。现在，赛前、赛时、赛后不同阶段，留下的所有文档、应用建设、流程规范等，都被认为是具有价值的资产，杭州亚运会上沉淀下来的资源，也为后续系列赛事提供了宝贵的经验。

如何让 AI 成为工作人员及志愿者的超级助理？

在杭州亚运会延期的一年时间里，以 ChatGPT 为代表的 AI 技术飞速发展，亚运钉也全方位接入通义千问大模型，推出钉闪记、智能会议纪要、问答机器人、AI 魔法棒、AI 文档等功能，成为每个办赛人员的办公小秘书，大幅提高了办公效率。

作为会后回顾总结、记录待办的重要内容，会议纪要是每场会议不可缺少的重要环节。无论是用计算机、手机还是纸笔，手速始终比不上语速，记录完成后还要花费大量的时间和精力来整理纪要。借助 AI 能力，亚运钉钉闪记功能可以轻松帮助办赛人员实现语音速记，解放双手，快速完成会后的回顾、记录等工作。智能会议纪要功能还可以进一步优化会议纪要，从而高效地捕捉到会议中的关键信息点，例如决策事项、待办行动、重要议题及讨论结果等，并能依据会议进程有条不紊地编排和梳理，确保纪要内容层次清晰、逻辑严谨。

AI 魔法棒在大模型的支持下，各类场景、应用的交互从过去点菜式找入口，转变为自然语言对话的方式，在亚运钉 AI 魔法棒 "/" 内，可以 "一站式" 唤起聊天、"低代码" 平台、问答机器人、AI 文档等功能，简化操作路径，对话即所得。

类似的 AI 能力也应用于聊天消息中，亚运钉日消息发送量近 25 万条，办赛人员每天面对海量的单聊和群聊消息，也可以轻松应对。亚运钉的聊天 AI 功能作为办赛人员的小助手，可以自动整理单聊、群聊中的要点，大量群聊消息不用翻阅聊天记录浏览，便可以快速了解关键信息。

亚运钉作为办赛人员的超级助理，AI 的应用并不局限于简单的内容记录与整理，亚运钉的问答机器人还可以帮助办赛人员答疑解惑。以工作培训为例，"亚运钉的下载地址""志愿者要做哪些工作""卡巴迪比赛的规则是什么"……在办赛过程中，这些碎片化的问题很难汇集并进行解答，即便开展了多次线下培训也难以保证工作人员和志愿者都掌握到位。现在，亚运钉的问答机器人通过对知识库内文档的深度学习，可以随时解答杭州亚运会的各种疑问。并且，随着数据不断积累，使用的人越多，机器人沉淀的知识就越丰富，越能解决问题，形成正向循环。

专栏：问答机器人

建设内容： 亚运钉问答机器人可以帮助工作人员快速掌握工作要求、比赛规则等知识，进而提升工作效率，减少工作失误。

问答机器人不仅深入学习了整个亚运会知识库的内容，还可以从不断新增的文档、PDF 资料中提炼新的知识，对问题生成一段总结摘要，并提供原文档出处。

问答机器人融入了多模态速读能力，不仅支持对文档、图片的理解，还支持对网页、书籍和视频的摘要速读，甚至可以一次性解析几百万字甚至几千万字的文档，也能做到跨文档的解析和问答。

工作人员如果需要临时、迅速了解一些背景信息，可以在亚运钉的群聊中随时 @ "问答机器人"并发送问题给问答机器人，机器人会根据已有的知识库和相关类别及时响应并回答问题。

> **建设成效：** 通过问答机器人，各类办赛人员能快速了解工作的进展和相关知识，志愿者培训、工作培训、赛事规则培训等工作得到了简化，实现业务与服务"7×24"小时在线，节省了工作人员重复解答的时间，相关人员也能迅速参与到筹备工作中，从而提升了整个筹备工作的效率。

此外，在杭州亚运会的筹办过程中，各类文书撰写更是办赛人员日常工作的一大重点，通过 AI 文档可以实现对话创作各类文稿与图片，例如，撰写服务说明、总结报告、培训指南等文案，或者生成多种风格的图片、海报等用于亚运宣传，也可以一句话生成思维导图、制作 PPT 来快速提升工作效率。

> **专栏：AI 文档**
>
> **建设内容：** AI 文档可实现辅助写作、改写文章、制作图片、创建表格和自动生成文档等多种智能功能。
>
> 辅助写作可通过选择特定的创作类型，并输入主题，让 AI 快速生成亚运推广文案、总结报告、新闻稿、内容大纲、创意故事等丰富内容，提升工作效率。
>
> 通过改写文章，既可以要求进一步丰富内容，也可以精简内容。还可协助调整内容语气、帮助润色文字，将内容转换成多种表达方式。
>
> 同时，AI 文档还支持生成不同风格、生动有趣的图片素材，快速制作结构化表格，并且可以提炼分析工作文档，大幅节省创作时间，提升效率。
>
> **建设成效：** 杭州亚运会筹办期间，AI 文档帮助办赛人员对新闻稿件、赛事文档等进行智能回顾和摘要，协助撰写各类稿件与文件，总结报告编写时间至少缩短一半，有效提升了工作效率。

小结

亚运钉作为杭州亚运会办赛的统一载体和入口，不仅为赛事的顺利进行提供了强大的技术支持，还逐步形成赛事行业的全面解决方案。它整合了 IM、音视频会议、智能助手等通用功能，针对赛事特点，利用"低代码"平台能力，搭建了业务审批、排班管理、志愿者管理、场馆运营、赛程安排等专业化服务，实现了应用的快速迭代与个性化定制。通过 AI 赋能，亚运钉提供了智能会议纪要、问答机器人和文档自动生成等服务，提升了工作效率与信息处理速度。这些功能使亚运钉成为提升办赛效率和质量的"一站式"移动工具。

亚运钉是大型赛事历史上首次集合如此多角色的平台，具有赛事领域的标杆意义。未来更多大型赛事的筹办需要类似这样智能化的协同平台（赛事钉），提升超大组织的沟通管理运行效率，实现提质降本增效。亚运钉的成功应用已获得业界的广泛认可，例如 2025 年哈尔滨亚洲冬季运动会便采用了这一模式。展望未来，随着大模型等技术的不断进步和赛事需求的日益多样化，赛事钉将在已实现诸如 AI 智能写作、AI 实时翻译等功能的基础上，持续迭代升级，提供更精准、智能化的赛事钉服务，为大型赛事智能办赛提供标准化作业模块。

二、"智慧大脑"让赛事指挥调度更顺畅

如果说亚运钉是杭州亚运会赛事筹办的智能助手，那么各类智能指挥平台就是整个赛事的"智慧大脑"。杭州亚组委通过建设以赛事综合指挥平台为核心的一系列智能指挥平台，为各层级指挥长提供全面感知、全程掌控、多维调度和高效指挥的一体化、数字化决策辅助服务，确保赛事井然有序。

赛事全局智能调度

在大型体育赛事的指挥调度中，往往面临着信息共享不畅、应急响应滞后、资源分配不均等痛点，影响了赛事的高效运行与快速应对能力。为破解这些难题，杭州亚组委构建了赛事综合指挥平台，作为赛事指挥的"最强大脑"，实现了数实结合、数智赋能的科学决策和指挥。

赛事综合指挥平台，赛事指挥"最强大脑"

赛事综合指挥平台（以下简称"平台"）由海康威视赞助开发，是面向杭州亚运会赛事总指挥部提供数据展示和指挥调度的支撑服务平台，2023年6月，平台正式上线运行。平台接入9张网29个业务系统72大类数据，实时呈现赛事、人员、抵离、住宿、交通、安保、医卫、事件等态势信息，各业务领域的专题数据、场馆数字孪生和监控

视频等信息，并集成视频会议、亚运钉等系统，实现与 56 个竞赛场馆指挥中心及 29
个城市侧指挥中心和专项工作团队联动连线。其中基于量子加密的视频会议系统和依
托亚运钉打造的"尖兵体系"，可满足赛时日常运行和应急指挥两种需求。赛事综合
指挥平台架构如图 2-2 所示。

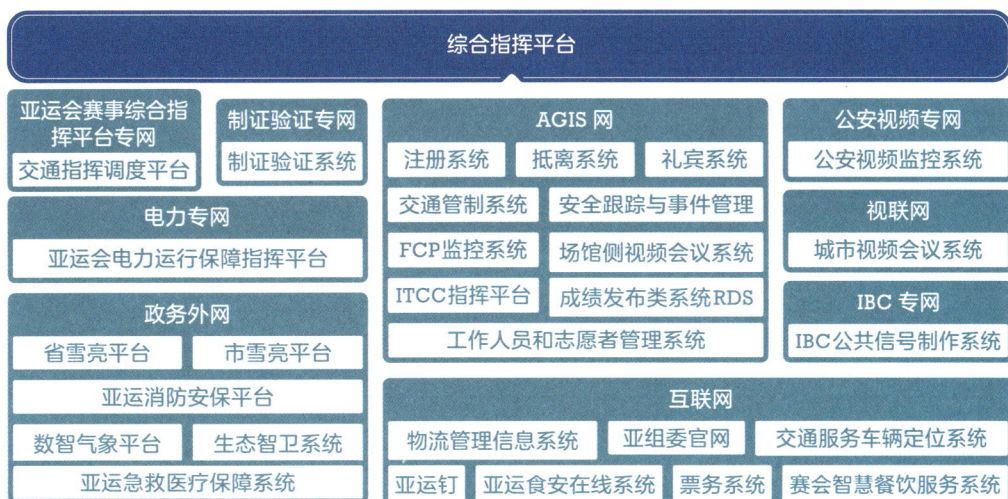

图 2-2　赛事综合指挥平台架构

大到赛事综合运行情况，小到每个场馆的票务信息、交通物流等，赛事综合指挥
平台可以实现秒级快速调度，为赛事运行提供重要的指挥调度保障。赛事综合指挥平
台实现一屏总览示意如图 2-3 所示。

平台将杭州亚运会所有竞赛场馆映射到虚拟世界中，实现了数字化复刻。其中

49个场馆构建了720°VR全景，同时在杭州奥体中心体育场、杭州奥体中心体育馆、

杭州奥体中心游泳馆、黄龙体育中心体育场、杭州电竞中心、亚运村等重点场馆建设

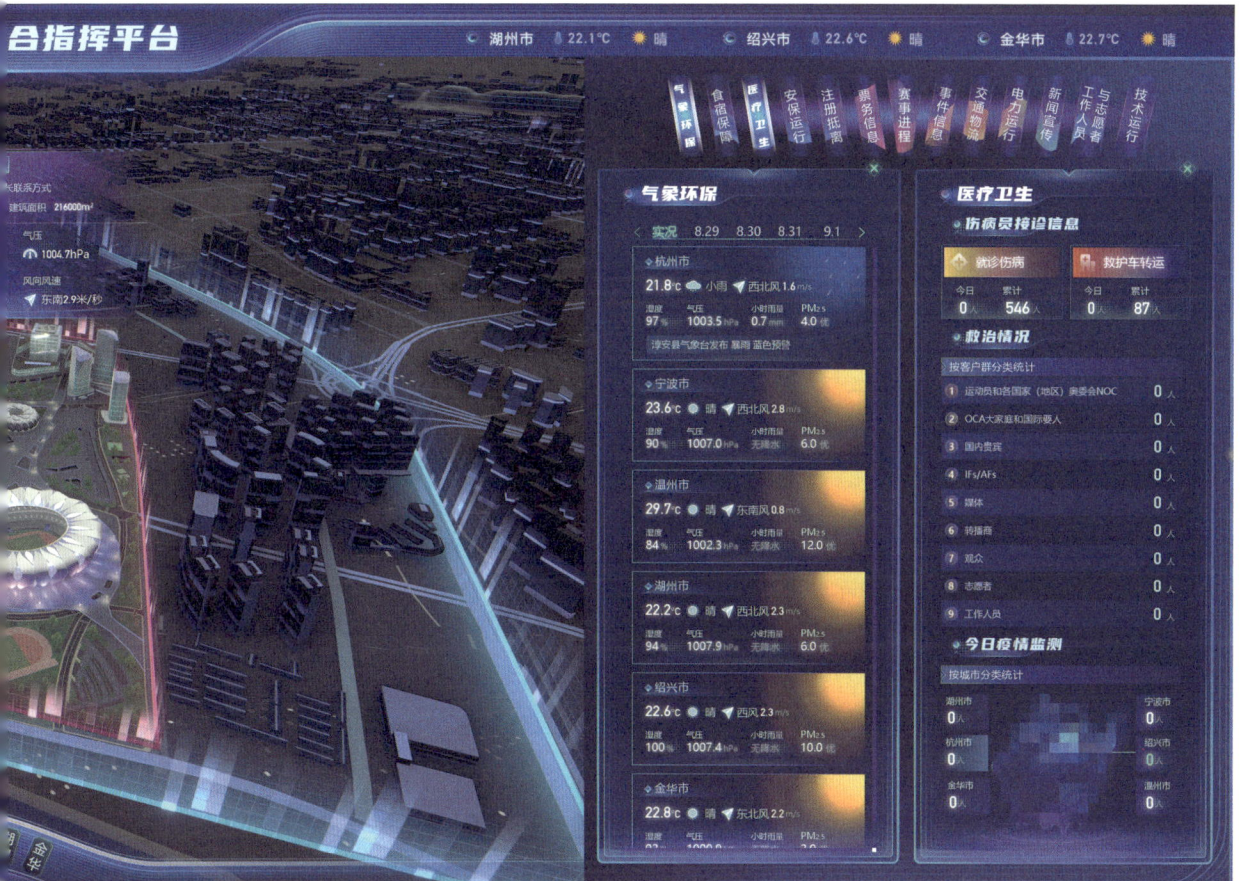

图 2-3　赛事综合指挥平台实现一屏总览示意

了三维模型，构建数字孪生场馆。指挥调度时，工作人员可以快速定位到场馆具体位置，调取现场数据和视频画面，迅速做出准确的判断和决策。赛事综合指挥平台杭州奥体中心三维模型如图 2-4 所示。

图 2-4   赛事综合指挥平台杭州奥体中心三维模型

赛事期间，从场馆开馆、运动员抵达、观众入场，再到开始比赛，平台的每日运行计划功能与场馆的视频画面紧密结合。这使指挥人员能够时刻关注赛事是否按照计划开展，一旦发现问题，便能迅速应对，确保赛事的顺利进行。赛事综合指挥平台每日计划与视频画面联动如图 2-5 所示。

图 2-5   赛事综合指挥平台每日计划与视频画面联动

为进一步提升指挥层应急处突能力，平台围绕与赛事最为相关的 27 条重点事项进行数据模型开发，并设置相应的阈值。以此为基础，打造了气象、环保、交通通勤、食品安全、电力运行、医疗卫生、消防安全 7 个智能自动预警场景。一旦平台监测到异常情况，便会立即向赛事总指挥部发送预警信息，实现研判前置。赛事期间，平台共产生预警提醒 596 条，均得到了及时处理。

例如，平台于 10 月 1 日发出"高影响天气告警：预计 14 ～ 15 时，桐庐马术中心附近暑热压力指数将达 32℃以上，请注意防范"的提醒。接到提醒后，值班指挥长立即与竞赛指挥中心会商，研判参赛马匹的舒适度和运动员的安全性。经过综合研判，决定将后续 3 天的马术比赛延后至 15 时开始，从而保障马术赛事平稳进行。赛事综合指挥平台智能自动预警功能如图 2-6 所示。

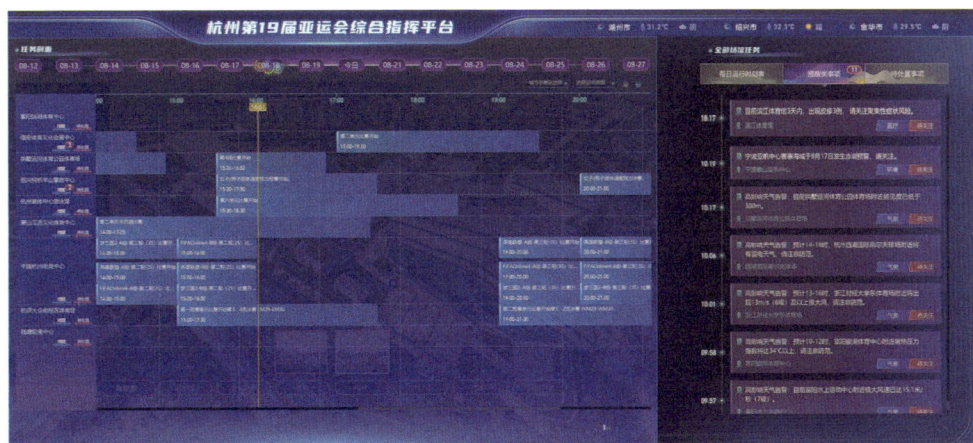

图 2-6　赛事综合指挥平台智能自动预警功能

除智能自动预警外，赛事总指挥部还依托平台的可视化动态监测功能，实现了科学决策，针对门票销售相关问题的处置尤为典型。2023 年 9 月 23 日开幕式后，国庆和中秋节小长假的到来，市民观看比赛的热情高涨，出现了"一票难求"的现象。面对这一挑战，值班指挥长通过平台查看了各个场馆的门票销售数据、总座席数和公众售票比例、各场次当日上座率等数据。同时，值班指挥长还可以逐个调阅各场馆座席监控视频，并逐一视频连线各比赛场馆指挥中心，了解场内观赛情况和售票情况。基于这些数据和信息，值班指挥长灵活调整票务分配比例，短短 3 天内，就新增释放了覆盖 54 个场馆、5000 余场比赛的 43 万张门票。

此外，平台的视频巡查功能也发挥了重要作用，平台共接入场馆监控 3124 个、重要线路监控 3018 个、开闭幕式监控 345 个，精准掌握赛事关键点位动态信息。在杭州亚运会、杭州亚残运会赛事转换之际，面对紧张的场馆改造任务，指挥团队利用平台的视频巡查功能，仅用了短短的 3 小时，就完成了通常需要数天的勘查任务，极大地提升了转换期间的工作效率。赛事综合指挥平台线上视频巡馆如图 2-7 所示。

图 2-7　赛事综合指挥平台线上视频巡馆

安保综合数据平台，常态保护与快速响应相结合

在以往的赛事安保过程中，赛事主办方时常面临着赛事信息、人员动态、场馆状况等各类数据分散且难以实时汇总的问题，一旦发生应急事件，往往响应速度慢，协同效率低。杭州亚运会安保指挥中心依托安保综合数据平台，满足了常态运行和重大事件应急处置业务需求，提升了安保工作的效能。

平台将场馆安保数据资源、城市安保相关数据资源，以及赛事信息进行分析、整合，为亚运安保指挥中心提供一个能够快速、准确、有效地掌握亚运安保运行态势的平台，为安保指挥中心指挥决策、信息研判、重大事件跟踪处置等提供数据支撑。

在常态运行方面，安保综合数据平台实现了对安保态势的全面掌控，平台基于汇聚的赛事、人员、事件、场馆等数据信息，以可视化方式展示全局安保运行态势、场馆安保运行态势、开闭幕式监测、重点比赛线路，便于安保指挥中心总指挥长直观掌握亚运安保整体运行态势。

当比赛中遇到重大的突发事件时，平台将迅速从安保信息的综合可视化展示模式切换到重大事件的应急处置模式，提供事件信息展示、事件视频跟踪、数据辅助决策、多方协同会商、远程可视指挥功能，便于安保指挥中心针对事件开展应急指挥。

交通指挥调度平台，实现"万人千车，秒级调度"

赛事期间，杭州亚运会交通指挥中心依托交通指挥调度平台，服务运动员、技术人员、媒体等30000多人，高效调度3000多辆亚运服务保障车，实现"万人千车、秒级调度"。

交通指挥调度平台融合了指挥与调度两大核心功能。在交通指挥方面，平台不仅提供赛事交通、客户交通和场馆交通的全方位服务监测，还进行深入的研判分析与高

效的应急指挥。在交通调度领域，为满足日常业务中对各类赛事车辆的排班与灵活调度需求，平台为班线车辆、集体项目车辆，以及灵活调度的合乘车辆提供精准的调度服务，确保车辆的服务质量与高效管理。

交通指挥调度平台最大特色在于其"大中小"三屏联动的巧思。指挥人员通过"大屏"进行运力综合调配和全局把控，调度人员通过"中屏"进行任务监测和异常调度，保障车辆驾驶员通过"小屏"接收并执行任务，确保了参赛各客户群能顺利、准时出行。交通指挥调度平台"大中小"三屏联动如图 2-8 所示。

图 2-8　交通指挥调度平台"大中小"三屏联动

例如，一辆重要的亚运服务保障车在路上抛锚了，平台将自动告警、关联处置预案，显示事件周边 1 千米、3 千米、5 千米内的空车资源，并派遣最近的车辆前往支援，整个流程最快 3 ~ 5 分钟就可以完成。交通指挥调度平台应急处置如图 2-9 所示。

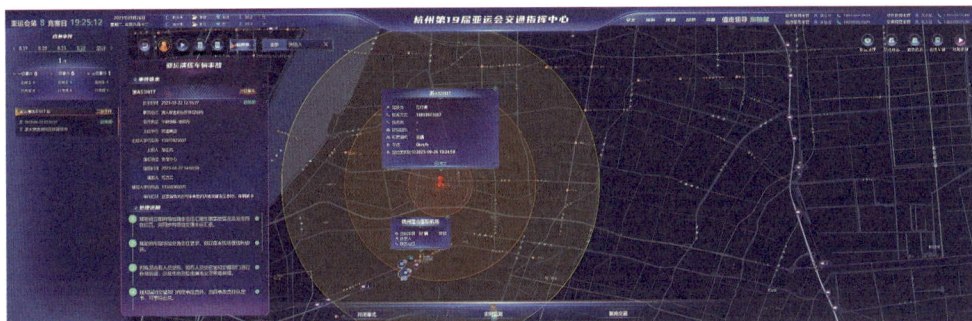

图 2-9 交通指挥调度平台应急处置

当亚运会开幕式结束时，需要面对演职人员、志愿者、国内外贵宾、大家庭成员、运动员及随队官员、技术官员、注册媒体、持票观众这 9 类群体的交通服务保障需求。平台通过数据的全量实时汇聚，清晰洞察人员流线，指挥 7 个近端落客点、1214 余辆保障车辆和 14 列专列，定点、定时、定线地疏散人员。开幕式现场总人数达 8 万人，观众近 5 万人，结束后仅用了 40 分钟便疏散完毕。交通指挥调度平台开闭幕式模式如图 2-10 所示。

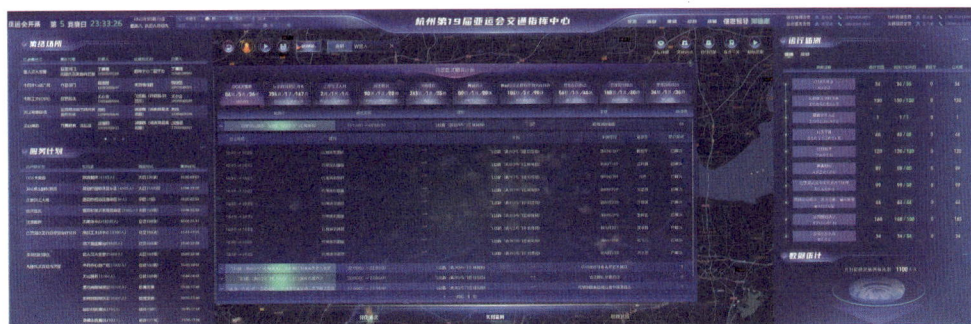

图 2-10 交通指挥调度平台开闭幕式模式

信息技术指挥平台，赛事运行保障的"中枢大脑"

在筹备和举办大型体育赛事的过程中，各类信息技术系统的高效运行十分重要。作为保障信息技术各领域顺利实施的核心组织，杭州亚运会 ITCC 背后有一个超级"中枢大脑"，即由 1 个主指挥平台和 6 个专项子平台组成的信息技术指挥平台。

主指挥平台是信息技术指挥"大脑"的核心，平台全面展现信息技术运行各领域实时状况，精准预警可能发生的问题，发挥"一屏观全局、一键决千里"的作用，以赛事运行中产生的数以百万计的实时数据和信息为基础，通过对这些数据的分析，可以全面掌握信息技术运行实时状况，精准预测可能发生的问题，快速定位故障的节点。

国际奥委会首席信息技术官艾拉里奥·孔纳到访信息技术指挥大厅时表示，国际奥委会想做的事情，在杭州亚运会上得到了实现。

6 个专项子平台，则各自在特定领域发挥着不可或缺的作用。其中，通信保障平台、网络安全平台和无线电保障平台共同维护着杭州亚运会的信息技术安全与稳定，守护着"信息命脉"。

首先，作为首次采用两家官方通信合作伙伴联合提供网络服务的国际大型综合性运动会，杭州亚组委建设了通信保障专项平台，统一管理两大关键网络——AGIS 专网和互联网（Wi-Fi）的运行状态，确保了网络服务在任何时候都能稳定、可靠地传输数据。

与此同时，网络安全专项平台通过实时监测和研判，能够及时发现并应对各种网络威胁，累计防御各类网络攻击 260 余万次，未发生 DDoS 攻击事件，实现了杭州亚运会网络安全"零事故"。网络安全专项平台如图 2-11 所示。

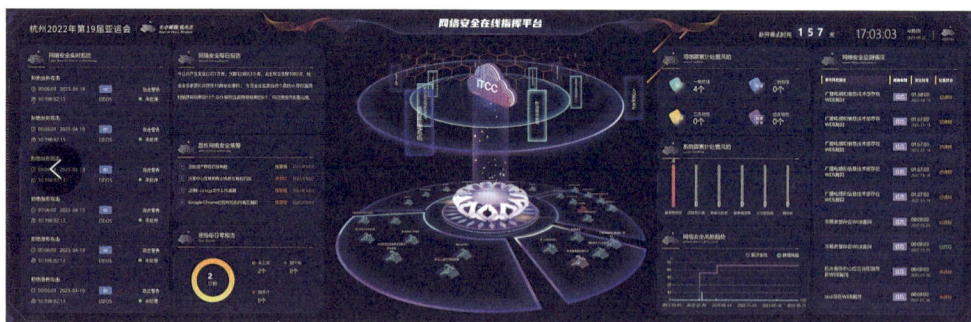

图 2-11　网络安全专项平台

无线电保障平台则是与省级无线电指挥中心紧密合作、数据互联互通，实现亚运无线电安全保障指挥、频率管理、场馆监测执法等一屏可览、实时调度，确保了各赛区、各场馆电磁环境持续良好，无线电安全风险全面可控，未发生一例有害无线电干扰事件，实现了无线电安全保障"零干扰、零投诉"的目标。无线电保障专项平台如图 2-12 所示。

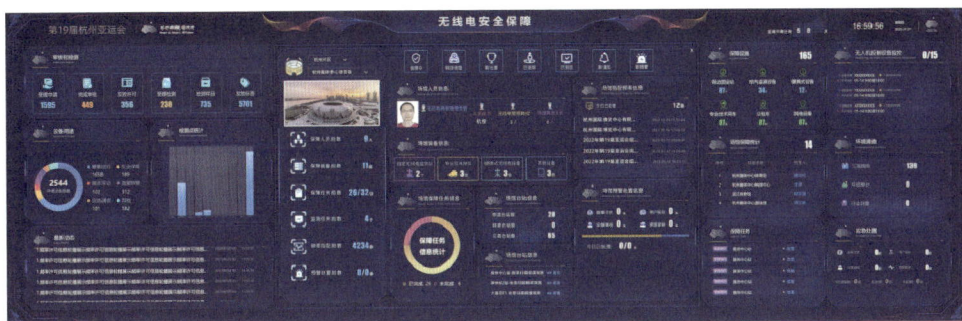

图 2-12 无线电保障专项平台

数字办赛指挥平台、数字参赛指挥平台和数字观赛服务平台则为杭州亚运会"三端"（亚运钉、杭州亚运行、智能亚运一站通）正常运行提供了服务支撑。

数字办赛指挥平台以赛区和场馆为两个核心维度，实时展示了亚运钉的用户量、消息量、会议量和工作台访问量等关键指标，实现了数据的全面可视化。同时，该平台还具备实时监测功能，对亚运钉的核心功能模块、外部接入系统及相关服务保障进行全面监控，确保了亚运钉及其外部系统的稳定运行。

数字参赛指挥平台针对杭州亚运行、电子身份注册卡及有关服务保障进行实时监控。一旦出现运行功能故障、电子身份注册卡无法使用等情况，平台将及时响应，保障参赛者的顺畅使用。数字参赛指挥平台如图 2-13 所示。

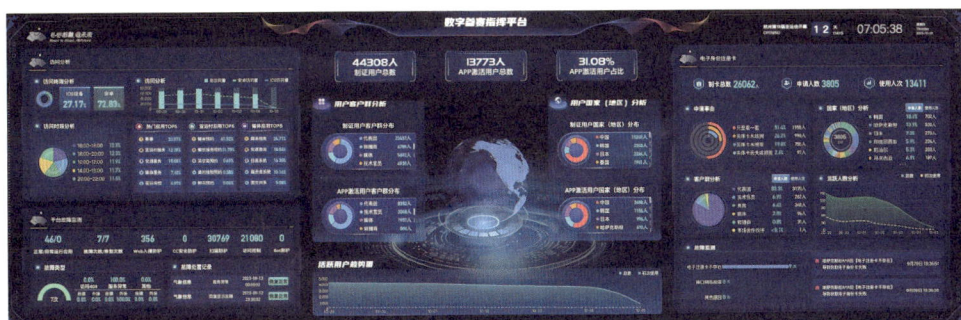

图 2-13 数字参赛指挥平台

数字观赛服务平台实时监测"智能亚运一站通"、线上火炬传递、智能支付等关键应用的使用情况，保证观众快速获取赛事信息和进行票务购买，保障开幕式"数字点火"活动顺利进行。

小结

杭州亚运会通过各类智能指挥平台的综合应用，全面保障了赛事运行的高效与安全。赛事综合指挥平台实现了对赛事全局的指挥与调度，安保综合数据平台实现常态运行和重大事件的双重保障，交通指挥调度平台通过"大中小"三屏联动实现"万人千车，秒级调度"，信息技术指挥平台全面保障赛事信息系统、智能亚运应用的安全稳定运行。这些平台共同构建起一个智能、高效的赛事指挥保障体系，确保了杭州亚运会的顺利进行。

相比于各类指挥平台普遍面临的数据汇聚不足、协同调度困难等问题，杭州亚运会赛事综合指挥平台、安保综合数据平台、交通指挥调度平台打通各个业务部门、省市单位间的系统壁垒，并且通过信息技术指挥平台实现了对信息基础设施和系统的全面监控和管理，构建了感知数据全面汇聚、平台自动预警、智能辅助决策与数字孪生可视化指挥的全流程闭环处置体系。这一举措为大型体育赛事，乃至城市治理提供借鉴，助力破局数据壁垒问题，让数据交互流通，进而形成超量级的城市"智慧大脑"，为城市治理现代化提供强有力的支撑。

城市全域智能协同

面对 6 个办赛城市的跨区域协同联动挑战，各办赛城市通过打造定制化的城市侧指挥应用，不仅展现了各自的特色，还确保了赛事期间城市的稳定运行。这一过程中，城市全域智能协同的理念得到深入实践，为杭州亚运会的成功举办提供了有力支撑。

"亚运任务在线"助力涉亚工程按期落地

赛事筹备期间，相关城市保障工程的建设规模之大、周期之长、任务之繁杂，无不考验着每一个参与者的智慧与毅力。"亚运任务在线"将大型复杂工程（例如水电工程）中的计划管理融入亚运筹办，以细化任务、分解资源、优化路径、动态控制作为基本手段，保障了亚运任务的按期落地。

专栏：亚运任务在线

建设内容： "亚运任务在线"将杭州亚运会工作任务全面拆解，包括了任务线上闭环管理、风险智能预警分析、组织过程资产沉淀等主要内容。

系统对 212 个与亚运相关的任务项进一步分解，将杭州亚运会的筹办工作任务量化、细化到最小颗粒度，分解到明确责任人的具体任务，实时显示具体任务的要求、目标、节点、责任人、反馈等信息，并形成总体工作的清晰概览。

同时，系统内置了风险预警分析功能，一旦某一项任务未达到规定进度，系统便会向相关责任人进行预警，并由责任人反馈问题，寻求协同处置，保障工程按期落地。与传统管理中的层层传达不同，"亚运任务在线"把从顶层设计到具体环节的所有参与者全部纳入系统，管理者可一键联系具体责任人，有效提升赛事筹办保障能力。

建设成效： 杭州亚运会筹办期间，系统将杭州亚运会筹办工作分解为 4 个领域、31 个大项、212 个任务项，拆分出 2.8 万多个具体任务，并最终以一张图的形式呈现，实现杭州亚运会筹办工作全覆盖。

赛后，"亚运任务在线"建设理念进一步推广应用，衍生出用于政府工作报告工作任务管控的"政在干"系统，用于"城市大脑"2.0 工作管理的"城市大脑 2.0 任务在线"系统，用于杭州妇联、交通局工作管理的"儿童友好城市任务在线""交通治理在线"系统等，覆盖杭州政务领域 1.4 万余项任务管理。亚运任务在线如图 2-14 所示。

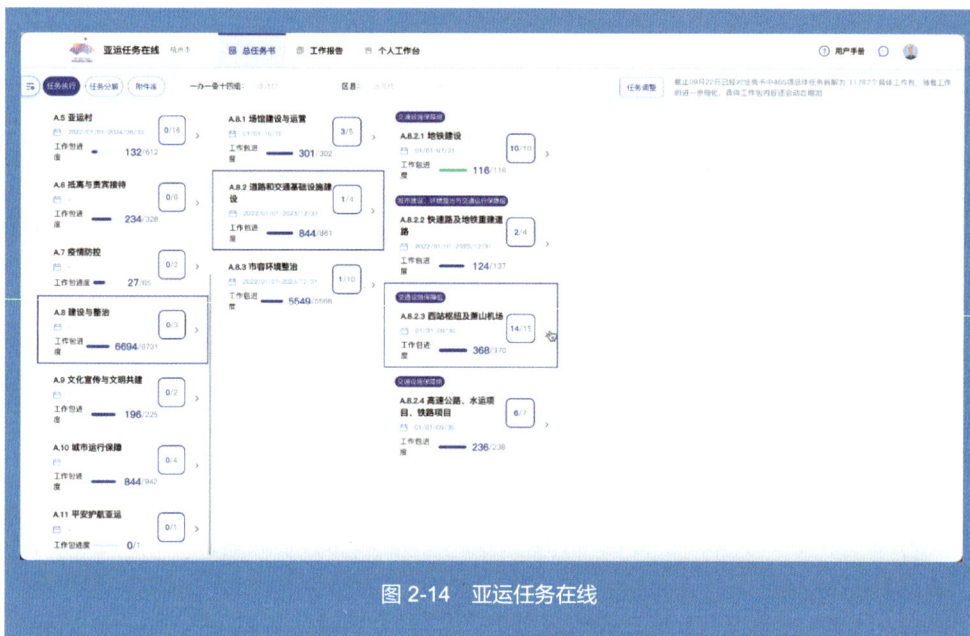

图 2-14 亚运任务在线

"城市大脑"助力赛事期间城市治理

在城市治理过程中，面临着人口密集、多源安全隐患难以识别等一系列痛点，传统的管理方式已经越来越难以适应。为此，杭州于 2016 年启动"城市大脑"建设，并在实际应用中展现了强大的效能，实现了城市运行的生命体征感知、公共资源配置、事件预测预警、宏观决策指挥等功能，提升了城市治理的水平和效率。

在赛事期间，杭州以"城市大脑"为核心，利用已有的社会治理智能化系统，打造了一套集"分析、研判、预警"于一体的应急指挥体系，守护城市的稳定，确保杭州亚运会各项赛事和活动的顺利进行。

专栏：杭州城市运行管理服务平台

建设内容： 杭州市依托"城市大脑"城市运行管理服务平台，围绕赛事期间城市运行要求，实现城市运行要素全面监测、关键风险及时预警、潜在隐患问题快速下派等功能，全面提升城市安全风险防控能力和精细化管理水平。

在城市运行监测方面，平台构建水设施河道、城镇燃气、固废处置、市容景观、市政设施、地铁运营期保护区及用电安全"6+1"领域城市生命体征指标。归集水、电、气、道路、桥梁、隧道、垃圾、照明、地铁运营期保护区等城市基础设施对象，接入供水水压、出水水质、燃气压力流量等核心数据指标。

基于城市运行监测中的关键风险，平台建设了工程渣土、平路整治、桥隧安全、内涝治理"一件事"等应用，并不断拓展集成。例如，围绕隧道安全运行，建设"积水预警""消防安全""交通提醒""环境监控"和"照明监测"模块，实现隧道智能管理。

平台进一步打造了城市运行事件大模型，整合数字城管、有奖举报、"12345"信访、基层智治、网络舆情等信息源，构建了"高频主体、高发区域、重大案件、群体热点、网络话题、突发问题、反复投诉、问题趋势"等事件分析研判模型，发现城市潜在的隐患问题，并形成治理任务下派，助力城市"治未病"，将赛事期间的城市安全问题消弭于萌芽状态。

建设成效： 赛事期间，平台共归集城市基础设施对象 52 类 17615 个，接入核心指标数据 149 类 2.49 亿条，全天候动态感知城市重要基础设施运行状态。

与此同时，杭州各赛区也充分利用"城市大脑"的平台能力，结合各自区域内的治理特点和实际需求，积极探索城市治理的新模式。通过这种上下联动、区域协同的治理方式，成功地将"城市大脑"的智慧触角延伸到城市的每一个角落，营造了一个更加安全、便捷、舒适的城市环境。

专栏：城市眼・云共治驾驶舱

建设内容：杭州市拱墅区承担着举办乒乓球、霹雳舞等 5 个亚运会比赛项目和盲人足球等 3 个亚残运会比赛项目的任务。为提升办赛质量，拱墅区依托"城市大脑"的"城市眼・云共治"平台，构建起"前端动态感知 + 中端智能预警 + 末端多元共治"的城市治理模式。

前端动态感知功能。平台汇集全区共计 6.7 万个监控，构建一屏统览智慧"天网"，横向联动拱墅区与杭州市指挥中心信息通路，纵向统筹街道、社区等治理单元，助力实现"指令直达一线、信息全面贯通"。

中端智能预警功能。平台集中研判基层智治综合应用、非警务类警情等数据，建立社会风险、企业风险、民生风险三大模型库，实现社会重大舆情事件智能预警。

末端多元共治功能。平台依托区社会治理中心构建的基层治理应急指挥体系，智能识别、分发对应产生的风险事件，可实现需求工单直接落实到具体人员，避免了信息层层传递导致的工作滞后。

建设成效：赛事期间，平台累计闭环处置数据风险告警 451 条，流转各街道部门核实处置 10 余条，顺利支撑 154 次杭州亚运会会议保障工作，做到"零故障、零断会、零失误"，确保乒乓球、霹雳舞、电竞等比赛项目顺利举办。

　　"城市大脑"的建设模式已在浙江省得到广泛应用。除杭州外，其他协办城市也依托近几年"城市大脑"的建设成果，打造各具特色的杭州亚运会城市侧智能指挥服务。例如，金华充分利用其"城市大脑"已有的"市域一张图""一键指挥""一键调度"等模块，建设亚运智能指挥应用，打造城市态势统览、场馆态势、亚运分村等专题，为指挥者提供"全局、可视、双向"的视图展示和调度协调能力。

小结

"亚运任务在线"以工程管理理念和数字技术服务政务管理的思路,为复杂、系统性项目的城市管理实践提供更优的解决方案。杭州城市运行管理服务平台全面提升城市安全风险防控能力和精细化管理水平。城市眼·云共治驾驶舱通过前端的动态感知和中端智能预警,实现了末端多元共治。赛后,杭州亚运会在城市治理领域的实践成果将继续助力优化城市运行和提高城市治理水平。

这一系列的创新实践,与《国务院关于加强数字政府建设的指导意见》中提出的"加快推进城市运行'一网统管',提升城市治理科学化、精细化、智能化水平"的要求不谋而合。据不完全统计,我国已有 15 个省级"十四五"规划提出推动城市治理体系现代化,有 20 个省市在"十四五"规划或政府工作报告中提出推动"一网统管"建设。而杭州"城市大脑"治理理念和模式的创新对推动全国城市运行"一网统管",提升城市治理科学化、精细化、智能化水平具有重要的借鉴意义。

三、智能物联感知赋能赛事背后的"大安全"

杭州亚组委以各类智能物联感知设备为基础，结合 AR、BIM、AI 等技术，探索"智能、无感、动态、和谐"的安全保障理念，构建了一张贯穿天空、地面、人群的立体安全网，从人员安全到场馆监控，再到网络防护，为赛事提供了全方位的安全保障。

人员安保"无死角"

赛事期间，城市游客量激增，人员结构变得尤为复杂，治安工作更加严峻。为此，杭州亚组委联合公安部门，充分发挥浙江省"公安大脑"、杭州公安智慧警务平台优势，通过智能预警和精准管控，构建起一张面向所有场馆的"安全保护网"，有效应对人员密集带来的压力，确保了赛事的顺利进行和城市的安全有序。

> **专栏：杭州亚运会赛事安全指挥平台**
>
> **建设内容：**平台围绕赛前筹备、组织指挥、场馆群安保和开闭幕式风险防控四大核心模块，采用"地图＋指标"的方式，通过二维、三维、AR、VR 地图形式，实现了预警信息、竞赛信息、安保方案和视频画面等相关信息的实时展示。

赛前筹备模块，制定了详细的工作任务计划和清单，动态展示各项工作的开展情况和各部门的工作成效。

组织指挥模块，为主场馆群及相关场馆安保指挥部构建了可视化指挥功能，实现了应急处置和任务布置，确保了各级安保指挥部能够实现"一键调度、一呼百应"的高效响应。

场馆群安保模块，全面接入了主场馆群的场馆信息、赛事信息、票务信息、安检信息等核心安保数据，实现了对各项重点管控要素的动态掌握和整体态势的全面集成。同时，通过搭建安保类大数据实战模型，实现了对主场馆群及安保圈内人、车、物风险的动态感知和实时预警。

开闭幕式风险防控模块，由主场馆群外围查控和开闭幕式活动安保两大部分组成。外围查控实时展示环省、环城、环赛和水域检查站的勤务和核查信息。开闭幕式安保整合了组织架构、活动流程、安保力量等关键信息，并与场馆安保平台协同，确保活动安全。

建设成效：平台以奥体主场馆群为核心，构建了赛前、赛中、赛后的全方位感知和全过程掌控体系，通过高效的多维度调度和指挥，确保了赛事的顺利进行，实现了包括开闭幕式在内的杭州亚运会安保工作"零事故"，为浙江省乃至全国的大型体育赛事安保指挥信息系统建设提供了重要参考。

当然，仅仅依靠赛事侧的统筹安保指挥协调仍然不够，在如此庞大且复杂的人员流动中，任何一个细节都可能成为安全风险的源头。因此，各赛区借助 AR、AI 等先进技术，对场馆及其周边进行了全面的技术升级，打造了全区域的感知能力，构建了多层次的场馆安保圈，为及时发现和应对潜在的安全风险提供了有力的技术支撑。

专栏：AR实景地图指挥系统

建设内容： 杭州市临平区体育中心承载着杭州亚运会足球、排球和空手道等赛事的预赛及决赛任务，同时也负责举办杭州亚残运会坐式排球的预赛与决赛。临平区以临平区体育中心为中心，构建了立体化的防控体系作为赛事安全的坚实保障。

一是通过高空AR监控和地面监控，组成AR实景指挥系统，构建可视、可控、可调度的全息感知视频AR系统。二是通过车辆卡口（自带毫米波雷达）和人脸识别监控，设置可疑活动监控预警模型，进行情报研判、重点人员画像，实现"智能感知、精准识别、触圈预警、实时响应"。全面掌握亚运场馆周边的人事物情况，确保有效维护现场秩序并快速应对突发情况。

建设成效： 赛事期间，AR实景地图指挥系统不仅能"智能感知、精准识别"周围环境，还能对可疑活动进行预警和实时响应，共排查过往车辆8000余辆、人员10万余人次，多次对重点人员进行预警，确保了杭州亚运会赛事的顺利进行。

除了对场馆周边的全面技术升级，基于赛事期间快速入场的需要，各场馆纷纷引入智能安检装备，以提升出入效率，同时强化场馆的安防实力。例如，亚运村、主媒体中心、浙江工商大学文体中心、绍兴奥体中心体育馆等场馆，利用AI智能识别安检系统，快速发现可疑液体、易燃易爆物品、各类刀具等违禁品和危险品并自动报警，准确度高达95%。而且，场馆内的智能安检机还具备一键变速功能，每小时不间断过包量最高可达2400个，为入馆安检装上"加速器"。

除了利用AI智能识别进行安检，亚运村、黄龙体育中心主体育场、黄龙体育中心体育馆、奥体中心体育场等场馆，利用了乾元实验室打造的太赫兹智能人体安检系统，实现了快速无感通行，进一步提升了安检的效率和体验。

专栏：太赫兹智能人体安检系统

建设内容： 太赫兹智能人体安检系统基于被动式太赫兹实时成像技术研发，被检人员只需从安检系统内部正常走过，便可完成整个安检流程。

该系统主要依托于太赫兹的特性。太赫兹本质是一种电磁波，在电磁波谱上位于红外和微波之间，频谱范围 0.1 ～ 10THz。太赫兹波特别适合用于成像，尤其是穿透成像。一方面，它比传统的微波毫米波的波长短，所以空间分辨率较高；另一方面，它又比红外和可见光的波长要长，所以穿透能力较强。

正是因为太赫兹波具有频率高、脉冲短、穿透性强且能量小，对物质和人体的伤害较小的特点，太赫兹成像技术被广泛应用于空间探测、医学成像、安全检查、宽带通信等领域。

太赫兹智能人体安检系统工作原理是通过被动接收人体自身向外辐射的太赫兹波，形成人体的二维太赫兹强度图，当人体携带违禁物品通过安检通道时，随身携带的物品会对人体发出的太赫兹波做不同程度的遮挡，并在对应部位留下物品形状阴影，检测人员通过阴影形状就可以判断人体是否携带危险物品，以及危险物品的种类，实现无辐射、非接触、不停留的影像式人体安检。

建设成效： 与传统安检相比，系统减少了等待时间并增强了安检的人性化，据统计，其检测通过率不低于 1500 人次／小时，是传统手检的 5 ～ 6 倍。此技术的成功应用不仅为杭州亚运会保驾护航，还可被推广应用于大型活动现场，以及机场、高铁、地铁检查站等，展现了科技在提升公共安全中的重要作用。

此外，各赛区运用数字技术赋能安保实战，宁波海域智治安保平台、湖州便携式穿越机侦测反制一体化设备、金华云端智能外管系统等，均实现安保效能倍增。

水陆空立体防护

在筹备与举办大型体育赛事期间，未经许可、非法飞行的"黑飞"无人机可能会干扰正常的空中交通，还可能侵入赛事禁飞区域，对赛事活动、观众安全乃至国家空防安全造成损害，威胁赛事的顺利进行。因此，杭州亚组委联合公安部门，打造了杭州亚运会低空安全监管平台，通过这一平台，相关部门能够实时监测、预警并快速处置潜在的"黑飞"无人机威胁，确保赛事空域的安全。

专栏：杭州亚运会低空安全监管平台

建设内容： 杭州亚运会低空安全监管平台由前端无人机信号感知设备、信号与声波干扰等末端处置手段和综合指挥平台共同组成，可实现"黑飞"无人机的提前预警、飞手精准定位、轨迹跟踪、态势研判与科学处置功能。

平台采用无线频谱侦测定位技术、基于 Spark 数据引擎的大数据分析技术、Spring cloud 分布式架构的应用技术、RocketMg 应用技术等，对无人机飞行轨迹进行实时监控与预测，实现亚运重保区域三级防御管控圈的实时预警、及时处置。

同时，平台采用接口容器的方式，对区域内异构侦测设备统一数据标准与设备调度，实现不同侦测设备厂商的数据共享与边缘计算，结合数据融合、预测算法等手段，使无人机飞行轨迹预测更加准确。

只要无人机在监测范围内起飞，平台便能在 30 秒内锁定无人机的高度和经纬度，精准地判断无人机飞手的位置，后台会第一时间发送信息给现场的网格安保人员，由网格安保人员进行陆地查控。

建设成效： 赛事期间，平台共监测研判了数十万条数据，配合有关部门成功破获了 200 余起"黑飞"事件，实现了赛事期间低空安全"零事故"。

与此同时，为了更全面地遏制"黑飞"现象，杭州亚组委分别与杭州钱塘科技创新中心、乾元实验室合作推出了城市环境低空安全电磁防御系统和低慢小目标侦干毁一体防控系统。城市环境低空安全电磁防御系统集雷达、光电、无线电监测等技术于一体，一旦发现"不速之客"，会迅速启动干扰设备，对其 GPS 导航进行干扰，使其远离场馆。低慢小目标侦干毁一体防控系统具备对低慢小无人机远距离探测、中距离干扰、近距离毁伤的一体防控能力。相较于传统的无人机干扰驱离设备，该系统引入了定向能反制手段，在"黑飞"无人机接近警戒区域时，可通过定向打击将其毁伤，从而确保场馆周边空域的安全，是亚运会安保立体防御的重要组成部分。

除了空域安全，作为杭州亚运水上户外项目的主要赛区之一，杭州市淳安县界首体育中心面临着更为复杂的安保挑战。它位于淳安县界首乡严家村西南区域，安保封闭线全长将近 10 千米，总面积超 3 平方千米，地理环境错综复杂，涵盖了山地、水域、村庄、农田、公路等不同地形区域，同时，还存在人员易攀爬，快艇、渔船、不明漂浮物或鱼群闯入等不确定威胁。

为应对这些复杂多样的挑战，淳安赛区以界首体育中心安保系统平台为基础，打造"陆地水面水下多圈层、立体化"的水陆一体安防系统，为界首体育中心及其周边安全提供重大保障。

专栏：水陆一体安防系统项目

建设内容： 水陆一体安防系统基于界首体育中心安保系统平台，利用分布式光纤振动传感技术在水域和陆域的感知能力，构建陆上和水下无盲区预警系统。

水下，系统将分布式光纤振动传感技术应用于水下围栏入侵领域，在不影响船只通过的前提下，通过一根光缆即可灵敏感知任何异常振动，实现精准监测与告警水下入侵行为。同时，系统针对界首水域特点，通过前期机器学习，自主研发了有效的水下目标识别算法，可排除鱼群、风浪和其他水下干扰，仅针对蛙人入侵进行报警。

陆地上，通过分布式光纤振动传感技术结合自研的入侵 AI 算法，可通过将光缆布设在周界围栏上实现入侵监测功能，同时联动周界上的摄像头，并研发摄像头自动人体识别算法，对入侵目标进行自动复核，通过自研多平台多数据的融合算法，在保证无漏报的前提下实现基本无虚警。

系统结合淳安亚运分村的场景特点，创新使用视频声呐联动方法，构建水下和陆地无盲区预警系统。并且基于千岛湖复杂的水下情况，使用水下三维态势图，直观展示水下地形地貌和预警信息。

建设成效： 赛事期间，系统展现了强大的双线防御能力，累计发出 1400 多条告警，精准处置了 7 件水面清洁船触碰拦网、陆上工作人员巡检触碰围栏、小动物触碰等异常事件，为水上户外项目顺利举行筑起了一道严密的防护屏障。

此外，杭州海关通过大数据、人工智能的融合应用，建设亚运海关监管平台，实现各项通关指标和风险的智能化预警，保证严密监管前提下的高效通关。例如，进境马匹监管系统实现对参赛马匹"进境—参赛—出境"全程检疫管控，以可视化技术对通关态势、马匹情况等进行全链条的实时监管。

网络安保"零事故"

国际大型体育赛事向来是创新技术最重要的展示舞台之一。然而，新技术在应用过程中，同样伴随着新风险，历史上曾多次出现过恶性网络攻击事件。例如，2016年里约奥运会遭遇大规模高级持续性威胁（Advanced Persistent Threat，APT）袭击和 DDoS 攻击；2023 年成都大运会，赛事期间累计监测各类网络攻击更是超过1596 万次，累计清理加固的网络安全风险点多达 3000 余处。

在此背景下，杭州亚运会全面应用智能化的数字技术，也意味着从官方网站到票务系统、转播系统、计分系统，以及各类智能应用，都面临着遭受网络攻击的风险，网络安全保障难度也进一步提升。面对严峻的网络安全挑战，杭州亚组委依托安恒信息赞助研发的"亚运天穹防御系统"，将防御由被动变为主动，实现了杭州亚运会网络安全"零事故"。

专栏："亚运天穹防御系统"应用

　　建设内容："亚运天穹防御系统"集成了态势感知、资产管理系统、威胁情报平台、漏洞管理等应用，拥有强大的数据整合和分析功能，实现全面的威胁情报分析和事件响应。

　　"亚运天穹防御系统"还能主动搜寻威胁，以威胁狩猎为例，该系统在采集的网络+重点数据的基础上，将单个攻击行为关联，由点到面进而挖掘出攻击事件与攻击源；从威胁的角度出发，该系统通过安全垂直大模型"恒脑"的智能辅助，建立安全行为基线，实现对异常流量的有效监控；最终通过模型算法和历史事件的关联对攻击发生的概率、损失等进行有效分析与威胁判断。通过引入人工智能，整体安全运营能效提升超过50%。

　　此外，在数字孪生领域，该系统利用高清卫星图像、三维建模、地理信息系统等技术，集成多方情报将数据生动呈现在用户面前，实现"1:1场景复刻""多源数据融合""沉浸式巡检""虚拟映照现实""处置闭环"等多种效果，让网络安全的处置更加可视、高效。

　　建设成效：赛事期间，该系统的监测范围覆盖40余个核心赛事系统、87个竞赛与非竞赛场馆和云计算中心，对云上各类赛事侧系统120余个域名、600多台ECS主机进行"7×24"小时的网络安全值守保障，发现系统及场馆风险超过7.2万个，共产生超800亿条安全日志，成功监测拦截网络攻击超过2600万次，全面保障了赛事系统的网络安全。后续，该系统已应用于2025年第九届亚洲冬季运动会。

小结

杭州亚运会打造了一个立体化、智能化的安全防护体系，为赛事的各个环节提供了全面保障。杭州亚运赛事安全指挥平台通过高效的多维度调度和指挥，确保了杭州亚运会奥体中心场馆群赛事和杭州亚运会开闭幕式的顺利进行。杭州亚运会低空安全监管平台有效遏制"黑飞"现象，水陆一体安防系统实现了陆地水面水下多圈层、立体化防御，确保场馆周边空域的安全。在网络防护方面，"亚运天穹防御系统"通过主动搜寻和精准分析，成功实现了网络安全的"零事故"纪录。

杭州是浙江省数字经济发展的核心区域、全国数字安防产业的重要集聚地。杭州相继出台了《杭州市视觉智能（数字安防）产业集群培育提升三年行动方案（2023—2025 年）》《杭州市人民政府办公厅关于高标准建设"中国视谷"高质量发展视觉智能产业的实施意见》，目标到 2027 年，杭州视觉智能产业总体规模达 1 万亿元。视觉智能产业作为杭州新质生产力的驱动引擎之一，正爆发出强劲的经济动能。杭州亚运会的智能安全实践，展示了杭州在视觉智能领域的深厚积淀与创新能力，推动了视觉智能、大数据、云计算、网络安全等技术与安防产业的深度融合，激励和促进杭州乃至全国的视觉智能产业持续创新升级，为全球视觉智能领域的发展贡献"杭州力量"。

四、航天科技＋智能网联解锁赛事期间交通管理的"畅通密码"

赛事期间交通的顺畅与安全对于确保杭州亚运会的圆满成功十分重要。面对赛事期间客流量的剧增和复杂的交通环境，杭州亚组委除了打造交通指挥调度平台进行统筹协调，还采用了一系列新技术和管理策略，确保了交通管理的高效与安全。

一颗卫星、一条数字专用道的创新实践

赛事期间，场馆周边的车辆川流不息，人潮汹涌，网络流量激增，加之复杂的高流量、多隧道行车环境，亚运保障车辆面临网络中断和定位失误的风险，位置信息难以实时更新。

为了确保亚运保障车辆的准时抵达，杭州亚组委借助吉利控股集团旗下时空道宇公司的"亚运中国星"，构建了一个天地一体化的出行网络，覆盖了近 2000 辆官方指定用车，确保了点到点的接驳服务更加安全、准时。

专栏："亚运中国星"应用

建设内容： 2022年，吉利控股集团发射了自主研发的"未来出行星座"——一箭九星，其中一颗名为"亚运中国星"。"亚运中国星"依托星基高精定位服务产品、高精定位智能终端、高精度车辆监管平台，结合道路上布设的基准站，为车辆提供精密轨道、精密钟差、电离层和对流层服务，同时提供相应的高精度定位算法，为杭州亚运会官方指定用车提供实时高精度定位服务。

依托"亚运中国星"高精度车辆监管平台，超2000辆杭州亚运会官方指定用车的车辆位置可实时、准确地显示在系统地图上，监管人员可随时获取车辆位置、调取当前车辆行驶影像，实现车辆精准管理与调度，保障官方用车的智能监管、安全出行。

为防止场馆人流量大造成网络拥塞，影响数据上传的时效性，"亚运中国星"高精定位服务采用互联网分布式服务器方案，设置主服务器+备份服务器，确保服务的稳定性和可靠性，从而实现车辆位置信息数据及时上传平台，平台可实时调取车辆画面，定位准确度可达0.5～1米。

除杭州亚运会官方指定用车保障，在杭州亚运会开闭幕式时，"亚运中国星"对杭州地区进行遥感影像拍摄，打开杭州亚运会的"太空视角"。此外，"亚运中国星"还对杭州亚运会水上项目的水域进行水文监测，利用遥感AI技术对图像进行分析，全面掌握赛场水域环境状况，助力杭州打造绿色亚运、智能亚运。

建设成效： 自"亚运中国星"成功发射至杭州亚残运会结束，"亚运中国星"已稳定在轨运行513天，在轨运行里程约4429万千米，绕地球圈数1399圈次。"亚运中国星"全天候保障近2000辆杭州亚运会官方指定用车出行安全，官方指定用车行车路线覆盖主办城市杭州，以及宁波、温州、绍兴、湖州、金华5个协办城市，累计保障里程超 200 万千米，成为杭州亚运会交通保障不可或缺的护佑之星。赛后，"亚运中国星"实现了市场化服务，面向交通出行、海上通信与导航、城市安全作业、应急管理通信、生态环境遥感监测等多样化场景提供服务，打造全域覆盖的卫星互联网应用生态。

不仅如此，杭州亚运会赛事期间恰逢国庆节与观潮活动，人流车流的叠加使交通压力达到历史高点。为此，杭州市在关键道路设置了"亚运数字专用车道"，优先保障赛事车辆通行，同时兼顾市民出行，最大化利用道路资源，展现了智能化交通管理的创新智慧。

以杭州市上城区新塘路为例，在早晚高峰的大流量时段，当系统观测到该时段及其后续没有赛事车辆需要经过时，新塘路的"亚运数字专用车道"将显示为社会车辆可兼容状态，把车道共享给市民使用，以缓解交通压力。

专栏："亚运数字专用车道"应用

建设内容："亚运数字专用车道"管理系统采用了速度实时感知、车辆实时监测、绿波统筹协调、车道屏联动控制和勤务动态管理五大关键技术，可感知赛事车辆的速度与密集度，并动态调整车道的使用模式，精准地利用信号指示牌将专用车道切换成"本时段亚运专用"和"本时段社会车辆允许借用"两种模式。

赛事期间，城市交通管理部门在亚运村、竞赛场馆等亚运相关设施之间 370千米的通勤道路上，针对车流量大的钱塘快速路、闻涛路、艮山东路等共用线及其支线，规划了 142 千米的"亚运数字专用车道"，在确保赛事保障车辆顺利通行的同时，也最大限度避免了"一刀切"现象导致的资源浪费。

建设成效：自 2023 年 9 月 16 日正式启用到杭州亚残运会闭幕，"亚运数字专用车道"日均使用时长约 60 分钟、运行均速 51.6 千米 / 小时，有效地避免了赛事车辆在大流量路段遭遇拥堵的现象。同时，在护航杭州亚运会交通安全准点的基础上，最大限度用足、用好道路资源，统筹杭州亚运会赛事与社会交通。

城市交通如何"兜住"亚运峰值考验

杭州亚运会堪称有史以来交通管理压力最大、交通组织最复杂、交通保障任务最繁重的一届亚运会。面对这一考验，杭州亚组委依托"数字浙江""城市大脑"优势，采取了点、线、面相结合的智慧交通策略，通过精准调控路口、路段和区域，形成一个立体化的交通管理网络，确保赛事期间的交通流畅与安全。

专栏：亚运智慧交通

建设内容： 亚运智慧交通，以点（路口）、线（路段）、面（区域）三位一体的应用场景进行规划，杭州市萧山区建设了全息智慧路口、绿波带和区域交通拥堵管控三大功能，实现了交通信号的智能控制、道路通行的效率提升和区域交通状态的全面感知与动态调整。

"点"以全息智慧路口建设为主，在奔竞大道、市心路、博奥路等亚运场馆主干道路上建设了 10 个全息智慧路口，实现路口信息全掌握，信号配时更科学。

"线"以绿波带建设为主，在区域热点的市心路、博奥路、金鸡路进行布设，确保在部分时间内，车流到达每个路口时，正好遇到"绿灯"，提高道路通行效率，增强市民出行体验感。

"面"以区域治理为主，特别是湘湖景区、观潮城、综合体周边等拥堵的热点区域，增加智能设备，建立交通管控平台，可实时监测拥堵情况，并进行人员和信号灯等的控制调度，能够有效管理相关区域。

建设成效： 赛事期间，全息智慧路口（点）能够实现对路口车辆排队情况、车道流量全掌握，并利用数据计算出红绿灯配时的最佳方案。绿波带（线）实现车辆连续顺畅通过 3 ～ 5 个路口，显著提升了车辆通行效率，减少了等待时间。区域治理（面）实现对区域的在途车辆、停车场车辆、道路拥堵情况实时掌握，为区域治理提供依据。

在此基础上，为进一步满足赛事期间群众就医、入杭观赛等实际需求，杭州推出了"急事通"服务，在限行时段和区域内提供临时"绿色通道"，在保障杭州亚运会

赛事期间交通的同时，也有效兼顾了群众的日常出行需求。据统计，"急事通"上线以来，赛事期间申请量超过 250 万次，单日最高申请量高达 23 万次，峰值时每秒需要响应 30 余次申请。

　　除了智慧交通策略和"急事通"服务，智能网联技术成为赛事交通的一大亮点。自动驾驶公交车在亚运村、钱塘区、萧山区观澜路、余杭区未来科技城及绍兴棒垒球馆等区域投入使用，为参赛者、观众和市民提供了更便捷的出行方式。这些自动驾驶公交车通过智能网联车辆运行管理服务平台进行统一调度，不仅确保了运营的安全性，也大幅提高了运行的效率。

专栏：智能网联车辆运行管理服务平台

　　建设内容：绍兴赛区承办篮球、排球、棒球、垒球和攀岩 5 个项目的比赛。绍兴赛区为加强智能网联车辆道路测试与示范应用监管，打造了浙江省内首个由交通主导的智能网联车辆运行管理服务平台，解决智能网联车辆监管难、申请流程不规范等问题，实现自动驾驶车辆申请测试、动态监控、线上安全提醒的综合管理。

　　该平台通过对无人驾驶车辆的测试审核、牌照发放、过程记录和动态预警等全流程闭环管控，实现了对车企、车辆、驾驶员的线上管理。此外，通过实时数据跟踪和图像传输，该平台能够实时监控关键车辆参数，并及时响应前方交通和道路状况，有效处理突发事件，确保测试车辆安全、平稳、高效运行。

　　建设成效：赛事期间，该平台持续实时监测自动驾驶公交车运行线路及状态，累计监测运行里程超 1.7 万千米，运行时间超 1000 小时，接送运动员、裁判员、游客等超 3000 人次，且未发生交通事故。

小结

交通管理的智能化升级为杭州亚运会赛事的顺畅运行提供了坚实支撑，实现了赛事交通安全准点、参赛运动员"零投诉"、社会面交通最小干预。通过"亚运中国星"高精度定位技术，杭州亚运会官方指定车辆得到了精确的导航和实时监控，提高了车辆调度的效率和行车的安全性。"亚运数字专用车道"的创新设置，有效应对了高车流量挑战，展示了杭州在交通资源智能调配上的先进思维。

"亚运智慧交通"通过点线面结合的策略，不仅提升了交通流畅度，也优化了市民的出行体验。智能网联车辆运行管理服务平台的建立，为自动驾驶服务的运行提供了强有力的监管和支持，确保自动驾驶车辆的安全、高效运行。

根据百度地图《2023年度中国城市交通报告》统计，全国交通拥堵排名前100的城市中，86%的城市在2023年度通勤高峰交通拥堵指数同比2022年有所上涨，平均涨幅为7.17%，最大涨幅达到26.92%。随着我国城市化进程的持续推进，人口向城市聚集，车辆保有量不断增加，各大城市在发展过程中不可避免地会面临交通拥堵难题。

传统的做法，例如新建道路、拓宽现有道路等，虽然能在一定程度上缓解交通压力，但往往伴随着高昂的建设成本和漫长的建设周期。因此，探索更加智慧、高效的交通管理方式成为新选项。借鉴杭州亚运会的成功经验，推动交通管理向智能化、精细化方向发展，提高道路使用效率和安全性，减少人为因素导致的交通拥堵，为全国各城市治堵提供了有益的参考和启示，也为城市发展和市民出行带来更多便利和福祉。

五、云网融合带来赛事转播技术"新潮流"

在杭州亚运会上，赛事转播不仅延续了传统的记录与传播功能，更随着技术革新的浪潮，迎来了一系列创新突破，8K 超高清转播、"子弹时间"、云转播等各类创新层出不穷，赛事转播领域正经历着新的升级，步入了一个全新的视听境界。

5G+8K 让赛事细节尽收眼底

如今，观众无须亲临现场，只要安坐家中，便能通过 8K 超高清转播技术享受到身临其境的观赛体验。这项技术以超越 1080P 高清视频 16 倍的分辨率，从运动员汗水的飞溅，到肌肉的每一次紧绷与舒展，再到眼中闪烁的坚毅与斗志，将杭州亚运会赛场上的每一个细微之处清晰展现。8K 技术应用前后对比如图 2-15 所示。

图 2-15　8K 技术应用前后对比

国内自主研发的 AVS3 编解码技术标准，让赛事转播画面的层次更加丰富、质感更加细腻。同时，5G-A 超高清浅压缩视频传输技术和虚拟同框服务的运用，让主持人与嘉宾即便身处不同的空间，也能实现同屏互动，进一步提升赛事转播的互动性和沉浸感。而声音领域的 AI 三维声技术，更是让观众即使远在赛场之外，也能感受到赛场上的激情与活力。

专栏：5G-A 超高清浅压缩视频传输及虚拟同框

建设内容： 中央广播电视总台打造了一套基于 5G-A 无线传输技术的超高清浅压缩实时制作系统，实现了浅压缩超大带宽的无线实时制作及超低时延的虚拟同框双业务应用。

在浅压缩视频传输方面，媒体浅压缩制播领域相较于传统深压缩的内容生成领域有着更高的要求，即超大上行带宽（4K 画面每秒 50 帧进行 1:8 浅压缩，需 1.1Gbit/s）、超低时延（端到端 100ms）、传输稳定性（传输过程不允许有丢包）。系统依靠大容量、高可靠、低时延为特色的 5G-A 网络能力，满足 4K 视频 1:8（8K 视频 1:32）浅压缩大上行业务，在传输效果方面实现重大突破。

在虚拟同框方面，系统将自研可控的国产化 5G 背包超高清视频流承载于5G-A 网络上，利用超大带宽和超低时延的特性实现超高清视频双向传输和无绿幕实景抠像，同时借助云端算力完成实时渲染，对两侧传来的视频进行实时抠像合并，并重新回传至现场屏幕，从而做到两个主持人明明不在一个场地，却可以呈现在同一画面上，并进行交流互动。

建设成效： 赛事期间，杭州国际博览中心的制播区专网依托 5G-A 网络能力实现了上行实测超过 2Gbit/s，网络时延低于 4ms 的超级性能，浅压缩视频传输长时间运行无丢包、无卡滞、平稳可靠。杭州亚运会开幕式当晚，央视新闻在央视频 App 进行倒计时直播，倒计时过程中采用虚拟同框技术，在直播车内总台记者与杭州亚运会吉祥物主设计师跨时空同框，讲述吉祥物设计理念和诞生过程。虚拟同框效果展示如图 2-16 所示。

图 2-16　虚拟同框效果展示

　　当然，赛事转播的魅力不仅仅在于转播画面的清晰度与声音的立体感。在杭州亚运会女子个人花剑比赛直播中，"子弹时间"技术精彩还原了中国选手黄芊芊一路过关斩将并最终夺得冠军的每个拼搏瞬间。这项技术通过 360°定格关键时刻，让观众能够全方位看清比赛，沉浸式感受到中国队夺金时刻的激动心情。"子弹时间"技术更是将黄芊芊赢下比赛"关键一剑"的超燃时刻定格，让屏幕前的观众仿佛亲身经历了这场惊心动魄的比赛。

专栏："子弹时间"

建设内容："子弹时间"是一种先进的摄影技术，最初在电影《黑客帝国》中出现，从而被广泛认知。该技术通过计算机辅助创造出时间上的极端变化，让观众能够看到慢动作下平常难以捕捉的瞬间，例如子弹在空中的飞行。此外，"子弹时间"还能在空间上产生极端变化，即在慢动作的同时，摄影机的拍摄角度可以围绕场景旋转，提供全方位的视角。

在杭州亚运会击剑馆中，通过利用 40 台高速 4K 摄像机来捕捉 24 场精彩绝伦的击剑比赛。这些摄像机布置在现场，通过边缘云强大的媒体处理能力，工作人员能够对采集到的多路超清视频进行实时的拼接和渲染。结合 5G 网络的高速传输和极低的时延特性，提供了 360°的"子弹时间"直播体验。

建设成效："子弹时间"不仅为观众提供了多视角的画面和实时观看的效果，还有效提高了击剑判罚的精准性。在比赛双方几乎是同时击中的情况下，"子弹时间"技术能够还原整个过程，让观众看清楚哪一方先击中及具体击中部位，减少了"争议剑"。

首届"云上转播"的亚运会

"广播电视转播技术拯救了奥运会。"国际奥委会前主席萨马兰奇的这句名言至今仍被广泛传播。1964年,第18届夏季奥林匹克运动会首次引入卫星转播技术以来,奥运会的观众规模便呈指数级增长,转播技术使人们无论身在何处,都能实时体验到赛场的激情与活力。然而,随着时代的进步,传统的电视转播方式逐渐显现出局限性。

过去,电视转播高度依赖卫星信号,每逢大型赛事,都需要构建庞大的卫星发射和接收系统、设备机房及物理专线,这不仅成本高昂,而且在赛事期间,激增的流量常常导致计算和网络资源的紧张。特别是对于奥运会、亚运会这样的阶段性赛事,赛事结束后,庞大的 IT 基础设施拆除工作既复杂又会造成资源浪费。

在赛事直播过程中,观众对播放的实时性和流畅性有着极高的要求。他们希望能够即刻沉浸在赛场的每一个精彩瞬间中。然而,传统的电视转播方式常常面临着服务器素材加载缓慢、视频打开时间长等问题,往往会破坏观众的沉浸感,严重影响其观看体验。为了解决这些问题,转播技术的革新势在必行。

杭州亚运会作为历史上首次采用云转播技术进行赛事直播的亚运会,基于云计算、人工智能和互联网高速传输技术,实现了转播设备云端化和人员服务远程化。在全球响应、全球覆盖、全球制作的模式下,"云上转播"能够大幅降低赛事转播服务成本并提高转播团队制作效率,为观众带来更加优质的观看体验。

通过云直播中心,杭州亚运会凭借云网络的跨地域能力,保障转播信号从场馆快速、稳定地传输至上海和北京的阿里云视频直播中心,再经由阿里云位于新加坡、印度等地的节点,向亚洲乃至全球观众实时转播。这一转播方式打破了地域限制,让全球观众都能够实时享受到杭州亚运会的精彩比赛。

与传统卫星转播模式相比,云转播技术超越了带宽和线下设备的限制,提供了更丰富的画面信号和剪辑方式。例如,通过云转播服务,泰国当地媒体可以在任何时间、任何地点拉取信号流,让泰国观众实时收看到精彩的杭州亚运会比赛。

　　据统计，杭州亚运会在云上传输了 60 路高清和超高清信号，总计时长超过 7200 小时。除了赛事直播，杭州亚运会还在云上提供了短视频、精彩集锦、赛事新闻等丰富的视频内容，让观众能够随时随地回味杭州亚运会的精彩瞬间。

　　2024 年，巴黎奥运会采用阿里云实现云上转播，并进一步优化观赛体验。除了让全球观众在云上看到比赛，巴黎奥运会更实现了三维定格画面、慢动作回放等技术创新，让观众更直观地感受到运动的难度和美感，让奥运会这一全球体育盛事更加精彩纷呈。全链路多端云转播界面如图 2-17 所示。

图 2-17　全链路多端云转播界面

小结

杭州亚运会上，8K 超高清转播技术将赛场上的每一个细节都尽收眼底，极大地提升了转播质量，为观众带来了沉浸式观赛体验。"子弹时间"技术，让精彩瞬间得以全方位展现。云转播技术应用，更是大幅降低赛事转播服务成本，显著提高了转播团队的制作效率，为赛事直播提供了更加灵活和高效的解决方案。

随着"云端"逐渐成为转播的常态，4K/8K 视频等技术的深度融合也在加快推进。这一趋势正在深刻改变着视听行业的创作、生产、传播和消费等环节，为广播电视公共服务注入新活力，也成为助推媒体深度融合的关键因素和重要推动力。可以说，技术的革新正在引领视听行业迈向一个新的发展阶段。

《2023 年全国广电行业统计公报》数据显示，2023 年全国广播电视行业总收入14126.08 亿元，增速连续 18 年保持在 8% 以上，展现出行业的蓬勃生机。在全国地级及以上播出机构中，经批准开办的高清电视频道 1105 个，4K 超高清电视频道 8 个，8K 超高清电视频道 2 个。这些数字表明，无论是云转播还是 8K 超高清技术，都拥有巨大的渗透空间和产业发展价值。而杭州亚运会的实践更是进一步验证了这些前沿技术在大型体育赛事转播中的广泛应用潜力和实际成效，为广播电视及相关产业的技术革新与转型升级提供了宝贵的实战经验和示范效应。

六、"高效、安全、绿色"的智慧场馆

杭州亚运会的竞赛场馆，作为赛事活动的中心舞台，不仅集中展示了智能化设备的最新成果，更通过一系列创新的"黑科技"，提升了赛事的运营效率与观众的观赛体验。

数字孪生让场馆管理更高效智慧

杭州亚运会竞赛场馆的规模庞大，承载着众多的竞赛项目，功能多样、设备复杂，为此，各竞赛场馆纷纷引入了以数字孪生为代表的先进技术，以实现高效的场馆管理和组织。

"大小莲花"数智管理舱

杭州奥体中心体育场和网球中心，因其独特的建筑设计，被市民亲切地称为"大小莲花"。其中，奥体中心体育场作为杭州亚运会开闭幕式的承办场馆，保障工作的重要性更是不言而喻。为了确保这一重要场馆的顺利运行，"大小莲花"数智管理舱应运而生。

数智管理舱链接了整个"大小莲花"区域内的 50 个弱电系统、2 万多个设备、8 万多个设备单元，形成一个庞大而复杂的智能物联监管网络。它运用数字孪生技术，将"大小莲花"高精度核心模型区与奥体园区程序化模型区进行融合，从而构建了一个与真实世界地理坐标系完全一致的奥体中心数字孪生基座，使数智管理舱能够实现对场馆区域内的水、电、气等实时能耗的监测，还能够统计二氧化碳、碳排放量等重要数据，为场馆的绿色、可持续运营提供了有力的支持。

"大小莲花"里真实存在的设备，在数智管理舱的计算机模型中也都全部存在，实现了一屏掌控全局。数智管理舱不止于显示数据，更是一个支持日常精准管理、实现实时远程反控操作的智能平台。例如，在"小莲花"里正在举办一场网球比赛，数智管理舱的物联中心可以实时感知场馆里的实时风速、温度等环境指标。当这些指标超出预期范围时，工作人员可以通过数智管理舱远程调整相关设备，例如空调的温度、新风的风速等，以确保场馆环境能满足世界级大赛的要求，所有操作都可以通过远程操作轻松完成，大幅提高了场馆管理的效率和便捷性。"大小莲花"数智管理舱如图2-18所示。

图 2-18 "大小莲花"数智管理舱

亚运三馆智慧场馆数字化监管平台

针对场馆体量大、功能多样、设备繁杂的状况，杭州奥体中心的体育馆、游泳馆、综合训练馆通过亚运三馆智慧场馆数字化监管平台，实现了高效的运营调度。该平台可以清晰地鸟瞰到整个奥体中心的面貌，通过接入场馆内的机电系统、智能化系统等14个子系统的数据，身处智慧运维指挥中心的工作人员，可以从大屏中"走进"场馆，进行云上巡检。无论是走廊、通道、公共区域，还是重要的路口及机房等，都可以通过虚拟模型一一查看，实现智慧运维指挥中心的全场调度。

不仅如此，该平台通过不同颜色，可以实时生成并展示不同区域的人员密度"热力图"。馆内人员、车辆的分布情况一目了然，红色区域代表人员密集，需要协调人员进行合理疏散。

该平台还具备快速预警设备故障问题的能力。如果场馆出现异常情况，系统会立即主动发出警报，工作人员可以及时发现并调度最近的人员前往处理。这一功能的实现，得益于平台已经成功接入不间断电源（Uninterruptible Power Supply，UPS）机房系统、冷热源系统、楼宇设备自控（Building Automation，BA）系统等多个子系统。每个系统负责控制不同的区域项目，而这些信息都可以通过平台直观地展现在大屏上，为工作人员提供即时、全面的场馆运营状况概览。亚运三馆智慧场馆数字化监管平台如图 2-19 所示。

图 2-19　亚运三馆智慧场馆数字化监管平台

黄龙体育中心"智慧场馆大脑"

赛事期间，黄龙体育中心场馆群，体育场、体育馆、游跳馆三馆联动 10 天，训练和比赛持续 41 天，颁奖 163 场，是杭州亚运会办赛情况最复杂、比赛时间最长、产生金牌最多的场馆。

为此，黄龙体育中心打造了"智慧场馆大脑"，构建了一个集场馆运维、运营、赛事保障于一体的三维立体智能管理系统。

在这个三维立体智能管理系统的助力下，场馆的能耗、实时状况、人流车流量等全部数据都能实时采集，场馆各项指标的运行情况都能及时掌握。该系统还实现了16 个大类、1 万余个前端设备及系统的集中运维，以及设备与监管协同管理，大幅提升了场馆的运营效率和保障能力。

另外，工作人员通过手机等移动设备就能轻松查看场馆内各项设施的感知情况，浏览并处置派发的赛事任务。同时，还能对任务时间进行触发提醒，十分便捷。黄龙体育中心"智慧场馆大脑"如图 2-20 所示。

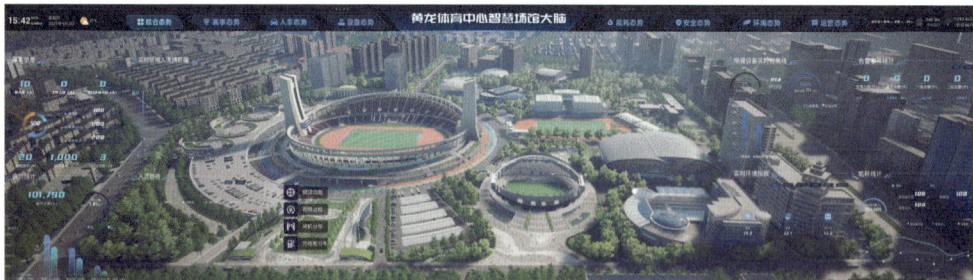

图 2-20　黄龙体育中心"智慧场馆大脑"

杭州电竞中心数字驾驶舱

在杭州亚运会上，电子竞技首次以正式比赛项目的身份亮相赛场。这一新兴比赛项目一直以来备受瞩目。杭州电竞中心作为电竞项目的承办场馆，更是将科技与创新的元素融入每一个细节中。

　　这个电竞中心的魅力不仅在于其"星际战舰"般炫酷的外观，更在于其背后强大的智能化管理系统。为了满足赛事期间与赛后多样化的管理需求，杭州电竞中心的管理团队打造了一个灵活且高效的管理模式。

　　杭州电竞中心的数字驾驶舱整合了场馆内 20 多套信息系统，连接了超过一万个设备，并能够处理 10 万种以上的数据类型，时刻监控和调度着场馆内的每一个细节，确保一切运行顺畅。杭州电竞中心数字驾驶舱如图 2-21 所示。

图 2-21　杭州电竞中心数字驾驶舱

　　电子竞技比赛非常密集，一小时内就会有 1 ~ 2 场比赛，最多可能会有 5 场比赛同时进行。在有限的时间内完成不同项目的衔接，尤其是电子竞技比赛设备的快速转场，对整个场馆及竞赛团队来说都是一项巨大的挑战。比赛期间，数字驾驶舱能够实时显示比赛现场的画面和数据，实现对人流密集区域的预警和有效管控，这帮助了工作人员能迅速做出决策，部分流程时间从"小时时代"缩短至"分钟时代"。赛事模式下的分区动线管理如图 2-22 所示。

　　而在赛后，数字驾驶舱又能迅速切换到日常模式。它可以根据人流量的变化自动调整场馆内的灯光、空调等设备，确保观众的舒适度和场馆的节能性。同时，系统还能以第一人称视角在场馆内漫游，提供设施设备的详细信息和自动化巡视功能，提高了日常运营的便捷性和效率。日常模式下的漫游巡视如图 2-23 所示。

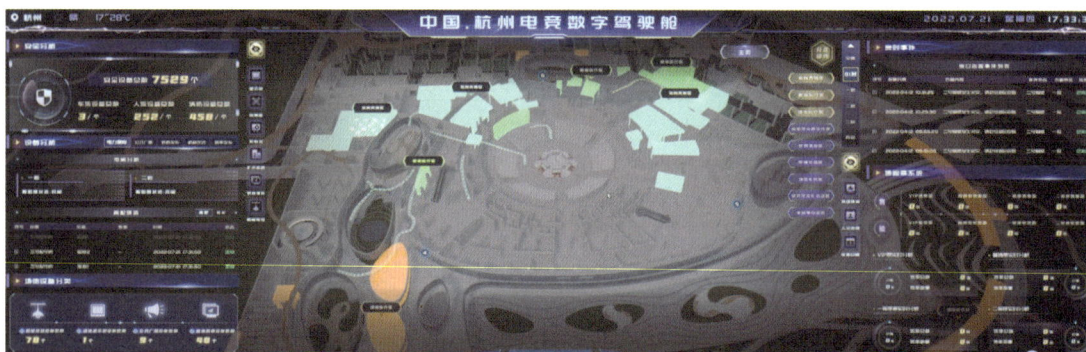

图 2-22　赛事模式下的分区动线管理

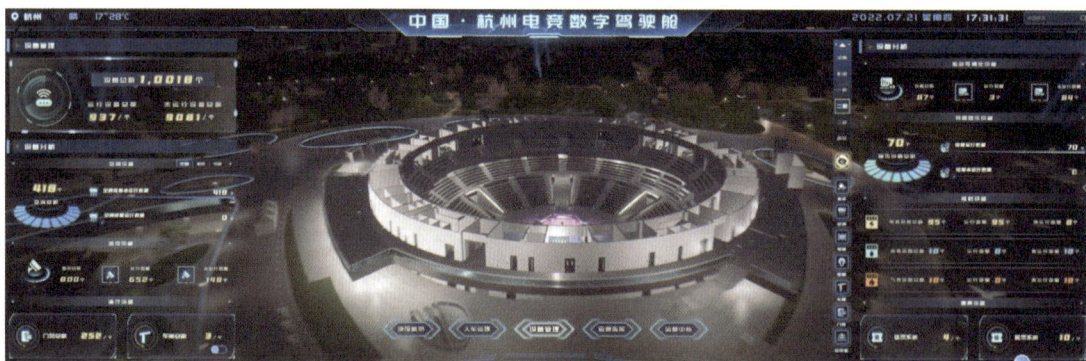

图 2-23　日常模式下的漫游巡视

智能物联设备让场馆环境更安全舒适

如何确保杭州亚运会众多场馆的每一个角落都安全与稳定？在让观众享受比赛的同时，如何始终保持场馆整洁如新？杭州亚运会场馆的灯光秀又是如何精准控制，点亮整个城市的亚运热情的？这些背后，正是那些智能物联设备为杭州亚运会保驾护航。

场馆的建筑安全是赛事顺利进行的重要保障。杭州亚运会的场馆内采用了先进的"视觉形变监测平台"，该技术利用亚像素拟合技术，克服光照变化、温度波动和遮挡物干扰等不利因素，精准地监测场馆结构的微小形变。这种敏锐的监测手段可以确保在场人员的安全，为赛事的顺利进行提供坚实的基础。

专栏：视觉形变监测平台

建设内容：杭州市临安区体育文化会展中心体育馆承担跆拳道和摔跤两项比赛，通过建设视觉形变监测平台，实现了场馆结构微小形变的实时监测，能够主动扫描和测量目标，实现了从感知异常、智能分析到预警的完整闭环，提升了隐患响应速度。

该平台应用亚像素拟合技术，在 50 米视距条件下达到 0.2 毫米的位移精度。同时依靠误差补偿系统，针对温度、光照环境等复杂变化工况，仍可在全温度范围内精度达到 ±2 毫米。并且，该平台集成红外成像技术，实现"7×24"小时无间断监测，在黑夜、暴雨等可见光成像不佳的情况下仍能稳定监测。

此外，监测数据不仅可用于安全监测，还可以应用于场馆的设计和施工过程，为场馆的运维管理提供了科学依据。通过对长期监测记录的分析，场馆管理者能够掌握结构性能随时间的变化趋势，为预防性维护和未来可能的改造提供数据支撑，有效延长场馆的使用寿命，并减少维护成本。

建设成效：赛事期间，该平台稳定运行，实现对改建场馆关键构件的位移、内力等项目进行监测，准确了解了主场馆的沉降情况，兼顾场馆人员安全与财产安全，降低人为干预成本，为体育场馆管理和安全隐患防治提供新思路。

未来，视觉形变监测平台还可应用于水库、大坝、山塘、水电站等典型场景的结构位移、沉降监测，提供不间断的亚毫米级高精度位移形变测量服务。

同时，场馆内的物联传感设备实现了进一步升级，以杭州电竞中心为例，由于电竞赛事的特殊性，场馆内的大型电子设备是其他场馆的数倍，对供电要求极高。5G-A 无源无线测温传感器便为场馆的电力安全运行提供了有力的保障，该设备利用射频能量自供电，不需要更换电池，通过无线通信技术实时监测场馆的电力电缆温度数据，一旦发现异常，便可迅速提醒运维人员采取措施。

场馆不仅为比赛的顺畅举办提供了坚实基础，也为观众提供了细节的关怀和体验。观众在享受比赛的同时，也能感受到场馆的整洁与清新。这得益于智能垃圾分类系统，它能够自动识别和分类垃圾，监测并解决垃圾乱堆放、垃圾箱满溢等问题。而当观众和运动员在场馆内需要存放个人物品时，智能储物柜便发挥了作用，它采用生物人脸识别和双目活体识别技术，只需要一个微笑或一个眼神，就能迅速识别用户身份并打开储物柜。这不仅提高了存取物品的便捷性，还通过立即销毁采集的人像数据，确保了用户隐私安全。

此外，智能物联设备的应用还体现在场馆的环境保障方面。温州体育中心体育场通过在草坪下方安装传感器，可以对草坪根部温度、湿度、酸碱度和氮磷钾含量乃至草坪表面的光照强度等数据进行采集分析，实现"智能养草"。金华体育中心体育场288 盏特制的"亚运灯"，可以将近 80% 的直射光线化为柔和的漫射，不仅减少了运动员和观众的视觉疲劳，还提升了转播画面的清晰度。并且，"亚运灯"独到的光谱设计令虫子对灯光"视而不见"，为赛场人群提供了舒适的环境。

亚运场馆夜景照明一体化管理平台也发挥了重要作用。在拱墅运河体育公园体育馆、浙江工商大学文体中心、上城体育中心体育场等多个场馆及周边区域，该管理平台既能满足高标准、高显色性的照明需求，又能营造舒适的光照环境，展现场馆魅力，让人们在休闲、文化活动中感受到温馨与惬意。夜景照明一体化管理平台控制拱墅运河体育公园体育馆的灯光如图 2-24 所示。

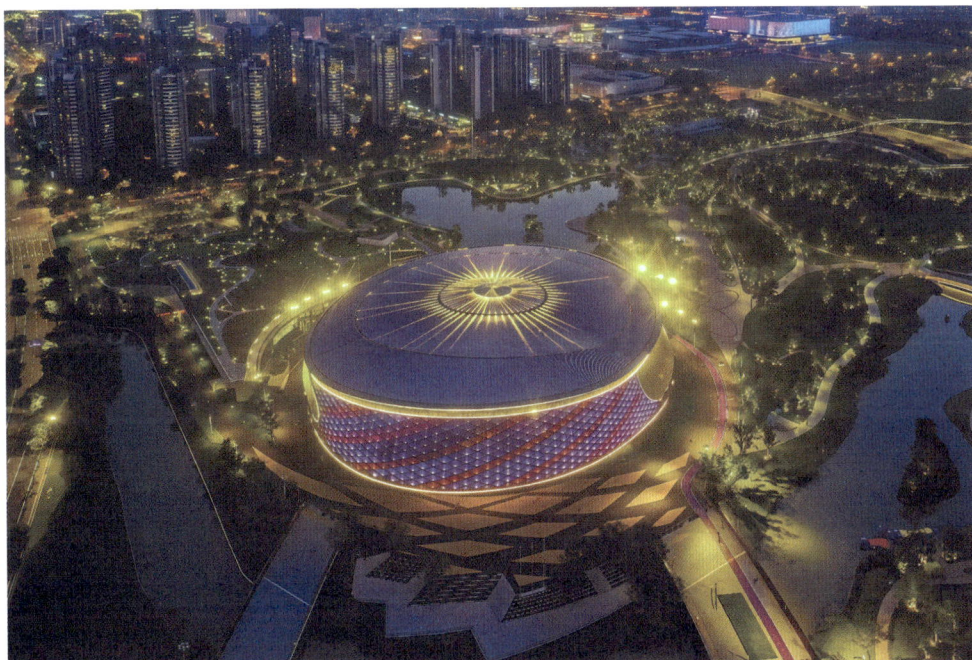

图 2-24　夜景照明一体化管理平台控制拱墅运河体育公园体育馆的灯光

新材料与新设施让场馆更绿色低碳

　　杭州奥体中心场馆群承办杭州亚运会、亚残运会开闭幕式和田径、网球、游泳、跳水、篮球等比赛项目，成为城市的新地标，也面临着诸多痛点。一方面，传统场馆在建设和运营过程中往往消耗大量能源，产生大量碳排放，对环境造成压力；另一方面，作为赛事的中心舞台，杭州奥体中心场馆群必须满足高标准的功能需求，如何在保证功能的同时实现绿色低碳，成为亟须解决的难题。为此，在场馆建设中积极引入新型材料设备，力求在保障赛事需求的同时，探索出一条绿色、低碳、可持续的发展之路。杭州奥体中心场馆群如图 2-25 所示。

图 2-25　杭州奥体中心场馆群

空调不用吹风

　　杭州奥体中心主体育场之美，不仅源于优雅的莲花造型，更在于内部蕴含的先进科技。该体育场采用了江水源空调技术，通过提取钱塘江的水资源，利用江水与室内温差，实现高效的制冷和制热。在炎炎夏日，江水源热泵系统会迅速将场馆内的热量带走，并释放到江水中；而在寒冷的冬季，江水源热泵系统又会将江水的温暖引入场馆，为观众和运动员提供一个宜人的环境。

清洗不用水

除了先进的空调技术，"大莲花"的外立面也隐藏着科技的秘密。以纳米级二氧化钛为代表的光催化材料涂抹在场馆表面，这种材料能够自动分解污染物，让"大莲花"始终保持着青春靓丽的容颜。这一设计不仅提升了场馆的美观度，更彰显了杭州亚运会对绿色、低碳理念的坚定追求。杭州奥体中心主体育场如图 2-26 所示。

图 2-26 杭州奥体中西主体育场夜景

"小莲花"开闭合

与"大莲花"相呼应，杭州奥体中心网球中心外形采用了"花瓣"设计造型，被称为"小莲花"，场馆下半部分由 24 片固定"花瓣"组成，上半部分屋顶则由 8 片会旋转的"花瓣"构成，每片"花瓣"重约 160 吨。场馆顶棚的"开闭合旋转原理"，运用计算机进行同步张开、闭合。当穹顶缓缓打开时，它宛如一朵盛开的莲花，这项能旋转开闭的屋顶设计，被中国工程院院士领衔的专家组评定为"世界首创"。"小莲花"场馆旋转开合如图 2-27 所示。

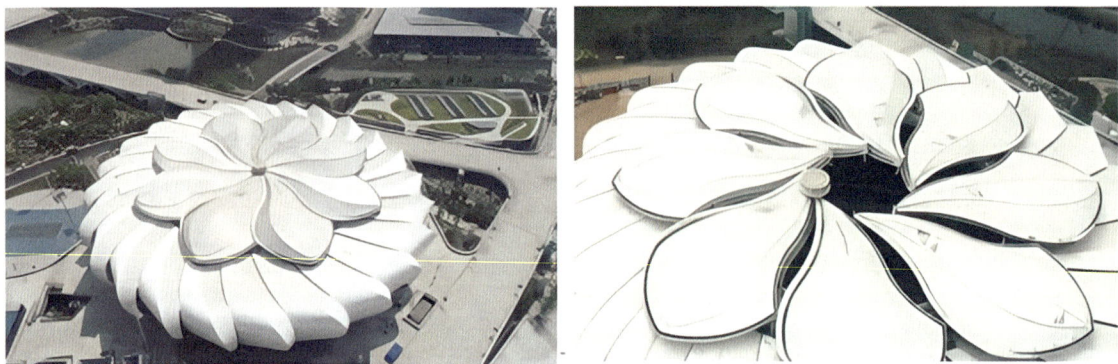

图 2-27 "小莲花"场馆旋转开合

泳池不用换水

同样值得称赞的还有杭州奥体中心游泳馆，整个场馆蓄水量超过 1 万吨。如此大的水量，想要保持清澈的水质，按照同类场馆的经验，一个月就要将泳池里的水全部更换一次，但在杭州奥体中心游泳馆，这里的水却可以实现全年不换，这都归功于杭州奥体中心游泳馆水循环系统。

专栏：杭州奥体中心游泳馆水循环系统

建设内容： 杭州奥体中心游泳馆是仅次于水立方的全国第二大游泳跳水馆，赛事期间举办了游泳、跳水和花样游泳等比赛。杭州奥体中心游泳馆水循环系统采用了世界级的水质处理系统，不仅能为场馆保障世界级游泳比赛所需的水质，还能在池水常年不换的情况下依然保持干净清澈，甚至可以达到"直饮标准"。

为了使水质达到超高标准，在杭州奥体中心游泳馆的泳池下方，有 20 多个大罐构成泳池的过滤、消毒及有机物的分解系统。如果把泳池比作人体，这些大罐子就相当于它的"肾"。通过游泳池池壁的出水口来到这里的水需要通过七重关卡的"瘦身"。

第一关，通过毛发聚集器将水中较大的物质（例如鼻塞、耳塞、毛发等）滤除。

第二关，通过硅藻过滤罐，罐里面分布着 310 根过滤棒，棒上吸附着比面粉还要细的硅藻土，可以过滤掉 80% 以上的微生物。

第三关和第四关，通过臭氧反应罐，利用臭氧的强氧化性进一步对细菌病毒进行消毒处理，并对池水进行脱色；再通过尿素有机物分解器，对水里的尿素有机物做进一步分解，除去更多溶解性的有机物。

第五关，在水温不够的时候，还可以通过自动加热器，对水进行加热。

第六关和第七关，在水返回泳池前，根据在线的水质监测仪来监控水质的变化，并根据水质变化的情况，加入次氯酸钠对水进行长期消毒；同时加入 pH 调节剂调节池水的 pH 值，提高人体的舒适性。

另外，该系统在节水节能上也表现优异，该系统具有 24 小时循环性能，每天泳池中的水会经过游泳池池壁的出水口，进行新一轮的循环处理，再通过回水管道重新进入泳池以保证水质的清澈。

除了水处理和循环节水，水循环系统运行的整个过程也处处体现着智能、节能。水质监测采用全自动控制，会根据检测用精密计量泵自动添加消毒剂，循环水泵则采用变频处理工艺，能根据需要自动调节处理速度以降低能耗，可节能 15% 以上。

建设成效： 根据计算，杭州奥体中心游泳馆使用水循环系统后，一年可节省 18 万吨水，相当于 4000 余名杭州人一年的用水量。赛事期间，杭州亚组委相关负责人在接受媒体采访时表示："杭州奥体中心游泳馆借助这套 24 小时、7 道工序的水循环系统，可在池水'常年不换'的情况下依然干净清澈，1 滴水要经过 7 道环，从 2022 年达标使用以后，到现在都没有用新的水去补充。"

灯不用电

在节能方面，杭州奥体中心场馆群也做了不少创新应用。在杭州奥体中心主体育馆和游泳馆上方共设置了 210 个导光管，通过顶部采光罩，可将室外的自然光漫射至室内。这种设计相对日光灯具有无频闪、节能的优势，使用寿命长达 25 年。不仅如此，能源管理系统还采用了算法模型，可以分析计算各个环节的最佳照明亮度、能耗等，从而进一步挖掘节能空间。这一设计每年能帮助实现照明节能 30% 以上的显著效果。

小结

杭州亚运会的场馆成为赛事的独特印记和宝贵资产，"大小莲花"数智管理舱、黄龙体育中心智慧场馆大脑等创新平台实现场馆全景智能监控与高效运营，江水源空调、光催化自洁外墙等"黑科技"则展示了绿色节能的场馆基础设施的魅力，为运动员和观众带来舒适、便捷、环保的体验，给未来的大型活动运营和文化商业服务提供有力的保障。

杭州亚运会后，杭州的大型体育赛事与各类演唱会活动迎来"井喷"，根据杭州市体育局统计，2024 年杭州市申办、承办、举办的区级以上体育赛事超 450 场，国际级、国家级体育赛事近 100 项。仅 2024 年 4 月，杭州奥体中心体育场和体育馆举办大型演唱会场次便达到 12 场，场馆周边区域吸引超过几十万人次聚集。

赛事期间智慧场馆应用经验可实现全域实时监测、智能决策辅助，对潜在重大风险进行及时预警、快速响应，可有效保障大型活动高效、安全举行，为杭州打造国际赛会之都保驾护航。

七、"全面、精细、精准"的智能赛事保障

杭州亚运会的筹备与举办，离不开各类保障系统的助力，包括赛事核心系统的全面上云、网络环境的高速通畅，环境治理的深化、精准气象服务的引入，以及水电资源的智能化管理等，它们为赛事的成功举办奠定了坚实的基础。

首届"云上亚运会"

以往，大型体育赛事系统主要采用线下部署方式，一旦遇到临时性的软硬件需求，只能通过一次性买断加购的方式解决，会导致成本高昂且资源浪费严重。更为棘手的是，传统模式下"各自为政"的系统导致了数据难以互通，给赛事的顺畅进行带来了挑战。为了解决这些痛点，杭州亚运会实现了赛事核心系统 100% 上云，并全面支撑了亚运史上的首次云上转播。

这一举措避免了临时搭建数据中心或线下机房的资源浪费，赛后，随着部署在云端的赛事核心系统下线，所占用的云资源也获得释放，并可另做他用。更重要的是，借助统一的云底座，杭州亚运会赛事核心系统打破了传统模式下的数据壁垒，实现了数据通和系统通。核心系统在云底座上安全地汇聚了各类赛事信息，并通过应用程序接口（Application Programming Interface，API）、文件传输等，实现了各类数据

的一键输出，提高了数据互通的效率。

以赛事成绩发布为例，赛事成绩发布类系统每天要实时处理大量的关键信息。2023 年 9 月 27 日，共进行 30 个竞赛分项、379 场比赛，涉及场馆 36 个，场馆侧累计上报 109393 条赛事信息数据（ODF [1] 消息），中央成绩系统向官网、INFO、智能亚运一站通、杭州亚运行等各大信息发布平台累计推送 358567 条赛事信息数据，从成绩核实到信息发布，仅需 5 秒。这一快捷、实用的新型技术，使赛事成绩信息的同步甚至比赛事直播还快。这正是亚运赛事核心系统全面上云所带来的显著成果之一，展现了云计算在大型赛事中的巨大潜力。

国际奥委会首席信息科技官艾拉里奥·孔纳对此高度评价："杭州亚运会利用云计算创造了历史，为赛事核心系统和转播的全面上云，奠定了坚实基础。"

8 万人同时上网不卡顿

杭州亚运会开幕式现场，8 万余名观众、工作人员汇聚一堂，共享这场体育与文化的盛宴。除了舞台上精彩纷呈的表演，杭州亚组委借助 5G/5G-A 与智能超表面技术的融合应用，让每一位现场观众都能拥有流畅的上网体验。

在开幕式场馆及其周边，通信运营商部署了 5G/5G-A 基站和智能超表面设备，共同构建一个具备超密组网能力的弹性自呼吸通信网，为杭州亚运会带来了 8 万人同时上网而不卡顿的网络体验。通过 5G-A 技术的高速率、低时延特性，结合智能超表面技术的信号优化能力，成功实现了大规模观众的网络服务需求，展现了我国在新一代通信技术领域的创新与突破。

1　ODF: Olympic Data Feed，奥运数据集。

专栏：5G-A 技术应用

建设内容： 5G-A 技术在时延、带宽、速率、可靠性等关键指标上的表现介于 5G 和 6G 之间。在 5G 提供的泛在千兆体验、百亿连接的基础上，5G-A 进一步提升为泛在万兆体验、千亿连接，其理论速率将实现下行万兆、上行千兆峰值，是 5G 的 10 倍。同时，5G-A 具备万兆超大带宽、确定性体验、全场景物联和通信感知一体等先进特性。

在杭州奥体中心区域，首条 5G-A 万兆物联网的建成，实现了从杭州奥体中心体育场到亚运村沿江道路无线网络峰值速率超过 10Gbit/s，即使在移动状态下，速率也能超过 5Gbit/s。通信运营商部署了超过百个 5G-A 基站与摄像头，凭借其低成本、高可靠的特性，轻松实现多路监控视频在静止与移动场景下的高清、流畅回传，确保每一个细节都尽收眼底，无一遗漏。

此外，在亚运村连片部署的 5G-A 无源物联基站，不仅实现了远程自动巡检、环境监控、资产防盗及高效盘点等功能，还使物流车辆的管理更加智能化，提升了物流调度效率和安全性。同时，亚运村部署的 5G-A 通感车联基站，促进了人、车、路之间的高效协同，实现了道路环境的实时监控，提高了亚运村交通系统的运行效率。

另外，借助 5G-A，杭州亚运会打造了首个全系列 3D 观赛体验，实现了裸眼 3D 沉浸式观赛，让观众可以通过不同终端用裸眼 3D 观看赛事直播。

建设成效：杭州亚运会的示范建设，加快了 5G-A 的推广应用，赛后，杭州奥体中心区块已全面覆盖低空安防场景试点。不仅如此，杭州还完成 5G-A 多场景的室外连续组网与试点测试，市民和游客可在杭州东站、萧山机场等地体验到下行速率接近 5Gbit/s 的高速网络。截至 2024 年年底，杭州已实现 5G-A 干站覆盖，将为数字孪生、人形机器人等创新应用的培育提供助力。同时，对于个人用户而言，也意味着 VR/AR 游戏、AI 对话大模型产品、智能家居、智能驾驶、元宇宙等丰富体验触手可及。

"百米级、分钟级"气象预报服务

赛事期间，杭州亚运会正值台风、暴雨、雷电等恶劣天气多发时段。同时，复杂多变的天气条件，例如突发的强风、暴雨和雷电等，对气象预报的准确性和时效性提出了极高的要求。

为了确保赛事的顺利进行，浙江省市气象部门为所有竞赛场馆制定了"一馆一策"的定制化服务方案，构建了"多要素、三维立体、分钟级"的气象监测网络，提供了"百米级、分钟级"的精细化预报服务。针对可能产生高影响的天气，气象部门力求做到早提醒、早预警，为杭州亚运会气象保障服务提供坚实的科技支撑。

其中，首要任务便是实现精准的气象预报，为赛事区域提供全方位、无缝隙的气象服务。为此，亚运赛事气象保障服务综合指挥平台应运而生，它作为杭州亚运会气象保障服务的核心应用，有效提升了气象服务的效率和准确性。

专栏：亚运赛事气象保障服务综合指挥平台

建设内容： 亚运赛事气象保障服务综合指挥平台整合了各类气象数据、预报产品和服务信息，实现了对赛事气象保障的数字化、一体化管理。该平台主要分为后端支撑管理系统和前端指挥工作台两大部分。

后端支撑管理系统基于中国气象局天擎气象大数据云平台，对接国家级和省市级相关气象部门，汇聚气象监测、精细预报、人影作业等数据，同时纳入了杭州亚运会场馆相关的决策服务、场馆监控、赛事服务等重要信息，为杭州亚运会提供丰富多样的气象支撑数据。

前端指挥工作台通过展示大屏，直观展示了气象精密监测、精准预报和精细服务内容。主要包括亚运气象台发布的重要天气提醒、全省及赛区预警信号统计信息，以及杭州亚运会场馆过去24小时的降水、大风、温度等要素的统计排名数据。同时，大屏还实时更新各赛区今明天气实况和预报信息，以及未来24小时预计受天气影响的场馆和相应的影响要素信息，为赛事的及时调整和应对提供了有力支持。

此外，该平台对杭州奥体中心主场馆核心区域进行重点保障。它实时展示了覆盖奥体中心周边10千米范围的气象站点监测数据，以及应急作业、现场保障团队实时数据。通过嵌入国家级省市级气象部门亚运气象保障相关的业务服务系统，实现一体化集成调用，提升了气象服务的效率和准确性。

建设成效： 赛事期间，亚运赛事气象保障服务综合指挥平台共对接应用亚运场馆实况和预报、风云卫星、精细化雷达、睿图睿思短临预报、杭州区域百米实况等数据产品27个大类，并为国家级亚运气象指挥平台提供亚运场馆实时监控视频和监测数据，为各类智能亚运应用提供实时气象数据，实现亚运气象数据的上下联动和共享互通。

传统的气象预报往往难以准确捕捉局部、小尺度的天气变化，而这对于确保赛事的顺利进行至关重要。如何为每一个场馆、每一场比赛提供时间上无缝隙、空间上全覆盖，且精确到"分钟级、百米级"的气象监测和预报预警产品，成为必须攻克的难题。为此，省市气象部门打造亚运赛事智能气象预报预警服务系统，实现对杭州亚运会场馆及其周边环境的精细化、动态化的气象服务。

专栏：亚运赛事智能气象预报预警服务系统

建设内容：亚运赛事智能气象预报预警服务系统广泛集成各省市气象部门的业务平台或系统，实现了赛事期间气象监测、预报、检验等产品一体化智能化应用。该系统提供场馆气象服务、高影响天气服务和决策服务等三大类服务产品。

在场馆气象服务方面，该系统结合杭州亚运会赛事气象服务的特点，发展网格化天气预报、赛场小尺度数值预报和赛事专项特种预报等关键技术。这些技术的应用，实现了针对火炬传递、开闭幕式、不同场馆、不同赛事气象决策服务产品的智能化生成和发布。同时，系统还建立了多元化的亚运气象服务终端，实现了气象预报服务产品与杭州亚组委多种服务终端的无障碍链接，为杭州亚运会赛事提供时间上无缝隙、空间上全覆盖的气象监测和预报预警产品，且时间上最小精确到分钟级、空间上最小精确到百米级。

在高影响天气服务方面，为了进一步提升预报预警的精细化水平，该系统以数值预报为基础，实现对灾害性天气，尤其是强对流暴雨、雷暴和冰雹的全天候监测和预警，从而提高了高影响天气的预报预警准确率。同时，通过高分辨率数值预报模式，结合各种气象要素和预报时段方法，该系统实现了全程、连续、滚动的精细化预报。

在决策服务方面，该系统构建了时空精细化、多要素、无缝隙的气象服务平台，把气象服务融入活动的每个节点。针对重大活动开展，该系统提供了目的明确、内容丰富、精准有力的决策气象服务，有力保障了赛事的顺利进行。

建设成效：亚运赛事智能气象预报预警服务系统成功为亚运村开村"抢出"30分钟降水间歇期，为杭州亚运会火炬传递收火仪式提供"强对流东移南压减弱，以阴天为主，对活动无影响"的决策信息。

杭州亚运会开闭幕式期间，该系统提前1个月把握降水趋势，提前10天排除灾害性天气，提前7天制作逐日预报，提前3天提供逐3小时预报，提前1天加密至逐小时，24小时内逐小时滚动更新，根据天气演变情况临近时发布半小时精细化预报，把握每一次天气系统演变过程。

赛事期间，该系统面向杭州亚运会赛事总指挥部和82个场馆运行团队，提供各赛区气象预报及赛事影响评估意见，及时为竞赛日程变更提供了合适的窗口期，形成决策合力。

此外，各赛区也根据本地气象特点，因地制宜打造气象预报特色应用。

宁波赛区开发了帆船赛事海域"百米级、分钟级"精细化风场预报模式，该模式的空间分辨率可达百米级，时间分辨率达分钟级（15分钟），并可较好地反映微小地形对风场的影响，解决了亚帆赛对风力预报"百米级、分钟级"的精度要求，计算时间从9小时缩短为4.5小时，大幅提高了服务效率。

温州赛区依托中国气象局上海台风所开发了龙舟赛场风浪预报系统，实现对龙舟赛场精确到1千米、逐小时的滚动预报。

绍兴赛区构建了强对流天气智能识别模型，通过神经网络的自学习，实现了对绍兴亚运棒垒球馆未来3小时强对流天气自动识别告警。

5G 助力铺就赛事医疗保障的"快车道"

在大型体育赛事中，运动员的健康不仅关乎其个人的竞技状态，还直接影响到赛事的精彩程度。其中，即时医疗响应的难题、精准医疗服务的挑战及恢复方案的完备程度，都构成对运动员健康保障的严峻考验。为此，杭州亚组委构建了一个全面的健康保障体系，为运动员提供优质的健康管理服务，确保运动员能够在最佳状态下参与比赛。

在以往的大型国际赛事中，运动员和工作人员众多，医疗需求复杂多样，而传统医疗资源往往难以覆盖到每一个角落，导致问诊效率不高。为了加快运动员的恢复和保障比赛状态，杭州亚运会引入了5G+AR远程问诊系统。该系统全面覆盖了所有杭州亚运会场馆的医疗点，利用5G网络的超高速率和超低时延特性，结合AR技术，实现了远程诊疗的实时交互，提高了问诊效率，为运动员和工作人员提供了更加便捷、高效的医疗服务体验。在应用中，该系统累计进行了33次连线，成功处理了26名运动员的健康问题，并对7例疑难重症进行了AR联合会诊，避免了2例不必要的转院。5G+AR远程云诊疗如图2-28所示。

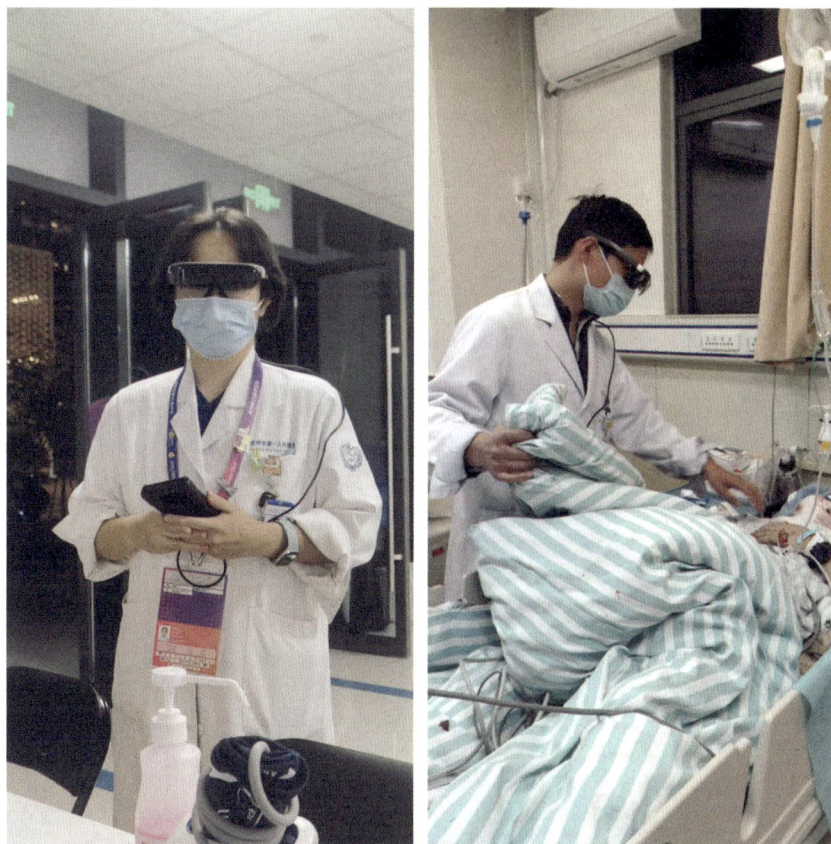

图 2-28　5G+AR 远程云诊疗

除了日常问诊，一旦发生紧急情况，如何迅速、准确地调派急救资源，确保伤员得到及时救治，是考验赛事医疗保障能力的关键。传统的急救资源保障方式依赖于人工调度和经验判断，效率不高且易出错。

为此，杭州亚运会引入智能亚运保障急救系统，以提升赛事的医疗急救服务水平。该系统实现了急救诊疗过程可视化及远程指导，能实时动态呈现医疗保障信息，以便科学合理调派急救资源。

专栏：智能亚运保障急救系统

建设内容： 智能亚运保障急救系统集接警调度、视频指导、远程会诊、应急指挥、监控管理、事件预警、信息溯源、数据共享等功能于一体，推动了杭州亚运会医疗卫生保障全流程全领域覆盖。

无论何时何地，医务人员都可以通过该系统的手机端小程序轻松进行接诊登记、开具处方、医嘱执行、呼叫救护车等操作，且医疗信息均能够实时上传，从而打造一个畅通流转的闭环服务体系。

该系统的指挥端能够全面展示浙江省各办赛城市的亚运医疗保障情况，动态地呈现医疗急救保障力量的分布与状态、救护车的状态、移动路线、现场救治情况及患者监护信息等，使高效的实时调度和远程指导救治成为可能。

该系统还实现了急救过程的全程监控。它将场馆医疗保障力量状态分布、伤病员的接诊人数、病情及传染病症状等统计数据"一屏掌控"，并为此配备了风险预警功能。例如，当同一场馆同时派出两辆救护车时，系统会自动发出预警，提示可能有突发事件发生，需要工作人员密切关注并做好增派救护车的准备。这一功能提高了风险事件的响应水平，为杭州亚运会的医疗保障工作提供了支持。

建设成效： 赛事期间，智能亚运保障急救系统共救治患者 11658 人次，救护车转送 349 人次，住院治疗 54 人次，在自动统计医疗数据、监测关键数据、跟踪保障力量和调派区域保障救护车四大方面的工作上表现突出。

为保障危急伤员能够在第一时间获得救治，杭州亚运会还按照院内急诊中心抢救室的标准，打造了全球首辆大型 5G 移动急救复苏单元。一旦遇到需要进行紧急抢救与转院的伤者，移动复苏单元就会立刻启动。伤者被送上移动急救单元后，就能接受完全等同于院内条件下的诊疗和处置，实现"上车即入院"的救治模式，充分利用好急危患者的黄金抢救时间。

同时，针对部分场馆位置和地形的特殊性，医疗救护车难以进驻救治的问题。杭州亚组委将 5G 技术与无人机融合，开辟了一条突破传统地面限制的智能医疗资源配送通道，克服了路障和交通拥堵等急救难题，确保急救物资能够迅速、精准地送达，显著提升医疗资源的即时配送能力。

专栏：5G 医疗急救无人机

建设内容： 淳安界首体育中心作为杭州亚运会的比赛场地，承担了自行车、铁人三项、马拉松游泳这 3 个大项的比赛任务。然而，该场地的山地崎岖、水域复杂，给医疗救护车的正常行驶及救援人员的快速支援带来了不小的挑战。为此，杭州亚组委联合杭州市急救中心采用 5G 医疗急救无人机，建立起一套以无人机为载体，适用于大型户外高强度竞技类赛事活动的医疗保障方案，5G 无人机最大能承载 5 千克重量，最远能飞行 20 千米，时速最高能达到 16 米／秒。

医疗急救无人机并非普通的载物无人机，而是在其基础上根据医疗保障的实际需求进行深度优化和升级。它具备路径规划、自主避障、精准投递、实时交互，以及与亚保指挥端的联动等性能。通过这些功能，医疗急救无人机可实现及时精准地送达自动体外除颤器（Automated External Defibrillator，AED）及基本急救物资，提供远程医学指导，以及让亚保指挥端获得第一视角的监控画面等功能，实现了急救现场、急救指挥中心、医院三方之间的高效信息化联动，提升了赛事医疗保障工作的效能。

建设成效： 赛事期间，低空经济的创新实践为杭州亚运会提供了有力支撑。医疗急救无人机将紧急医疗物资转运时效提升至少 50%，在部分拥堵和行车困难路段，时效甚至可以提升数倍，救护车往返需要 1 ~ 2 小时，用无人机空中运送只需要 15 ~ 18 分钟，为杭州亚运会运动健儿提供了专业、及时的医疗保障。随着技术的不断成熟，无人机已在灾害救援、偏远地区物流运输等领域得到推广应用，并进一步发挥其快速响应与高效运输的优势。

5G 无人机应用于亚运会即时配送如图 2-29 所示。

图 2-29　5G 无人机应用于亚运会即时配送

在急救患者转移到医院的途中，5G 全域院前急救平台的引入实现了现场情况与患者生命体征数据向指挥中心和接收医院的实时传输。这一平台构建了从现场急救、救护车转运到医疗机构救治的连贯性救治链。在实际运行中，系统将院前急救的医疗救治时间平均缩短了 30 分钟，重症病例的救治成功率提升了 10%。

在急救患者入院之后，5G 物联网移动监护设备提供了全面而精细的监护服务。该系统由移动穿戴式设备、中央监护终端和后送支援平台组成。移动穿戴设备能够实时监测并捕捉患者微妙的生理变化，让患者享受更自在的康复活动。中央监护终端对生理数据进行实时分析，确保在第一时间内识别并响应潜在的健康风险。同时，专家远程会诊和后送医院终端根据中央监护终端的智能判断和指令，能够迅速提供专业的远程医疗支持或安排紧急转运，确保患者获得及时且适当的医疗援助。

赛事环境与资源的"智慧守护"

环境治理的独家方案

长三角地区的环境多变性强，存在季节性的空气质量波动、水体富营养化风险及城市热岛效应等现象，还面临着工业排放、交通尾气、建设施工等多种污染问题。为此，杭州亚组委联合环保部门建设了亚运环境质量保障指挥系统。该系统集监测预警、会商研判、指挥调度、协同处置、巡检督查等功能于一体，确保赛事期间的环境质量达到最优状态，为运动员和观众提供一个清新、宜人的比赛和观赛环境。

专栏：亚运环境质量保障指挥系统

建设内容： 亚运环境质量保障指挥系统是一个综合性的管理平台，主要包括大气环境、水环境、声环境、碳中和亚运和无废亚运五大模块。该系统实时接入环境质量、污染源和视频等各类信息，实现了对环境质量的全面监控和有效管理。

通过智慧大屏，工作人员可一览长三角地区 41 个城市的环境空气质量、重要水体水质、藻类监测情况，以及主要场馆与接待酒店固废产生处置情况、碳排放碳抵消情况、场馆周边环境等各项信息情况。这些信息为支撑决策调度提供了有力的支持。

同时，针对以往环境保障工作中会商调度和指令下达不够快的问题，该系统在调度和会商环节借助融合通信功能，实现多路视频会议同时在线，使得生态环境部、长三角地区、省市相关部门，以及现场人员、专家等多方能够以多种形式进行线上会商。经过专家的快速会商，可以生成专家意见和指令，选择预先制定的减排情景并提出管控清单。这些指令和清单可以直接一键下达到各个保障单位，有效提高了环境保障工作的效率。

建设成效： 赛事期间，该系统共交办督办任务 55 次，成功预警了 33 个空气质量问题，通过高空瞭望技术发现了 140 余个秸秆焚烧火点，并对 693 个工地扬尘小时超标预警和 374 个道路扬尘小时超标预警进行了及时处理。此外，该系统还处理了 28 个在线监测超标问题，所有问题均已得到全面处置并实现了闭环管理。

杭州亚运会开幕式当天，杭州 PM2.5 浓度低至 10μg/m³ 以下，赛事期间日均 PM2.5 浓度也保持在 20μg/m³ 以下的水平，空气质量达到杭州历史同期的最优水平。这一显著成效得到了生态环境部、省政府领导和院士专家团队的高度肯定，指出该系统是历次重大活动环境保障中数字化水平和智慧化程度最高的一次。

与此同时，杭州亚运会针对特殊环境的赛区，开展了针对性的环境质量保障。淳安赛区打造的秀水卫士有效破解了千岛湖水环境保障管理难题，全力保障杭州亚运会淳安赛区铁人三项、公开水域游泳等涉水项目顺利举行。

专栏：秀水卫士应用

建设内容：秀水卫士作为一个水环境与资源保护的综合性管理系统，整合了水资源、水环境、水生态和水安全等多重功能，不仅有效保障了饮用水安全，还攻克了水域治理中的一系列关键难题。

在数据层面，秀水卫士回流了国家、省市级的 84 项数据，并与县级公共数据进行多跨协同，涉及 100 余项，实现了全县乡镇交接断面水质的自动监测全覆盖，为水域治理提供了坚实的数据支撑。

在算法层面，秀水卫士将水库型饮用水源地水质水华预测预警系统、原位藻类分门实时监测剖面系统，以及千岛湖主要入湖河流水质自动监测系统进行了有效整合，使得系统能够实时掌握千岛湖水环境的综合态势，为精准管理和科学决策提供支持。

在应用层面，秀水卫士的全面监控能力得到了充分展现。它不仅对千岛湖 26 条入湖河流、835 个农村污水处理终端、225 艘游船污水上岸，以及 9 家重点污染源企业等数据进行了全面监控，还对辖区 26 条入湖溪流和 3 个重要饮用水源地应用了"水源安全码"，实行水质安全状态的"红黄绿"码亮灯管理。这种直观的管理方式使水质安全状态一目了然。同时，该系统还能实时反馈县域内重点污染源的运行状况、各指标的实时数据、农村生活污水处理设施运行情况、湖区污水上岸情况等水环境指标；预测全域水质未来发展趋势，自动生成过程分析报告、今日态势报告和预测预警报告，直观展示水资源、水生态、水环境的时空变化，为业务部门做出统筹决策提供重要依据。

建设成效：秀水卫士上线以来，共处置水质红色预警 419 次，黄色预警 284 次，其中饮用水源地黄色预警 2 次，排查并处置 705 个源头问题。赛事期间，秀水卫士共完成 434 件流域、水源地赋码处置事件，有效保障了淳安赛区各项赛事的顺利举行，为浙江省乃至全国其他大中型、水库型水源地生态环境保护与高质量发展提供千岛湖经验。

水电资源的管理秘籍

杭州亚运会的顺利举办，离不开水资源和电力供应的精细管理。赛事期间，电力需求激增，如何确保电网稳定运行，避免出现过载或突发停电情况，是电力保障的一大挑战。同时，由于杭州亚运会场馆分布广泛，涉及省、市、区 / 县多个层级，如何实现跨层级、跨系统的协同指挥和快速响应，也成为电力运行保障的难题。此外，电力数据的实时采集、处理和分析需求巨大，如何有效整合来自政府、公司、用户等多方的数据，为决策提供精准支持，也是亟待解决的问题。

针对这些问题，杭州亚组委联合供电公司，推出了杭州亚运会电力运行保障指挥平台，实现了与政府、公司、用户等 24 个系统的 217 类数据的联动，根据省、市、区 / 县、场馆 4 个层级的监控指挥视角，支撑全环节、全链路的电力保供工作。

专栏：杭州亚运会电力运行保障指挥平台

建设内容：杭州亚运会电力运行保障指挥平台涵盖坚强电网、场馆保电、科学指挥和绿色亚运四大核心功能模块。

坚强电网模块构建了一张立体式电网图景，它基于城市地图绘制出电网数字沙盘，能够实时动态感知电网的运行状态，为亚运核心区提供高可靠的供电保障。

场馆保电模块通过综合监控场馆内部的用户侧电气信息采集和视频监控数据，实现了对保障对象空间分布和运行状态的全方位、多角度全息呈现。这一模块支持从省、市、区 / 县到场馆的穿透式管理，确保每一个层级的电力保障都尽在掌握。

科学指挥模块构建了总指挥、现场指挥、战区指挥、场馆指挥四级指挥体系。这一体系能够实时掌握人员的到位情况、设备运行状况，并对任务状态进行追踪标识，从而显著提升亚运供电保障科学指挥和管控力度。

绿色亚运模块聚焦于供需两端。在供给侧，实现亚运绿电全覆盖，展现省内清洁能源的全面开发状况，以及省外绿电应购尽购，并在全国率先启动绿电交易。在需求侧，则展示了杭州亚运会的绿色建筑、场馆智慧用能、精细用电和绿色出行等信息，全方位体现了绿色亚运的理念和实践。

建设成效： 平台接入了 3 万余套在线监测装置，实现全部竞赛场馆、训练场馆等的电力数据实时监控，并对浙江省全省电力抢修队伍、特种车辆等进行智能调配，使反应时间缩短 80% 以上。

从 0.4kV 配网设备，到 1000kV 特高压设备，总计超过 10 万余套设备通过平台实现了"一图总览"的全面监控。同时，平台接入输变配电及用户在线监测装置 3 万余套，做到了"一键控制"的便捷操作。在实时调度方面，平台能够指挥数万名在线保电人员，实现"一令到底"的高效执行。赛事期间，杭州亚运会核心赛区供电可靠率达 99.999%，首次实现亚运史上竞赛场馆常规电力 100% 绿电供应。

亚运会电力运行保障指挥平台如图 2-30 所示。

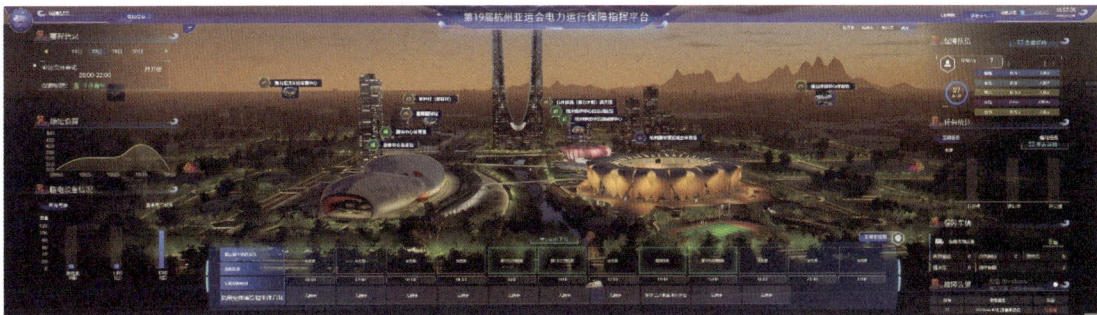

图 2-30　亚运会电力运行保障指挥平台

在亚运村的建设过程中，精品电缆管廊的铺设进一步提升了电力保障水平。通过安装 4 回 220kV 和 8 回 110kV 的智慧电缆，结合采用"集中监控＋机器人"先进的远程巡检模式，电缆隧道的管理智能化水平得到显著提升。特别是配电数智设备机器人"米特"的应用，它集成了人工智能、物联感知、图像识别等技术，有效应对配电站房数量庞大、分布广泛和运维管理压力大的挑战。配电数智设备机器人如图 2-31所示。

图 2-31　配电数智设备机器人

绍兴作为足球、棒垒球、攀岩等项目的举办地，为了防止因道路施工、路面开挖等造成的地下电缆被外力破坏，通过在绍兴棒垒球馆的电缆路径上安装智能地钉，全程看护地下电缆。

专栏：智能地钉

建设内容： 智能地钉是一种先进的监测设备，专门设计用于嵌入埋有电缆线路的上方路面。通过感知路面的振动压力，智能地钉能够实时检测电缆通道周围的重型器械施工情况，一旦发现外力破坏的风险，便能迅速发送信号到监控后台，实现对外力破坏事件的即时监测和预警。

在实际应用中，智能地钉被安装嵌入埋有电缆线路的上方路面，其工作原理是通过感知路面的振动压力来检测电缆通道附近的活动，它能够检测到电缆通道10余米范围内的重型器械施工情况，可预防意外破坏。一旦发现可能的外力破坏风险，智能地钉会立即行动，实时发送信号到监控后台，并联动手机上的小程序推送报警信息。保电巡视人员只需在收到短信后登录手机后台小程序，就能迅速获取到出现外力破坏隐患的智能地钉位置，地图上的绿点会转为红点，为巡视人员提供明确的导航指引，使巡视人员能够迅速到达现场进行处理。

此外，智能地钉还具备一项重要的特性，即 AI 自学习算法。这一特性使其能够智能地过滤因车辆共振带来的误报警。智能地钉通过信息交互、人工干预及大数据共享，实现了对外力破坏机械施工特性的精准锁定，从而提高监测的准确性和效率。

建设成效： 智能地钉的部署增强了电缆运维能力，提高了运维效率，保障了电力通道的安全稳定运行，有效提升了电缆及通道精益化管理水平，防止赛事期间意外事件造成的电力断供情况。

除了电力供应保障，水资源的稳定供应也对杭州亚运会顺利举办起到重要作用。赛事期间，如何确保水资源的稳定供应，避免供水不足或中断，成为水资源保障的首要任务。同时，杭州亚运会场馆及配套设施分布广泛，供排水管网复杂，如何实现对这些管网基础设施的实时监测和有效管理，确保水质安全，防止水污染事件的发生，也是亟待解决的问题。此外，面对可能出现的设备故障、管道泄漏等突发事件，如何迅速响应并进行有效处理，以保障赛事正常进行，同样是水资源保障工作中的一大难点。

为此，亚运供排水保障智能平台作为智能"水管家"，不仅能够实时监测供排水管网的基础数据，还能对设备进行预警，并处理各种突发事件。

专栏：亚运供排水保障智能平台

建设内容：亚运供排水保障智能平台以亚运 6 城地图为蓝本，配置亚运保障点、核心保障、组织保障、天气预报、动态新闻、实时预警、事件处理等多个功能模块，旨在全面优化和提升供排水保障工作的智能化水平。该平台的功能主要体现在以下 3 个方面。

第一，平台实现了保障工作体量、保障力量配备、核心动态的数据展示与应用，为管理者提供了直观、全面的保障工作概览。

第二，平台实现了保障点的分布展示及供排水设施的精准管控，同时能够三维展示水厂的运行状态，使供排水设施的管理更加直观、高效。

第三，平台能够详细展示单个保障点的具体方案（包括重点关注设施和实时在线人员），并具备管网供水压力、供水水质、供水漏损、污水液位、污水井盖等方面的监测预警功能。这些功能不仅提升了供排水保障的精细化程度，还确保了问题的及时发现与闭环处理。

建设成效：平台构建了供排水保障情况的全局把控及重点保障区域的精准实时预警体系，实现了人在线、物在线、事在线的"三在线管理"，确保从预警发生到事件处理完成的全过程闭环管理，为亚运会的顺利进行提供了坚实的供排水保障。

赛事期间，以余杭区的水资源保障为例，平台实现水质、水压、液位等165个监测告警工单的闭环处理，并完成热线受理13586件，到场及时率达100%，处理及时率达100%。

同时，平台建立了一套专题保障平台通用模板，可实现重大活动供排水保障平台的快速复用及扩展，解决了原有供排水运行管理系统分散单一、大而不专的痛点，为供排水业务流程的优化提供实践经验。

火灾隐患的预防智慧

赛事期间，观众和运动员高度聚集，人员密度大，场馆一旦发生火灾，不仅可能威胁人员的生命安全，还可能造成无法估量的财产损失和社会影响。为此，杭州亚组委联合消防部门，打造了杭州亚运会数智消防综合平台。该平台通过创新智能监测手段、赋能数据资源、研发管控平台，实现了信息要素的可视化呈现、分析研判的精准化执行及指挥决策的实时化响应，为杭州亚运会的火灾防治工作提供了坚实的技术支撑和保障。

专栏：杭州亚运会数智消防综合平台

建设内容：杭州亚运会数智消防综合平台涵盖赛事消防安保数据驾驶舱、重大消防安保平台、社会面防控网格管理平台和"天眼"智能预警平台，能够全面监测和分析消防安全信息，实时预警、快速响应和有效处置火灾等突发事件，为杭州亚运会的顺利进行提供了坚实的消防安全保障。

赛事消防安保数据驾驶舱，全面打通多个部门平台资源，实时共享包括杭州奥体中心主体育场公安指挥部保密镜像、气象分析及微电网系统、地屏温度、甲醇储罐压力等核心点位的监测数据，确保对赛事消防安全的全面把控。

重大消防安保平台，建立基于火灾防控、灭火救援、遂行政工等 5 个维度 26 项指标组成的安保风险研判指数模型。通过智能分析 5 类 53 项数据，自动生成"红黄绿"三色安保风险指数，全方位反映风险整体态势，为安保决策提供科学依据。

社会面防控网格管理平台，通过建立四级管理网格，将社会单位五类人员和多种形式消防力量全部纳入网格范畴，以实现责任体系的可视化。

"天眼"智能预警平台，不间断地以高空视角巡防重点防控区域。同时，引入防火检查仪器包等高科技装备，在临时建筑上安装"智慧烟感"，为新能源车增设"芯体温计"，并探索巡检机器人智能巡逻模式，以全面提升隐患排查和监测的专业性和精准度。

建设成效：赛事期间，平台将消防工作指令和提示精准推送至各类人群共 29607 人，全时全域进行 AI 轮巡、督导调度 13.5 万人次，完成了重大活动期间有效的责任监督，杭州市火灾事故数量在赛事期间同比下降 96%，未发生影响较大的火灾事故。

此外，消防部门还对消防设施进行了全面的升级改造，为各个消防救援站点配备了各类先进的消防设备。高喷射消防车具备远程精准灭火能力，能在火势蔓延时快速控制火势；排烟灭火机器人以每小时高达 8 万立方米的风速迅速吹散浓烟，为救援人员开辟清晰的救援路径；防火机器人可在场馆周边、停车场等关键区域进行巡逻，全面排查潜在的消防隐患。这些智能消防设备的应用提高了消防隐患的监测能力和灭火效率，为救援行动的安全提供了有力保障。

在加强室外消防设施的同时，场馆内的消防安全也得到了进一步升级。杭州奥体中心体育馆和游泳馆的侦查机器人具备先进的越野能力，能够轻松应对约15°的斜坡，装备了红外感应器、喷水装置和气体感应器，能够在火场中敏锐地感知到火势变化、温度升高和有毒气体。侦查机器人在石化、燃气等易爆环境的火灾侦查中发挥了重要作用，为救援人员提供实时信息，提升了救援行动的安全性和效率。

杭州亚运会上各类智能赛事保障应用不仅为赛事的顺利进行提供了坚实的基础，还将在更多领域产生积极影响和促进作用。

核心系统的全面上云不仅降低了赛事系统部署的成本、防止资源浪费，还为未来城市公共服务的数字化转型提供了可借鉴的路径。这一经验可以推广到政府服务、公共交通、医疗健康等多个领域，而环境、气象、水电、消防等系统的建设经验也为城市生态、居民生活、防灾减灾等提供了更加科学、精准的决策支持和应用辅助，推动这些领域提高服务效率和质量，降低运营成本。

5G/5G-A 技术和智能超表面技术的综合应用，实现了 8 万人同时上网不卡顿，验证了高带宽、低时延通信技术在人群密集场景下的应用能力，未来的移动网络将具备"万兆下行、千兆上行、确定网络、千亿物联、通感一体、原生智能"六大特征，将支撑 3D 业务裸眼化、智能汽车网联化、生产系统数智化、全场景物联蜂窝化、智算泛在化的发展趋势，加速人、家、物、行业、车五大连接的升级。

杭州亚运会智能赛事保障经验和技术的推广与应用，将推动城市服务的智能化、精细化发展，提升居民生活的便利性和舒适度，为打造更加智慧、宜居、安全的城市奠定坚实的基础。

CHAPTER
THREE

第三章

参赛：
智能助力，事半功倍

　　杭州亚运会上，来自 45 个国家和地区的 11830 名运动员，共 17541 人的代表团云集于此，这不仅是一次规模空前的体育盛事，更是对赛事服务保障能力的一次全面考验。如何让不同国家，讲着不同语言的人们来到杭州后无障碍地融入赛事组织和管理？如何充分满足各类参赛者的需求，确保每一位参赛者都能便捷有序地参与比赛？科技创新应用从中发挥了重要作用。

一、杭州亚运行，如影随形的参赛助理

　　针对大型赛事中参赛人群面临的语言沟通障碍、服务渠道繁杂、服务效率不高等问题，杭州亚组委打造了一体化数字参赛服务平台——杭州亚运行 App。杭州亚运行 App 借鉴了 2022 年北京冬奥会、2020 年东京奥运会等大型赛事经验，整合了赛事成绩服务、媒体服务、亚运村服务、综合服务、电子身份证注册卡五大类 40 余项功能，提供双语"一站式"参赛服务，确保每位参赛者都能获得智能、便捷、实用的亚运服务体验。杭州亚运行 App 首页如图 3-1 所示，杭州亚运行 App 功能一览见表 3-1。

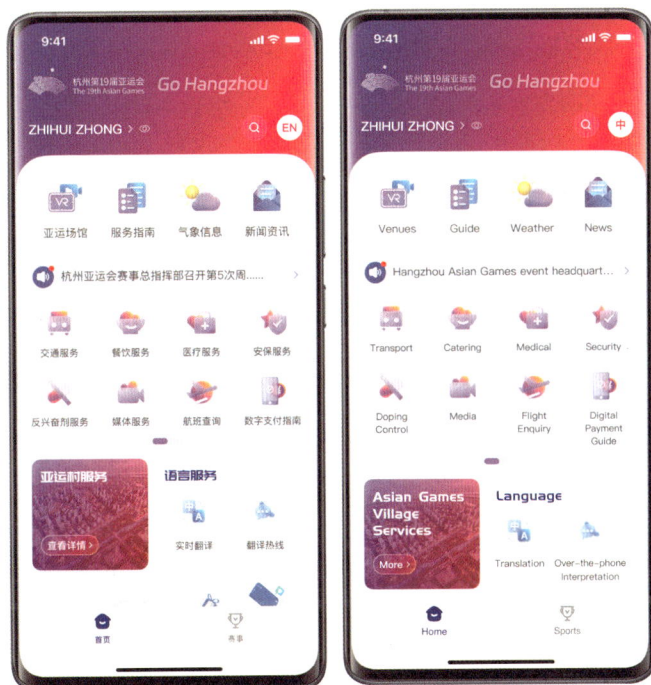

图 3-1　杭州亚运行 App 首页

表 3-1　杭州亚运行 App 功能一览

序号	功能类别	功能介绍
1	赛事成绩服务	提供赛事成绩、奖牌榜、参赛队伍、人员信息、竞赛项目信息、纪录信息、个人简历等查询服务
2	媒体服务	提供城市媒体指南、媒体内容、城市传播和媒体预约等服务
3	亚运村服务	提供气象查询、城市传播和媒体预约服务、客流监控、亚运村小蜜自助咨询、工单上报、投诉反馈、低碳行动、导览图等服务
4	综合服务	提供实时翻译、翻译热线、新闻资讯、服务指南、气象信息、航班查询、餐饮服务、交通服务、反兴奋剂服务、安保服务、特许商品、医疗服务、城市文化、城市体验、城市美食、数字支付指南、亚运百科、亚残百科等服务
5	电子身份注册卡	提供在线申请、在线展示、离线展示、查验核对等服务

"一站式"参赛平台：参赛者的"实用助手"

为便于运动员和教练实时查询成绩，杭州亚运行 App 打造"赛事成绩服务"模块，提供赛事成绩、奖牌榜、参赛队伍、人员信息、竞赛项目信息、纪录信息、个人简历等查询服务，为参赛者提供了便捷的成绩信息查询服务。赛事成绩服务如图 3-2 所示。

图 3-2　赛事成绩服务

为减轻媒体工作者的负担，杭州亚运行 App 的"媒体服务"模块提供了媒体指南、媒体内容、城市传播和媒体预约四大类共 14 项功能，为媒体工作者打造了一个便捷、高效的工作环境。

回顾往届赛事，主办方通常会根据业务领域特点，以邮件等形式发送各类指南，媒体工作者无法"一站式"获取所有报道所需的指南性质文件。"媒体指南"在线集成了杭州亚（残）运会赛事日程、场地布局、参赛者资料等全部信息，更有各种问题的详尽解答，帮助媒体工作者高效开展报道工作。

由于媒体工作素材搜集过程渠道众多，媒体工作者通常需要耗费大量的时间和精力，还需要进行信息核对与验证。"媒体内容"提供了高清图片、视频与背景资料等丰富的内容素材，大幅节省了媒体工作者搜集和整理资料的时间，为其开展高质量的报道提供了有力支持。

此外，"媒体预约"则让媒体工作者能够轻松安排与运动员、教练员和相关人员的采访，这不仅有效提高了采访效率，更为媒体工作者获取第一手资讯和独家报道提供了便利。媒体服务模块如图 3-3 所示。

图 3-3 媒体服务模块

跨场景智能服务：随身的"贴心管家"

杭州亚运行 App 针对以往赛事生活服务渠道分散化的问题，特设立"亚运村服务"模块，集成了气象查询、菜单查询、服务预约、客源监控、亚运村小蜜自助咨询等 9 项实用功能，可为每位"村民"提供全方位的优质生活服务。

气象查询功能让"村民"能够实时掌握天气状况，从而合理安排训练和出行计划。"村民"可以通过菜单查询服务获取亚运村当日的常规餐食和特色美食菜单，满足了不同人群的用餐偏好。服务预约功能实现了医疗、交通工具、健身训练等服务的线上预约，省去了"村民"排队等待的时间。

导览图功能为"村民"提供一个直观的亚运村内导航工具，能够帮助他们轻松找到特定的设施或最佳的行进路线。餐厅用餐人流量监测功能确保"村民"能够避开用餐人流高峰，享受更加舒适的用餐环境。而工单上报和投诉反馈功能则实现了对"村民"诉求的迅速响应，体现了对"村民"的细致关怀。亚运村服务模块如图 3-4 所示。

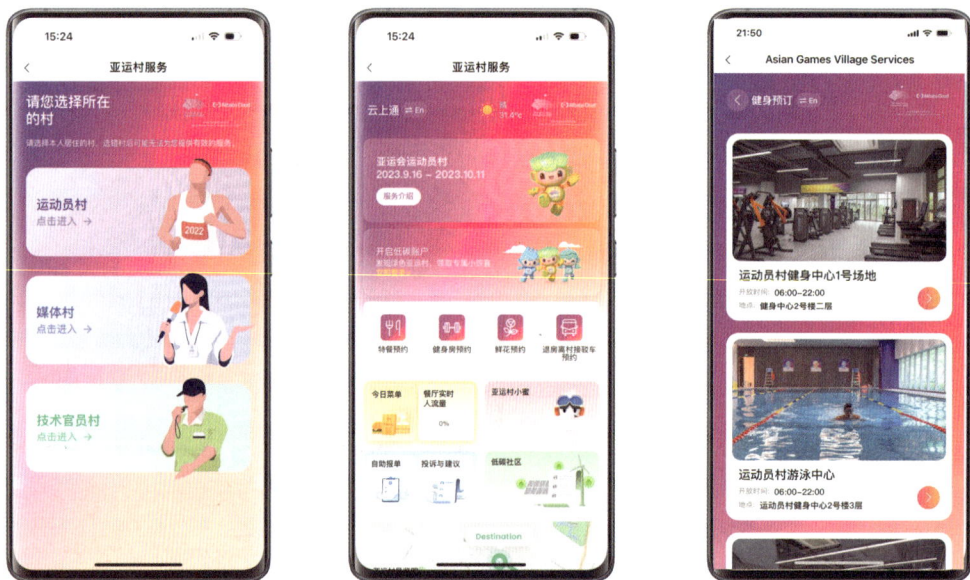

图 3-4   亚运村服务模块

另外，杭州亚运行 App 面向参赛者语言沟通不畅、交通路线陌生、城市体验不足等重点问题，推出了"综合服务"模块。该模块集成了实时翻译、翻译热线、新闻资讯、服务指南、反兴奋剂服务、亚运百科等 18 项实用功能，覆盖了赛事期间的各种场景，为参赛者提供全方位、智能化的服务体验。

实时翻译和翻译热线功能让参赛者无论身处何种语言环境，都能轻松实现无障碍沟通。新闻资讯功能让用户随时掌握杭州亚运会的最新动态，紧跟赛事节奏，不错过任何精彩瞬间。

服务指南和各类信息查询功能（例如航班查询、餐饮服务、交通服务）则为参赛者提供了便捷的生活指南，让他们能够轻松自如地寻找餐饮点、规划行程。

反兴奋剂服务、安保服务、医疗服务等功能的设置，也体现了杭州亚运行 App 对参赛者健康与安全的深切关怀。城市文化、城市体验、城市美食等功能的引入，则让参赛者有机会深入了解主办城市的历史文化和风土人情，丰富闲暇时光。数字支付指南、亚运百科和亚残百科等功能的上线，更是解决了各国参赛者对于支付方式、亚运会和亚残运会知识不熟悉的问题，确保他们能够得到全面的指导和帮助。综合服务模块如图 3-5 所示。

图 3-5 综合服务模块

电子身份注册卡：电子签证的创新探索

电子身份注册卡是由亚奥理事会、亚残奥委员会授权制发的个性化实体证件，外籍参赛者可凭此卡及有效证件出入境。往届赛事期间，时常会出现外籍参赛者因实体身份注册卡未寄达、未携带、遗失或人证信息不符等影响入境通关的情况。为此，杭州亚组委打造了电子身份注册卡应用，为各类参赛者提供了快速、便捷的出入境通关服务体验。电子身份注册卡效果如图 3-6 所示。

图 3-6 电子身份注册卡效果

专栏：电子身份注册卡

建设内容： 电子身份注册卡是杭州亚组委为各国参赛者提供的数字化身份证明，与实体身份注册卡具有同等效力。

电子身份注册卡涵盖在线申请、展示、离线展示和查验核对四大服务，实现了亚运会注册系统与国家外交、边检等系统间的数据共享，具备发放快捷、数据更新及时等优势。参赛者在出入境时只需要展示其电子身份注册卡，边检机关即可实时查验信息，为参赛者提供快速通关服务。

在展示使用环节，电子身份注册卡融合多重安全防护控制技术，采用了水印、防屏幕复制、卡背景随重力感应变化等防伪措施，并引入了端到端加密、身份有效性核验等防护技术，确保卡数据在全链路加密和可信状态下的传输和使用，有效抵御了伪造、冒用和信息泄露等风险。在离线模式下，电子身份注册卡采用了先进的离线缓存加密和离线访问认证技术，设置了 24 小时离线有效期机制，确保离线时数据也能在安全环境下使用。

电子身份注册卡的背后，涉及数据的跨系统共享和变更联动，以及卡的生成、更新、锁定等复杂逻辑，为了确保数据的实时有效，整个后台采用了读视图、写缓存、强校验等技术手段，既实现了数据高效共享，也避免了数据多端留存的安全风险，为边检机关及时获取最新信息以及查验核对提供了重要保障。

为应对突发情况，杭州亚组委还专门制定了应急预案，在入境机场设置了注册专项联络办公室，若发生信息系统瘫痪等意外情况，导致电子身份注册卡不可用，办公室可现场出具身份确认函，供边检工作人员核验。

建设成效： 据统计，杭州亚运会、亚残运会期间，累计 3560 名外籍人员使用电子身份注册卡出入境，边检效率大幅提升，得到了各方的一致好评。亚奥理事会代理主席拉贾·兰迪尔·辛格在 2023 年 9 月 24 日的新闻发布会上，对电子身份注册卡赞不绝口，称其给他留下了深刻的印象，并向媒体展示了自己的电子身份注册卡。外籍运动员使用电子身份注册卡入境场景如图 3-7 所示。

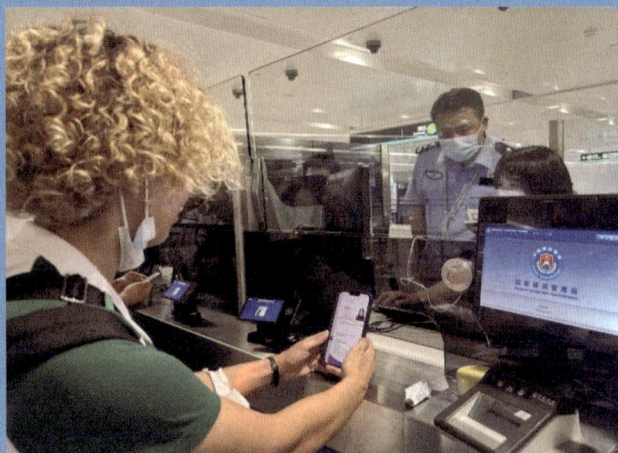

图 3-7　外籍运动员使用电子身份注册卡入境场景

2023 年 9 月 12 日晚，当沙特阿拉伯国家奥委会的一名官员因注册信息变更而无法展示电子身份注册卡时，注册与制证中心紧急更新了系统制证信息，并为他重新生成了电子身份注册卡，最终帮助他顺利登机。

以往历届赛会中，如果外籍参赛者没有携带身份注册卡或普通签证，组委会需要开具证明其身份的证明函，过程耗时约 30 ～ 40 分钟。如果现在外籍参赛者已提前申请电子身份注册卡，则可以即时展示电子卡，实现快速通关；如果未提前申请，在工作人员的引导下，5 ～ 6 分钟也可以完成电子卡的申请并展示通关，与证明函相比，其效率提高了 6 ～ 7 倍，有效减少了代表团在海关滞留的时间，为参赛者提供了更加顺畅的通关体验。

小结

杭州亚运行 App 围绕赛事各类关键服务场景，为参赛人群提供了"一站式"智能化服务。"赛事成绩服务"满足了运动员获取成绩信息的迫切需求，"媒体服务"为媒体工作者打造了一座实用的资料库，"亚运村服务"为每位"村民"带来了个性化餐饮、便捷交通等多种优质的生活体验，"综合服务"则覆盖了参赛者的全方位需求，同步提供翻译、医疗、城市体验等各类便利功能，让服务和城市文化同步绽放光彩……杭州亚运行 App 为参赛者打造了一个更加舒适、高效的赛事环境，并为后续的国际交流与合作提供了新的思路和方向。

其中，电子身份注册卡不仅为赛事边境安检保障服务积累了宝贵的经验，更为我国实施电子签证提供了可复制的经验。2024 年 7 月 12 日，上海市正式签发我国首张电子口岸签证，其与纸质签证具有相同法律效力，标志着我国在外籍人员流动便利化方面迈出了突破性的一步。

随着我国过境免签政策的持续开展，已经成功吸引了大量外国游客，通过这些创新实践经验，我们相信，未来来华游客将会享受到更加便捷、安全、高效的服务体验。

二、AI＋竞赛，突破运动极限

随着科技的飞速发展，AI、VR等技术已经从竞技场上的辅助工具，逐渐成为提升运动员竞技水平、优化训练策略、确保公平竞争的重要力量，从AI裁判系统的精准裁决到战术平台的智能分析，从无纸化兴奋剂检查的环保创新到智能装备的辅助训练，科技正在为体育竞技的公正性、科学性和观赏性注入新变化。

AI助力备赛

在杭州亚运会备赛期间，各类竞赛项目引入科技化的训练工具，通过以AI为代表的新型技术助力备赛，为运动员制定最适合的训练方案，从而保证训练效果。

在射击运动领域，不仅要求运动员技术精湛，更需要拥有稳定的心态，心态的细微波动可能会对成绩造成巨大的影响。以往，教练员难以实时掌握运动员的心态变化，无法在关键时刻给予有效的心理支持。而随着脑反馈精准辅助训练系统的引入，运动员仅需佩戴头环设备，系统就能实时采集其脑反馈信息，记录其脑神经活跃情况。该系统的应用，可为教练员制订训练计划并提供决策支持，也能帮助运动员控制情绪，提高其在比赛期间的专注力和稳定性。

在羽毛球、举重、赛艇、游泳等项目的备赛过程中，传统训练方法的局限性也日益凸显。一方面，依赖教练员的主观判断而制定的训练方法容易导致训练战术陷入误区；

另一方面，传统训练方法在处理大量训练数据时效率不高，难以快速准确地识别运动员的体能状况、技术特点和潜在问题，从而影响训练计划的针对性和有效性。

为解决传统训练方法存在的弊端，基于 AI 的运动动作识别和运动辅助系统，通过先进的机器学习算法，深入分析海量训练数据，洞察并分析运动员的体能状况、技术特点和潜在问题，为运动员量身打造科学、合理的训练计划。

专栏：基于 AI 的运动动作识别和运动辅助系统

建设内容： 基于 AI 的运动动作识别和运动辅助系统是一种利用人工智能技术辅助运动员训练的信息系统，可以满足现代竞技体育对训练精准度与数据分析的需求，以提升运动员的训练效果。

基于 AI 的运动动作识别技术对于运动员训练提升主要体现在 3 个方面。一是动作评估，系统通过捕捉动作信息并识别具体的动作类型，借助计算机视觉算法检测动作的准确性，从而为教练制订训练计划提供有效的信息支持。二是动作训练，利用机器学习算法实时跟踪动作，可以用于指导运动员训练，提高动作的准确性和协调性。三是动作治疗，通过人工智能算法模拟动作，可以帮助受伤运动员恢复正常的动作能力，从而提高康复效果。

教练员只需要将运动员的训练视频输入系统，便能迅速获得详尽的数据分析报告，包括动作准确性、力量输出、技术细节等关键指标，从而及时发现问题并纠正不良的运动习惯，引导运动员掌握最佳的运动姿态和技巧。

建设成效： 杭州亚运会备战期间，该系统被国家羽毛球队、举重队、赛艇队和游泳队采用，增加了运动员训练方案的科学性，为提升运动员竞技表现贡献了一份力量。

AI 技术的创新应用，也为中国乒乓球队的科学训练提供了有力支持。由于乒乓球比赛运动员接球发球速度快，科研人员无法快速、准确且全面地标注运动员所有的比赛行为。如何在低质量、低帧率的电视直播视频上，删除多余的转播镜头，精准地识别每个回合的分数变化，检测和定位每一拍，高效地进行自动化或者半自动化的数据标注，成为球队训练与战术分析的难点。

乒乓球智能大数据分析决策平台有效解决了以上问题。该平台借助 AI 与大数据技术，能够精准捕捉并分析比赛中的每一个细微动作、对手每一次的策略转换，不仅为教练员灵活调整战术布局提供了建议，也为运动员赢得了竞争优势。

专栏：乒乓球智能大数据分析决策平台

建设内容： 乒乓球智能大数据分析决策平台由中国国家乒乓球队联合浙江大学共同研发，是一个集数据采集、分析、模拟和决策支持于一体的综合性平台，旨在通过大数据和人工智能技术提升运动员训练效率和比赛表现。

乒乓球智能大数据分析决策平台通过一套高效的交互式数据采集系统，简化了比赛视频数据采集流程，已经积累了 8000 多场国际大赛的高精度比赛数据。

同时，乒乓球智能大数据分析决策平台的乒乓球技战术可视分析系统，不仅能分析运动员的技术优势与不足，还能深入剖析对手的战术体系，洞悉其战术策略与弱点，进行比赛仿真预测，从而为教练制订训练计划和备战策略提供支持，实现了从技术到战术的升级。

建设成效： 乒乓球智能大数据分析决策平台有效提升了战术分析和赛后复盘效率，满足了现代竞技体育对精准、高效数据分析的迫切需求，支撑辅助中国国家乒乓球队在杭州亚运会中斩获好成绩。

AI 助力赛场公平高效

在瞬息万变的比赛现场，裁判员可能出现视角受限、视线临时受阻的情况，从而遗漏关键性的比赛细节，也可能在高强度压力下出现瞬间的判断误差，这些因素都会影响判罚的准确性与公正性。在杭州亚运会的赛场上，AI 裁判系统有效改善了这种情况。

在羽毛球等高球速项目的比赛中，AI 裁判系统不仅能够捕捉到选手的每一次挥拍、跳跃和跑动，细致入微地监测每一位参赛选手的动作表现，还能依托鹰眼系统，根据动作的速度、角度和力度等关键指标，快速判断击球落点，为裁判员提供严谨客观的分数参考，从而提高比赛评判的公正性。

在兴奋剂检查环节中，传统的兴奋剂纸质检查流程烦琐且容易出错，运动员需要填写大量的表格，检查人员则需要仔细核对每一项信息，这给双方带来了不必要的负担。

为此，杭州亚组委引入了反兴奋剂智慧管理系统（AIMS），运动员完成比赛后，不必再填写复杂的表格，只需要扫描专属的条形码，便能迅速完成样本采集。

专栏：反兴奋剂智慧管理系统（AIMS）

建设内容： 中国反兴奋剂智慧管理平台是由中国反兴奋剂中心自主开发的、基于人工智能和大数据技术的反兴奋剂管理平台，实现了兴奋剂管制的全链条智能管理。

面向运动员和检查人员，反兴奋剂智慧管理系统（AIMS）实现了全面的无纸化操作。它简化了运动员在检查过程中的基础信息填写流程，缩短了样本采集时间。同时，检查人员通过扫描条形码，便能迅速、准确地记录样本编号，降低了人为失误的可能性。运动员完成检查后，系统将自动发送检查文件至其电子邮箱，确保信息的即时传递，提高了运动员的满意度和体验感。

　　面向管理者，反兴奋剂智慧管理系统（AIMS）功能覆盖了全链条兴奋剂管制工作。系统以直观的界面展示了每日检查点的分布、实时检查进度、检查人员数量及完成率、记录单的上传情况，使管理者能够掌握全局工作动态。此外，反兴奋剂智慧管理系统（AIMS）还具备强大的数据分析功能，通过可视化图表展示受检运动员的性别分布、队伍归属、项目排名及检查分布情况，为管理者优化检查安排提供了丰富的决策支持信息。

　　建设成效：赛事期间，反兴奋剂智慧管理系统（AIMS）实现了包括通知运动员等环节在内的无纸化管理，确保兴奋剂管制工作的科学性和有效性，持续为公平竞赛保驾护航。2024年，世界反兴奋剂机构发布了《杭州亚运会独立观察员报告》，对于杭州亚运会的反兴奋剂工作予以了高度评价，认为杭州亚运会的反兴奋剂工作在基础设施、后勤、技术及兴奋剂检查人员的高度专业性方面都非常突出。

与此同时，赛事成绩的无纸化传输也成为杭州亚运会的一大亮点。依赖纸张的赛事成绩记录方式不仅存在记录错误、数据丢失等风险，还常常面临信息传递延迟、存储不便等现实问题，这不仅影响了媒体工作者的工作进度，也对成绩的公正性造成了威胁。

因此，杭州亚运会采用基于云计算的计时记分系统，实现了成绩数据的实时获取、计算和传输。该系统能够在极短的时间内处理和更新比赛成绩，确保裁判员在核实成绩后的短短 5 秒内，就能将赛事信息准确无误地发布给全世界的观众，显著提升了赛事的运行效率。

小结

赛事期间，AI 裁判系统为赛事裁决带来精准与公正的升级，脑反馈精准辅助训练系统显著提升了训练效率与竞技表现，反兴奋剂智慧管理系统的无纸化操作提升了检查效率与运动员满意度，计时记分系统让赛事信息传输更加快捷、便利。"AI+ 竞赛"的深度融合，为提升运动员竞技表现和赛事运行效率提供了有力支撑。

随着国家体育强国战略的深入推进，中国体育产业规模持续扩大，全民健身战略实施效果显著，而 AI 等先进技术的快速渗透，也使中国体育产业焕发出新的生机。《中国智能体育发展报告》显示，2023 年，中国智能体育市场规模达到 1500 亿元，产业发展态势积极向好。其中，可穿戴智能体育装备产业已成为重点关注市场，市场规模达 400 亿元。目前，可穿戴装备在心率、肌氧、血乳酸等体征监测方面的精细化水平持续提升，还能借助实时数据分析和智能化信息反馈系统不断重塑体育参与者行为，为竞技训练辅助和个人健身规划提供了有效帮助，从而让体育活动更具科学性和吸引力。杭州亚运会的积极实践，更是有效印证了智能技术在体育产业中的巨大应用潜力，为中国智能体育装备的产业发展和体育竞技的持续创新积累了宝贵经验。

三、云上亚运村，科技感十足的智能社区

亚运村作为杭州亚运会最大的非竞赛场馆，也是承载运动员、技术人员和媒体工作人员等衣食住行功能的重要空间。亚运村里服务是否便捷？如何全方位服务保障好近2万名"村民"？亚运村打造了首个"云上亚运村"赋能村务管理和人员服务，在居住、餐饮、出行、娱乐四大服务领域引入了AR智能巴士、元宇宙体验舱、无人驾驶冰淇淋车等技术成果，以提高亚运村的服务质量，为"村民"构建了智能且舒适的生活环境。

亚运村的"云上生活"

亚运村打造了运动员村、技术人员村、媒体村"三村合一"的创新布局，促进了参赛者之间的互动与交流，同时也带来了更加庞大复杂、个性化的生活需求。为确保各方需求都能够得到及时响应，杭州亚组委联合亚运村运行团队、阿里云共同打造了"云上亚运村"，并为其配备了核心枢纽"一屏两端"。"一屏"便是杭州亚运村智慧指挥平台。杭州亚运村智慧指挥平台汇聚了来自20多个系统的440个数据指标，具备值班管理、人员调度、客流预警等各类功能，使亚运村的运营状态清晰可见，村务管理有条不紊。杭州亚运村智慧指挥平台如图3-8所示。

图 3-8　杭州亚运村智慧指挥平台

"两端"则是面向工作人员的亚运村数智化管理平台和面向"村民"的"云上通"小程序。

对于工作人员而言，亚运村数智化管理平台是一位得力助手，它为工作人员提供线上数字化办公服务，使工作人员能够通过平台迅速传递和收取信息，及时响应"村民"的各类需求，高效处理村内的各种动态，使整个社区的运行更加顺畅、有序，也为亚运村的运营增添了更多的活力与色彩。

对于"村民"而言，则可以通过扫描二维码进入"云上通"小程序，或者通过杭州亚运行，进行健身房预约、自助报修和信息咨询等一系列操作，还能实时查看村内重点场所的文化活动，从而合理规划自己的时间和行程。

此外，零碳徽章交换中心的设立，进一步促进了各国参赛者的文化交流，打造了低碳行为和宣传互补互进的生态示范案例。各国参赛者只需要带着自己的徽章，便能在智能转盘上交换，以一种更加新颖的方式结识很多同样热爱徽章交换的朋友。

亚运村的智能新体验

赛事期间，亚运村对居住、餐饮、出行与娱乐进行升级，为参赛者带来了与众不同的智能化体验。

宾至如归的智能居家服务

为了向来自亚洲各地的"村民"提供舒适的居住体验，亚运村公寓采用了多项智能化控制技术。

通过语音或手机 App，"村民"能够轻松控制房间灯光、空调和窗帘系统，满足个人生活偏好。并且，灯光系统和窗帘系统还配备了环境感应功能，灯光能够在夜间自动调节至适宜亮度，窗帘则会根据外部光照和温度条件自动开合，为"村民"们营造了一个良好的休息环境，最大程度地提升居住的舒适度。

不仅如此，为了让"村民"能够感受到归家般的体验，亚运电视专属平台不仅解决了传统电视服务内容固定、语言单一的问题，还满足了不同文化背景"村民"的多样化需求，实现了个性化的专属特色服务，进一步丰富了"村民"的居住体验。

专栏：亚运电视专属平台

建设内容：亚运电视专属平台是为入住亚运村的"村民"提供的定制化电视服务系统，可满足不同"村民"观看电视的需求。

亚运电视专属 平台的核心服务为电视直播服务专区，采用了高度定制化的频道排序系统，集成了 51 套高清合法的境内外频道，优先展示高清频道，确保"村民"能享受到最优质的视听体验。此专区还提供了频道分组、信息展示、直播预告及中英文双语服务，进一步提升了"村民"观看电视的便利性。

亚运电视专属平台的点播服务专区则提供了 24 路定制的境外频道，策划涵盖亚运、影视、文化和体育四大领域的亚运文艺精品节目，不仅为"村民"带来丰富多彩的视听体验，更搭建起"村民"深入了解中华优秀文化的桥梁。

此外，亚运电视专属平台还可以提供中、英、俄、日、韩和阿拉伯语 6 种语言菜单界面，优化了不同国籍"村民"的观看体验，充分展示了杭州亚运会的国际化视野和包容精神。

建设成效： 赛事期间，亚运电视专属平台为国内外政要、官员、媒体及运动员提供了贴心实用的电视直播和点播服务，让不同文化背景的"村民"感受到杭州的热情与亚运精神，也为未来类似的大型赛事的电视服务提供了宝贵的经验。

对于不同国家的"村民"而言，语言不通、沟通不畅等问题也频繁出现，这不仅限制了人员之间的有效交流，也可能在服务解释、媒体报道等关键环节造成信息传递的不准确。

为此，杭州亚运会引入了多种智能语言翻译设备，旨在搭建沟通的桥梁，最大程度消除语言差异带来的障碍，帮助各国"村民"顺畅地沟通问题、交流文化，高效地分享经验、建立友谊。

专栏：智能语言翻译设备

建设内容： 智能语言翻译设备是指利用人工智能技术实现不同语言之间实时翻译的设备，集成了语音识别、机器翻译、语音合成等前沿技术，可以支持多种语言在线和离线翻译。

为保障杭州亚运会上各国参赛者的顺畅交流，亚运村里部署了智能会议系统、智能翻译对讲系统与智能语言翻译机 3 类智能语言翻译设备。

智能会议系统依托语音识别及多语种翻译技术，拥有双语字幕视频会议、内容扫码快速分享、远程文档演示批注等功能，最大支持 200 路多方视频会议接入，以满足赛事期间大型、跨国涉外视频会议的需求。

智能翻译机对讲系统采用语音识别、语义理解、语音合成及麦克风阵列等 AI 技术，支持中文与英语、日语、韩语、印尼语、越南语等 75 种语言的实时互译，覆盖约 200 个国家和地区。使用双方仅需要通过按键对讲，机器便能实时翻译对方的说话内容。

智能语言翻译机结合同声传译级实时翻译技术，支持 83 种语言在线语音翻译、中文和 15 种语言离线翻译、中文和 31 种外语在线拍照翻译，最大限度地满足了各种语言服务需求。

建设成效：赛事期间，亚运村、萧山瓜沥文化体育中心、萧山临浦体育馆、钱塘轮滑中心等场馆提供了超 2000 台翻译机和智能翻译对讲系统，方便各国参赛者交流，提升了服务人员的工作效率。

安全舒心的智能餐饮服务

赛事期间，面对人员密集和口味多样化的挑战，餐饮服务保障任务繁重。食材种类繁多、供应链复杂，如何确保每一批食材的新鲜度和安全性？在运输和储存过程中，食材容易被污染或变质，如何进行有效的监控和预防？面对不同文化背景和饮食习惯的参赛者，如何为其提供吃着安心且美味的餐饮服务？

亚运食品智慧监管系统以"零食源性兴奋剂事件和零食品安全事故"为目标，严格把控亚运餐饮服务的各项工作，在避免因饮食不当对运动员和其他参赛者造成不良影响的同时，为各类人群提供个性化的用餐服务。

专栏：亚运食品智慧监管系统

建设内容：亚运食品智慧监管系统是指专门服务于杭州亚运会的食品安全保障综合智控指挥平台，可对食材采购、运输、加工制作和售卖实现全流程的数字化监管。该系统下设五大功能模块，构筑起餐饮服务与食材监管的双重安全网络，为亚运食品安全保驾护航。

"餐厅后厨数字智控"模块通过远程实时监控，规范后厨上岗人员的行为、环境卫生和设施设备使用情况。

"现场联动保障"模块集监督检查、菜单审查、样本核查和应急上报等功能于一体，可及时发现并解决潜在问题，精准落实各项责任。

"食材风险智控"模块则通过数据分析技术，对食材食品数据库建设、食材供应商管理及食材的预订、配送、验收和溯源等环节进行全过程管控，实时预警食材风险。

"赛会用餐服务"模块为不同人群提供个性化的线上线下订餐服务，还能进行营养分析和过敏预警，确保用餐安全。

"亚运食安数字驾驶舱"模块集成主题档案及地图展现、视频监控和截图抓拍、后厨管理、食材追溯、组织保障、指挥调度和数据分析七大功能于一体，为各类应用协同联动提供服务。

建设成效：赛事期间，餐饮服务团队为各类客户群体提供了超过 370 万人次的保障用餐服务、50 万余份茶点服务和 480 万余瓶非酒精饮料，实现了安全事故"零发生"、食源性兴奋剂事件"零发生"、食材保障"零断供"、餐饮服务"零投诉"的目标。

另外，由于杭州亚运会赛事期间保障工作复杂繁多，各种突发情况时有出现，工作人员往往需要在快节奏的赛事安排中挤出时间用餐。为了满足这种不定时的用餐需要，众多亚运场馆内部设置了 24 小时全天候运作的智能鲜食机。

　　智能鲜食机集自动化、物联网、智能化于一体，能将机器内冷藏的新鲜菜品快速烹饪制熟。用餐者只需在小程序选择餐品、下单支付，等待 2 分钟后，便能享用到美味可口的现做饭菜。赛事期间，智能鲜食机在杭州奥体中心等重点场馆累计供餐近 3 万份，为工作人员保障用餐提供了重要支持。智能鲜食机如图 3-9 所示。

图 3-9　智能鲜食机

　　另外，在亚运村内，一款配备 L4 级自动驾驶技术的无人冰淇淋车为炎热的天气带来了一抹清凉，这些冰淇淋车搭载了激光雷达、毫米波雷达和摄像头，可在村内自动巡航，为"村民"提供即时的甜品服务。

虚实结合的智能出行体验

　　在亚运村内，亚运 AR 智能巴士的身影随处可见。这辆小巴士造型别致、科技感十足，不需要司机操控，也没有传统的方向盘，却能在亚运村的主干道上自如穿梭，邀请每位中外运动员和媒体朋友共同体验一场虚实融合的奇妙旅程，让有限的时间满载精彩。

专栏：亚运 AR 智能巴士

　　建设内容： 亚运 AR 智能巴士由杭州亚组委、商汤科技联合推出，是一款融合了 AR 技术和自动驾驶技术的新型交通工具，在亚运村的运动员村和媒体村共设置了 2 条 AR 观光体验路线，为"村民"提供了一种新颖的出行体验。

　　亚运 AR 智能巴士能够实现 L4 级的自动驾驶。它不依赖于司机行驶，而是把车载相机和传感器当作"眼睛"，实时感知车辆、行人等周围环境要素，并自动规划和实施避让方案。在全自动巡航状态下，亚运 AR 智能巴士的导航和驾驶完全能够自主沿固定线路将乘客点对点地安全送达目的地。

　　此外，车内配备的高清大屏幕，将实时街景与西湖、良渚遗址等杭州美景巧妙融合，为乘客提供 AR 视觉体验，并同步配备全域智能导览讲解，为乘客们深入解读亚运文化，打造了一种全新的移动数字化服务体验。

　　建设成效： 亚运 AR 智能巴士以其独具特色的出行服务，得到了众多媒体的高度评价。一名日本记者在体验后表示，为了报道杭州亚运会赛事，来不及游览杭州美景，更没有时间去了解杭州的历史和故事，这趟亚运村内的 AR 观光之旅弥补了他的遗憾："虚实结合的效果十分震撼，能够了解到亚运会的知识、亚运场馆的知识，还能学到关于杭州的知识，了解许多历史，用 AR 的方式游览各类古迹，在很短的时间内获取大量的资讯。"亚运 AR 智能巴士如图 3-10 所示。

图 3-10 亚运 AR 智能巴士

身临其境的智能娱乐奇遇

为了丰富参赛者在赛事间隙的娱乐体验，让他们在紧张的比赛之余能够更好地获得身心放松，亚运村的智能体验中心打造了一系列体验互动，为每一位参赛者留下了难忘的回忆。

3D 云阵相机可以将参与者按照真实形象转化为虚拟世界中的 3D 数字人，并在对应的元宇宙平台中创造出数字人在虚拟空间中遨游，在竞技场上竞赛，或与杭州的秀丽风光合影的奇妙画面。3D 云阵相机如图 3-11 所示。

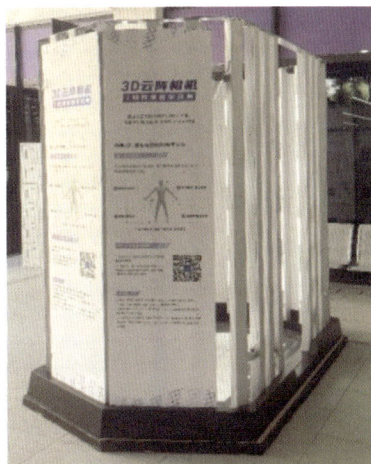

图 3-11 3D 云阵相机

专栏：3D 云阵相机

建设内容： 3D 云阵相机是利用多个摄像头从不同角度捕捉人体或其他物体的三维图像，从而创建元宇宙真人 3D 数字分身的智能设备。赛事期间，杭州亚组委联合亚运村运行团队在智能体验中心和媒体村分别部署了 1 台 3D 云阵相机，为"村民"提供神奇的元宇宙体验。

体验者仅需要在 3D 云阵相机内侧静态站立，摄像头便能在 1 秒内，对被拍摄者进行 360° 的拍照，然后利用算法在 5 分钟之内就可以绘出初级 3D 人体模型，30 分钟内可以提供更精细渲染的数字人，皮肤色泽和肌肉形态都能达到极高的还原度。最终，相机可以通过智能骨骼绑定算法，实现数字分身动态展现。整个过程全部自动化，操作便捷，体验极佳。

在获得自己的数字人后，体验者便能通过与 3D 云阵相机联动的数字人体验平台，与亚运吉祥物进行互动并在线上比拼技术，还能跟随吉祥物云游杭州，从西湖到良渚，从钱塘江到拱宸桥，可在感受数字技术特色的同时体验城市的自然美景和文化韵味。

建设成效： 赛事期间，3D 云阵相机在亚运村内风靡，为超过 1000 多名运动员、媒体工作人员、各类参观人员及各级领导提供数字人创建和应用体验，渲染了超过 5000 条数字人生成式体验视频，好评如潮。

赛后，3D 云阵相机可服务于包括文化旅游景区、高校教学、商业购物中心、展厅、品牌广告、游戏、影视等场景，为用户拍摄真人 3D 数字分身，制作生成个性化视频，赋能消费新场景。3D 云阵相机生成的数字人乒乓球体验如图 3-12 所示。

图 3-12　3D 云阵相机生成的数字人乒乓球体验

3D 打印技术的应用同样令人印象深刻。与千篇一律的传统纪念品不同，3D 打印·元宇宙体验舱通过数字巧克力、3D 人像等形式，让"村民"可以亲自参与到纪念品的制作过程，打造出一份与赛事举办地相结合的个性化纪念品，并可以永久地珍藏这段特殊的经历与记忆。

专栏：3D 打印·元宇宙体验舱

建设内容： 3D 打印·元宇宙体验舱是亚运村内一个结合 3D 打印技术和元宇宙概念的互动体验空间，体验空间内设有数字巧克力体验点、未来 3D 人像馆，以及未来造物空间等几大展示板块，允许用户通过 3D 打印技术实现个性化创作。

在数字巧克力体验点，"村民"在扫描 3D 巧克力自助打印机的二维码后，可点击屏幕进行专属的巧克力制作体验，不仅能选择各种运动项目图案，还能创新融入杭州的地标元素，为运动员留下一个巧克力版本的城市缩影。

在未来 3D 人像馆，"村民"们可以以自己为原型进行 3D 扫描和打印，仅需 1 分钟就能完成 196 张全方位照片的采集，设备将通过三维逆向建模技术和人像合成算法生成高精度人体数据，并通过最新全彩 3D 打印技术打印而成，"村民"便可将缩小版的"自己"带回家，永远珍藏这段宝贵记忆。

而在未来造物空间，"村民"不仅可以选择心仪的杭州地标建筑进行 3D 模型打印，还能在全彩打印的基础上赋予模型更为精细的表现，从而增强模型的艺术性和纪念意义。

建设成效：赛事期间，各界领导、参赛者和工作人员纷纷体验，累计体验次数超过 5000 次。斯里兰卡田径运动员在接受媒体采访中表示，3D 真人模型不仅让她看到 3D 科技赋能生活的新变化，更是她美好回忆的载体，尽显杭州亚运会的情谊，她说："当回国后看到这个模型时，就会想起杭州，想起杭州亚运会。"

图 3-13   运动员与工作人员排队体验 3D 巧克力打印

未来，3D 打印技术将应用在文旅场景中，通过与城市地标和文化元素相结合，为游客提供个性化的文化纪念品。其中的影像扫描和全彩 3D 打印技术，也为数字医疗、影视动画等领域提供了应用技术的发展方向。运动员与工作人员排队体验 3D 巧克力打印如图 3-13 所示，各国运动员体验 3D 真人手办如图 3-14 所示。

图 3-14　各国运动员体验 3D 真人手办

此外，全沉浸式裸眼 3D 体验厅也是"村民"的热门打卡点。在该体验厅内，体验者不需要固定位置，而是可以在创设的虚拟空间中自由移动，画面将结合人员位置信息进行实时渲染变换，模拟了现实环境中人与物体相对移动的视觉效果，体验者可以在体验厅内遨游星空、穿梭雨林、与海鸥一起翱翔，体验身临其境的视觉景观。全沉浸式裸眼 3D 体验厅如图 3-15 所示。

更为酷炫的是脑控赛车，"村民"只需戴上一个头环作为感应捕捉器，设备便能读取并放大微弱的脑电波，并将其解读为命令，使体

图 3-15　全沉浸式裸眼 3D 体验厅

验者不需要使用游戏手柄、鼠标和键盘，就能用"意念"让赛车跑起来，甚至还能通过想法调整车速。

在无障碍趣味体验区，AI 写真馆也是众多运动员体验的热门地点。AI 写真馆借助深度合成算法，通过精准的面貌识别和面部特征智能融合，"村民"仅需提供一张照片，便能与杭州地标进行虚拟合影，留下专属于自己的杭州印象。值得一提的是，AI 写真馆还提供了西湖、拱宸桥、良渚等不同的拍照风格和场景选择，最大程度地满足了体验者的个人偏好，为体验者带来了无数欢乐与惊喜。

亚运村内的智能篆刻系统更是让传统文化走进大众生活。它以杭州亚运会这场国际体育赛事为契机，将 AI 技术与中国篆刻传统文化进行有机结合，有效地解决了传统文化传播手段较为单一、体验时间长等问题，吸引了众多"村民"前来体验。

专栏：智能篆刻系统

建设内容： 智能篆刻系统是杭州亚组委联合浙江大学打造的亮点体验应用之一，旨在降低篆刻文化学习门槛，使用户通过简单的操作设计，便可制作专属印章。

在印章篆刻上，智能篆刻系统采用了多种风格、多种字体的智能生成技术，创新融入了篆书、篆印与印材的组合生成技术，实现了字、印、章的一键式生成，且生成字体风格不少于 5 种，涵盖常用规范字表（8000 字以上），提供了丰富多样的篆刻选择。

在篆印交互上，智能篆刻系统采用了个性化、大批量篆印生成技术，集成了字体参数化与交互、风格迁移与风格融合等计算机图形学技术，使其具备了单字、布局、印面的个性化定制功能，且交互响应时间不超过 1 秒，带来了极致的体验。

而在虚拟展示上，杭州亚运会将征集的篆刻作品、篆刻创意数字作品予以线上展出，展览过程中结合了全息、VR 等多项视觉传达技术，带来了丰富多彩的艺术体验。

建设成效：赛事期间，智能篆刻体验区成为热门打卡点，不仅为各国运动员和外宾提供了 3000 余次服务，更为近 300 位亚运冠军提供了专属的"亚运冠军印"定制服务，呈现了万人参与文化传播，沉浸式宣传亚运文化、普及亚运知识、传承亚运精神的创新局面。

未来，智能篆刻系统将通过设计更多有趣、有益的产品，在推动国家文化数字化纵深发展的同时，促进篆刻文化的传承与创新，让更多中华优秀传统文化在科技的赋能下继续大放异彩。各国参赛者体验智能篆刻场景如图 3-16 所示。

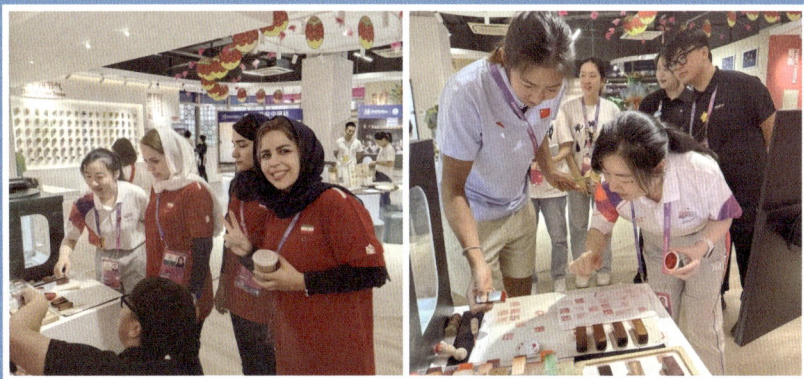

图 3-16　各国参赛者体验智能篆刻场景

小结

杭州亚运会为各国参赛者提供了一个高效、便捷、安全的智能生活环境。"云上亚运村"小程序充分满足了"村民"对多元信息和便捷生活的需求，亚运食品智慧监管系统圆满解决了大型赛事高人流量的保障用餐难题，虚实结合的亚运 AR 智能巴士将实时街景与杭州特色美景巧妙融合，为乘客带来独特的观光体验，3D 云阵相机和 3D 打印·元宇宙体验舱则实现了虚拟数字人和个人手办的专属定制，智能篆刻借助人工智能技术推动篆刻文化的传承与创新，让更多中华优秀传统文化在科技赋能下大放异彩……这一系列智能生活服务的创新实践，不仅为"村民"带来了便利，更展示了科技赋能智能生活的多种可能。

随着人民群众生活品质需求的提升，未来社区已经成为我国城乡居民高水平生活品质的代名词。2023 年，杭州市出台《杭州市人民政府办公厅关于高质量全域推进未来社区建设的实施意见》，目标到 2025 年年底，全市累计创建未来社区约 500 个、覆盖 40% 左右的城镇社区，到 2035 年年底，全市基本实现未来社区全域覆盖。

杭州亚运村的积极实践为未来社区建设和智慧服务体系的完善提供了有效参考。

四、机器人让赛事体验更非凡

赛事期间，机器人的身影穿梭于各个角落。赛场内，机器狗不仅在赛前承担着现场表演的工作，更在捡拾铁饼、运输标枪等任务中展现出专业级别的"手艺"。赛场外，人形机器人为来往的人员弹奏着美妙的旋律，各类辅助机器人提供了便捷高效的送餐、送物服务，这些机器人成为除志愿者之外的最强"打工人"，为参赛者带来了科技感满满的亚运体验。

亚运幕后的"后勤之星"

外形各异、各具特色的机器人们在各类赛事后勤保障工作中扮演了重要的角色。

四足机器狗外形酷似小狗，凭借出色的自主性和越障能力在亚运会赛事中得到广泛应用。杭州亚运会的赛前表演舞台上，四足机器狗与表演者共同献上精彩的舞蹈。田径赛场上，四足机器狗的应用价值也得到了体现。田径赛事中，运动员和工作人员常常需要频繁跑动，运动器材也需要运输，人力负担较重。同时，高速飞掷的标枪、沉重的铁饼等器材也存在安全隐患，可能造成人员受伤。为此，杭州亚运会上，四足机器狗化身搬运工，为运动员运输铁饼与标枪，在确保赛事顺利进行的同时，提升了赛场的安全性。

专栏：四足机器狗服务投掷类田径项目

建设内容： 四足机器狗能够模仿真实狗的四足运动方式，通过先进的机械和电子技术实现自主移动，满足使用者的实际需要。

根据赛事期间田径项目投掷类赛事需求，杭州亚运会量身打造了一批机器狗。通过改进运动控制算法，自主开发田径物料运输夹具，机器狗克服了在标枪、铁饼运输中因重量增加而导致的重心偏移问题，保证了赛事过程中运输物料的稳定性。

据测算，四足机器狗每场比赛奔跑超过 7000 米，最快奔跑速度高达 4.7 米 / 秒，与人类慢跑的速度不相上下，既保障了比赛的高效进行，更在无形中增加了比赛的安全性。

建设成效： 四足机器狗的应用增强了比赛的安全保障，充分展现了其在赛事后勤保障工作中的价值与成效，并获得了社会广泛关注。赛事期间，一则短视频在网络上走红，杭州亚运会田径铁饼赛场上，当运动员将铁饼投掷出去后，场边几只机器狗立马迈着"小短腿"朝铁饼飞奔而去，待场内工作人员将铁饼放置在机器狗身上，它们又运着铁饼回到赛场边。"待命—出击—运输"一套操作十分流畅，让网友直呼"丝滑"。此类四足机器狗在赛事期间工作的相关视频，全网播放量过亿，点赞数破百万，引发全民热议。

四足机器人在赛后开辟了更多应用场景，复杂场地的巡检、安防，野外情况下的测绘，危险区域的防爆监测，这些新的应用场景吸引了众多企业和消费者的兴趣，进一步推动了机器人市场增长。四足机器人在杭州亚运田径比赛中运输标枪如图 3-17 所示。

图 3-17　四足机器人在杭州亚运田径比赛中运输标枪

在大型场馆的安保工作中，传统的人力巡逻模式面临人力成本高昂、巡逻效率不高、难以实时捕捉并处理潜在风险等问题。如何在场馆内外广阔的区域实现全面、无死角的安保覆盖，已成为安保工作中亟待解决的难题。安消一体巡检机器人和安保机器人的出现，提供了一种新型解决方案。

安消一体巡检机器人外形酷似小型坦克，能够进行自主巡逻，具备风险预警和实时响应能力。在赛事期间的巡逻中，它一旦发现潜在的火灾隐患，便会迅速启动报警系统并通知消防人员，以避免可能发生的灾难。

与此同时，安保机器人凭借其先进的无人驾驶技术和 AI 云脑超算技术，在场馆内外执行着全天候的自主巡逻任务。它拥有先进的传感器和摄像头，能够捕捉环境的细微动态，进行异常检测与风险预警。一旦发现可疑情况，它会立即向执勤人员反馈，提前预警和处理潜在风险，从而最大程度保障场馆安全。安保智能巡逻机器人执行任务场景如图 3-18 所示。

图 3-18　安保智能巡逻机器人执行任务场景

赛事期间，大量的运动员装备、比赛器材以及观众的纪念品需要快速、准确地搬运和分发，而传统的人力搬运方式不仅效率低，还易出现错误和延误情况，长时间高强度的工作也可能对工作人员的健康造成负面影响。

为了保障物资的顺利派送，降低人力负担，杭州亚运会物流中心引入了一群搬运机器人。它们具备先进的导航技术和强大的搬运能力，能轻松搬运各种重物并准确配送，极大地提高了物流中心的工作效率，保障了赛事的顺利进行。

亚运场馆的"服务之星"

在亚运场馆和亚运村内，一群智能机器人各司其职，提供各类贴心服务。

赛事期间，面对运动员和观众的一系列咨询诉求，有限的服务人员难以充分满足如此庞大且多变的信息需求，容易导致问询人群的排队等待时间较长，影响赛事服务效率。

为此，杭州亚组委在重要点位部署迎宾机器人，每当有观众靠近场馆门口，它便会启动程序，主动进行问候，并通过屏幕展示各类服务信息。此外，这些机器人还具备配送功能，可通过精确的导航系统，将急需的物品快速且准确地送至指定地点。

专栏：全球首款无介质全息数字迎宾机器人

建设内容： 无介质全息数字迎宾机器人集成了无介质全息技术、3D 技术、大语言模型在内的多功能服务，能够与观众进行实时语音、手势等多维交互。

作为一项显示领域的科技新成果，无介质全息技术依托特殊设计加工的光学成像材料元件，将杭州亚运会吉祥物宸宸、琮琮的全息影像悬浮在空中，使观众不需要佩戴任何辅助设备，即可欣赏到逼真的三维立体形象，更适合人类在三维空间的使用习惯。

同时，该机器人利用高速传输的 5G 网络，与大模型进行结合，开发和推广了具备更丰富科技元素、更适配杭州亚运会需求的机器人服务。观众可以通过手势、语音等自然方式与空中画面进行实时互动，轻松实现派遣、引领等功能，还能获得比赛场馆、交通指引、餐饮信息等详尽准确的信息支持。

建设成效： 赛事期间，无介质全息数字迎宾机器人成功落地杭州拱墅区运河体育公园体育场曲棍球场馆，各方媒体给予了积极的评价，称其为赛事增添了互动性和观赏价值，提供了更加智能化和便捷化的服务。

无介质全息显示与交互技术在各类运动场馆、园区、文化展馆、主题公园等室内外大型文化娱乐场所均具有应用潜力。例如，在大型科技馆、城市规划馆中，该技术进一步衍生成为全息沙盘产品，用户可以主动地与沙盘内模型进行交互，增加用户沉浸式、真实性的交互体验。无介质全息数字迎宾机器人如图 3-19 所示。

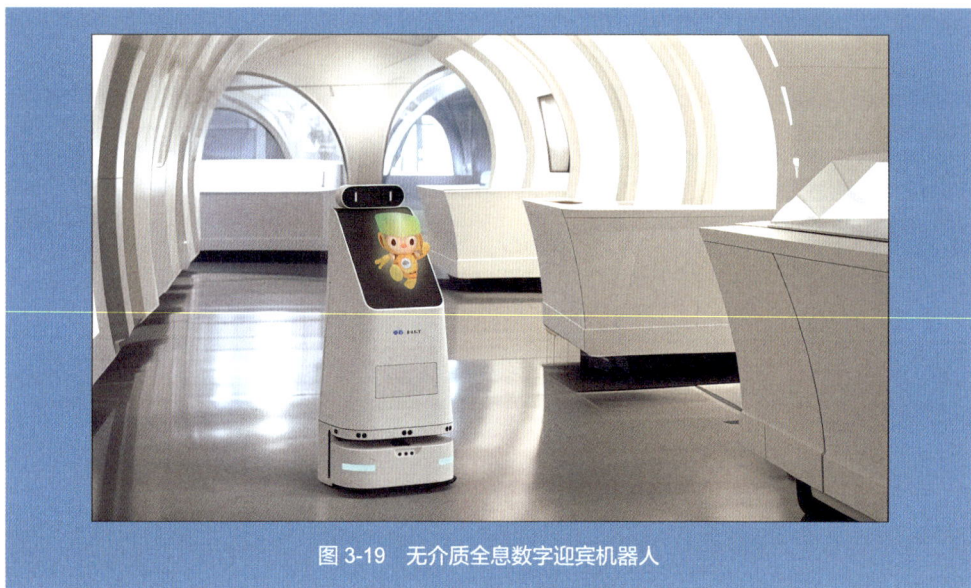

图 3-19   无介质全息数字迎宾机器人

除了物品配送和信息服务，场馆的卫生安全同样重要。大量的观众流动、运动员活动和赛事流程，都会导致场馆内地面脏污、垃圾散落。但传统的人工清洁方式很难在短时间内恢复场馆的干净整洁，也难以满足高效且全面的消毒需求。

为此，亚运村引入智能清洁机器人，利用先进的导航和传感技术，在场馆的每一个角落全天候开展清洁任务，时刻保持着亚运场馆的整洁，为运动员和观众营造了一个舒适宜人的比赛和观赛氛围。消杀机器人则能够自主规划路径，定时执行消杀任务，以"紫外线 + 光触媒"的先进消杀模式，满足了各个体育场馆高频次的消毒需求，守护着每一个人的健康。

亚运村打造了生机盎然的绿化环境，然而，绿地与树木往往伴随着蚊虫的滋生，传统的化学试剂喷洒或者人工捕捉通常效果有限且难以持续，还可能对环境造成一定的影响。

因此，亚运村引入了智能巡检灭蚊机器人。它搭载了高精度激光雷达和图像识别系统，可实现厘米级的定位和障碍物识别。在巡检户外绿地和廊道的过程中，该机器人会利用二氧化碳和紫外光波吸引蚊虫，并通过高速风扇将其吸入内部的收集装置中。

通过一键报警功能，还能让它们在发生紧急情况时迅速联系安保人员，确保亚运村的安全稳定。

亚运舞台的"智趣之星"

传统活动形式，往往受限于固定的模式、有限的互动性和参与度，以及缺乏创新元素等局限性，而导致活动体验单调，难以吸引广泛的参与和兴趣。为此，亚运场馆和亚运村内引入了众多智能互动机器人，它们功能各异，给参赛者留下了不同的趣味体验。

在亚运村内，人形机器人获得了大量"村民"的关注，它不仅能和机器狗一起合作表演，还能与观众进行趣味互动，让大家在紧张的赛事之余，也能感受到机器人技术带来的独特魅力。

专栏：人形机器人与四足机器人的协同表演

建设内容：人形机器人是一种利用人工智能和机器人技术制造的具有类似人类外观和行为的机器人，它们通常能够与人类进行交互，并在人类生产和生活中扮演着重要角色。

人形机器人在构型上高度仿人，不仅有轻量化、高精度、高速运动能力的双臂和力觉感知能力的灵巧操作手，还有具备运动情感表达能力的腰身与头颈系统，全身共拥有 34 个可独立驱动的关节自由度。这一设计使其能够精准弹奏难度达 5 级的钢琴曲，同时融入模拟人类表达情感的肢体动作，可为观众带来惟妙惟肖的演奏体验。

而在钢琴表演上，人形机器人突破了曲谱检测、信息增强和识别等关键技术，成功研制并植入了一套高鲁棒性、高精度的智能曲谱解析软件，实现了曲谱感知与弹奏执行的自主化，提升了钢琴表演的智能化水平。

为了增强表演效果，人形机器人不仅进行了外观定制设计，还通过机器人系统局域网，为每台机器人配备了3只机器狗作为伴舞，挑选了多首杭州亚运会推广曲专门设计舞蹈动作并编排串联，实现了机器人弹琴、机器狗伴舞的科技风展示效果。

建设成效： 赛事期间，"机器人与机器狗相配合"的精彩表演受到一致好评，从开赛到闭幕，展示了科技与艺术结合的魅力，也有效验证了基于视觉的曲谱检测技术、高精度琴键定位技术以及全身协调的拟人化运动控制技术的可行性，为人形机器人的产业发展和商业落地积累了经验。

人形机器人在短期内有望率先在工业制造领域落地，参与更柔性及灵巧操作工作，在商用服务领域落地人机互动、咨询、引导、接待、娱乐、教育等场景，中长期将进一步实现极端作业、家用服务等全场景工作。参赛者围观人形机器人钢琴演奏如图 3-20 所示。

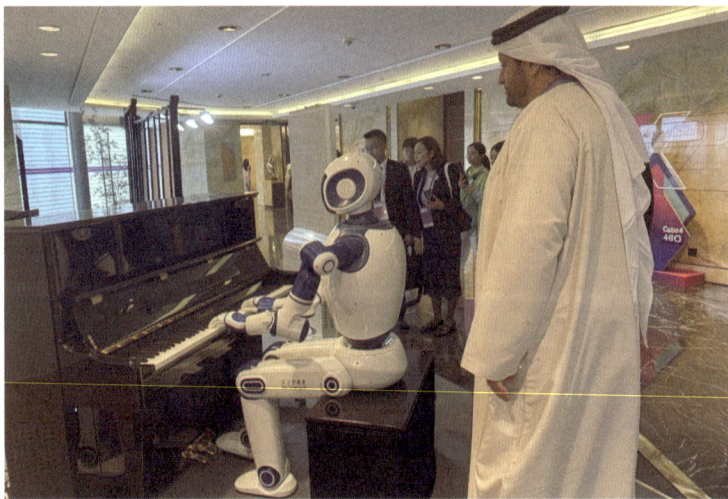

图 3-20　参赛者围观人形机器人钢琴演奏

在杭州亚运会棋类比赛场馆内，围棋机器人从开局布局到中盘厮杀，再到收官阶段，均展现出了高超的棋艺和严密的逻辑思维，吸引了众多观众驻足观看。围棋机器人具备的陪练、助教、比赛三重功能，正逐渐成为围棋教育的"智能力量"，可以解决围棋教练人数不足的现实问题，对推广围棋运动发挥积极作用。围棋机器人如图3-21 所示。

图 3-21 围棋机器人

在亚运村部署的画像机器人也吸引了众多"村民"前往体验。"村民"只需要通过手机扫码上传照片，画像机器人便能在短短几分钟内以精湛的技艺和独特的创意，将人们的形象转化为艺术品，打造了独特的杭州亚运会祝福传递方式。画像机器人如图 3-22 所示。

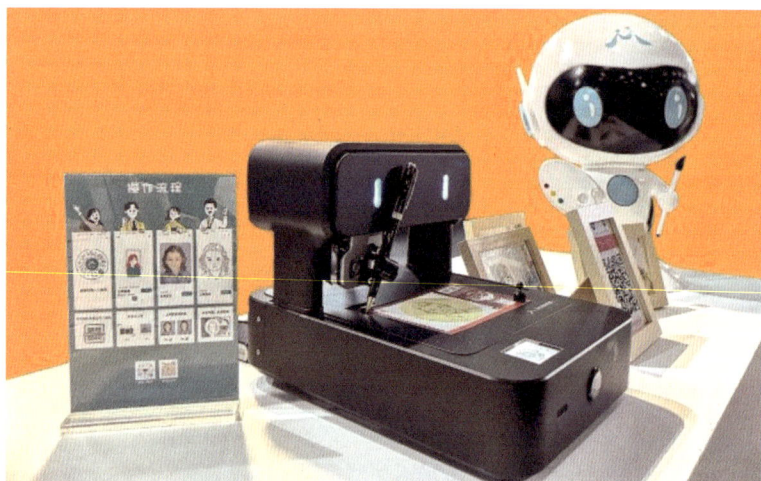

图 3-22　画像机器人

小结

杭州亚运会上，机器人队伍以其创新服务与体验为赛事增添了别样的科技风采。四足机器狗奔跑超 7000 米只为保障铁饼铅球运输的高效与安全，全天候巡逻的 AI 安保机器人解决了传统人力难以覆盖的巡检问题，无介质迎宾机器人使场馆导航和信息支持更加便捷准确，消杀和巡检灭蚊机器人共同营造了舒适环境，人形机器人与机器狗的协同表演开辟了艺术表演的新形式……这些机器人不仅提升了杭州亚运会赛事的服务水平，而且是机器人技术对体育赛事服务模式的积极探索。

机器人作为国家制造强国战略的重点领域之一，已成为满足我国制造业转型升级迫切需求、积极应对新一轮科技革命的关键。根据中国信息通信研究院发布的《智能机器人技术产业发展白皮书（2023）》，2024 年我国机器人市场规模将达到 251 亿美元，复合增长率达到 20%，机器人产业已经进入技术创新密集活跃、产品应用深度拓展的发展机遇期。作为科研实力强、产业基础好的创新之地，杭州机器人产业已呈现强大的发展活力。同时，杭州亚运会上各类机器人的创新应用，更是为机器人在体育业、制造业、家庭服务、特殊环境等各行各业的加速落地打造了可参考样板。

五、科技助残，共享荣光

作为史上智能水平最高的一届亚残运会，杭州亚残组委会将科技与人文关怀相互结合，创新性推出了仿生手、智能导盲犬等一系列助残应用，展示了"有爱无碍"的崇高理念。

科技点亮亚残运动精神

在杭州亚残运会的赛场上，各类高科技器具助力残疾人运动员突破生理障碍，为其生活创造更多可能性。

在残障人士的日常生活中，传统假肢仍然存在较大局限性。它们通常依赖预设的手势切换动作，缺乏灵活性。而在杭州亚残运会上出现的智能仿生腿和智能仿生手，在一定程度上解决了这一问题。

在火炬传递现场，智能仿生腿首次亮相，它不仅能帮助使用者自如行走，还能通过数据分析技术，预判滑倒、绊倒等意外情况，从而控制机械关节，减轻或避免使用者受伤。在开幕式上，中国游泳运动员徐佳玲使用充满科技感的智能仿生手高擎火炬"桂冠"，点燃了主火炬，也在拉开赛事帷幕的同时，让世人直观感受到了科技助残的力量。火炬手使用仿生手举起火炬如图 3-23 所示。

图 3-23   火炬手使用仿生手举起火炬

专栏：智能仿生手点燃杭州亚残运会主火炬

建设内容： 智能仿生手是一种高科技的假肢，它结合了现代电子技术和生物力学原理，旨在模拟人类手的自然运动和功能。这种技术允许用户通过采集残肢的肌电信号数据，利用这些信号控制微型电机完成动作，从而实现手指独立运动和协同操作。

对于残障人士而言，其无法自如使用传统假臂的本质在于神经信号的传递流程被切断，补上一只捕捉信号的仿生手，就可以重新把信号桥搭起来，实现"断臂重造"的目标，但实际操作上的阻碍不小。

一方面，人类大脑被称为"三磅宇宙"，包含了约 1000 亿个神经元，生物电信号非常微弱，且隔着皮肤了解人体内部情况也存在信息衰减、噪声混叠等问题，这使生物电信号捕捉非常困难。另一方面，人手可以被视作一个高度复杂的生化机械装置，掌控手所需要的大脑皮层面积，是掌控躯干所需要的大脑皮层面积的 3 倍。因此，创造一个"手"，让它与大脑对接识别生物电信号，接受来自大脑皮层的精细操作指令，做出非常精细的动作，更是"难上加难"。

针对以上难题，智能仿生手创新采用了固态凝胶电极，可以与皮肤形成良好的接触界面，能在不需要涂抹导电膏的情况下获得低接触阻抗，采集高质量的脑电信号，精准度达到医疗级别。它还能通过处理人体运动产生的肌电、神经电信号，辨识使用者的运动意图，模拟人手仿生神经肌肉控制通路，从而达到动作控制，满足人们生活中常用手势的需要。

建设成效：在杭州亚残运会开幕式上，智能仿生手克服了参与者身体条件的限制，打造了世界上首个由脑机接口智能仿生手点燃圣火的国际体育赛事，向人们传递了"科技改变生活、让不可能变为可能"理念，也为更多残疾人的生活带来了便利。智能仿生手将逐步走向市场，在医疗康复、工业生产、残疾人日常生活等多个领域得到更广泛的应用，为更多人带来便利。

面对杭州亚残运会火炬传递和赛事现场等复杂的环境，人声指引或导盲棒效果往往较差，很多时候需要人工协助引导。而在杭州亚残运会淳安站的火炬传递活动中，智能导盲犬的出现克服了上述问题，它引导第 13 棒视障火炬手蔡琼卉入场并完成传递，吸引了众多人的目光。四足机器人助力亚残运会火炬传递如图 3-24 所示。

图 3-24　四足机器人助力亚残运会火炬传递

在亚残运村的辅助器具维修中心，人工视网膜可让失明的运动员"重见光明"，外骨骼机器人能助力行走不便的运动员"重新站立"，3D 打印的矫形器和人工耳蜗也为残疾人运动员们带来了便利生活的可能性。

杭州亚残运会期间，一条关于阿富汗轮椅篮球运动员体验高科技产品的视频在短视频平台获得广泛传播。在外骨骼机器人的帮助下，他时隔 13 年再次站立行走。

科技绘就无障碍生活蓝图

针对各类残障人士，杭州亚残组委打造了 5G 手语视频专席系统、数字人手语翻译机器人等一系列科技应用，致力于打破信息障碍，让残疾人出行自如、自由沟通、享受生活。

AR 导航引路，无障碍设施触手可及

面对错落的杭州亚残运会场馆和拥挤的人潮，残障人士可能难以安全、顺利地找到目的地。复杂的文字描述、不易辨识的平面地图或是缺乏针对性的路线规划，都可能是他们顺利观赛的阻碍。

无障碍 AR 场馆导航服务为他们提供了便利，残障人士只需要轻点手机上的 AR 导航应用小程序，便能清晰直观地看见场馆 3D 地图和被标注的关键设施，跟随应用指引，就可迅速定位并导航至目的地。另外，应用还为各大亚残场馆规划了专属的 AR 无障碍导航路线，可保障特殊人士安全、便捷地在场馆内自由穿梭。亚残运场馆无障碍设施 AR 导航如图 3-25 所示。

图 3-25　亚残运场馆无障碍设施 AR 导航

数字人传音，演绎心灵的互译与共鸣

对于听障人士而言，人工手语翻译是他们重要的信息接收渠道，但受限于大型赛事翻译人员的数量、翻译效率和覆盖范围等因素，此种方式很难为听障人士提供及时、全面、个性的信息服务。

在这样的背景下，杭州亚残运会上的数字人手语翻译机器人"小莫"成为听障人士的得力助手。它精通手语识别和播报的双重技艺，是一位专业的翻译官。赛场上，"小莫"能实时翻译和解说赛况，让听障观众无障碍地享受比赛的激情与魅力。赛场之外，"小莫"能够提供覆盖 600 余处景点的手语翻译服务，让听障游客能够深入了解杭州的文化底蕴和自然风光。数字人手语翻译机器人"小莫"如图 3-26 所示。

图 3-26　数字人手语翻译机器人"小莫"

5G 手语视频，无声世界的华丽交响

在参赛过程中，听障运动员将会产生比普通运动员更多的咨询诉求，但传统的线上打字交流形式不仅效率低，也难以准确传达听障人士的即时需求和情感表达，影响他们与外界的信息沟通效果。

为了满足听障人士的沟通需求，杭州亚残组委携手杭州市残联等部门，借助 5G 网络，打造了特别的手语视频专席服务。在服务过程中，每一位听障观众都可以通过视频框作出手语表达，这套系统将实时地把手语翻译成文字，让健听人士也能读懂他们的心声。

若听障人士需要咨询或寻求帮助，只需轻触屏幕上的"12345 市长热线手语客服"图标，便能立刻与专业的在线服务人员进行手语交流。无论是关于杭州亚残运会的信息，还是日常生活的琐碎问题，都能在这里找到答案。另外，杭州市残联的专家也加入该系统中，为听障人士提供专业化的政策咨询服务。

杭州亚残运会后，这套 5G 手语视频专席服务系统已经延伸到了教育、法律、餐饮、交通等各个领域。在光线充足的环境下，其识别率高达 95%，为听障群体带来了高质量的便利服务。

"码"上听杭州，视障人群专属奇遇

在日常生活中，视障人士的信息传递和沟通渠道往往较为单一，他们难以像普通人一样快速、便捷地获取信息。为了实现视障人士的信息无障碍传递，杭州亚残组委运用无障碍语音二维码技术，为赛事期间分发的纸质材料披上了"电子外衣"。

无论是博物馆和历史文化街区的宣传册，还是亚残运村行政服务中心的《服务指南》，又或是亚残运会场馆的地图，弱视人士和视障人士仅需要自行或在工作人员的帮助下扫描二维码，即可快速听到清晰、流畅的语音朗读。

无碍支付升级，让购物更加畅快无忧

过去，视障用户在支付时面临着种种困扰：无法准确输入金额、操作烦琐不便……这些问题不仅影响了他们的支付效率，更在某种程度上限制了他们的日常生活和消费体验。为此，杭州亚残组委联合支付宝，对视障用户的支付体验进行了全面的个性化升级。

用户只需要轻声说出付款金额，便可轻松完成支付，相比传统的"旁白模式"输入，效率提升了4倍。另外，"划一划"和"声纹极速付款"等创新技术手段的引入，进一步简化了无障碍支付的流程，用户只需要手势滑动或说一句话，便能下达支付指令，无须输入数字密码。

这些创新举措使视障人士能像普通观众一样，轻松自如地购买赛事门票，享受场馆内的餐饮、购物服务。

小结

杭州亚残运会上，一系列创新助残硬件、软件纷纷亮相，有效改善了残障人士的参赛体验感。脑机接口技术让截肢运动员随心控制智能仿生手，外骨骼机器人帮助运动员重拾行走能力，AR导航服务为残障和老年观众轻松指引方向，数字人手语翻译机器人"小莫"打破沟通障碍，让听障人士实时感受比赛激情，语音二维码和支付宝无障碍支付也为视障人士的生活创造了前所未有的便利……

科技助残作为科技强国行动纲要的重要内容，对于开展残疾人精准康复服务行动形成了良好支撑。中国残联数据显示，从2021年到2023年，2577家与老年人、残疾人生活密切相关的网站和App进行了适老化和无障碍改造，轮椅导航、无障碍剧场、自动语音读屏等科技产品不断涌现，助力残障人士跨越"数字鸿沟"。从2021年至2024年4月底，全国共有2769.76万人次残疾人得到基本康复服务，531.98万人次残疾人得到人工耳蜗、机械手臂、智能轮椅等辅具适配服务，残疾人基本康复服务覆盖率稳定在85%以上。杭州亚残运会推出的创新应用对于加速社会无障碍环境建设，保障残疾人平等权益具有重要意义。未来，我们期待通过机器人、AR、脑机接口、数字人等前沿技术的推广与突破，为残障人士创造更多科技水平高、性价比优的无障碍终端产品，从而不断提升残疾人生活品质，为其创造出更多机会与可能。

观赛：
智能相伴，精彩无限

杭州亚运会的现场观众数以百万计，线上观众更是不计其数。如何让观众不仅在赛前、赛时还是赛后都能体验到更加便捷、贴心的服务，而且还能感受到亚运城市文化的独特魅力？如何满足海内外观众对开幕式文艺演出和点火仪式的创新期待？……这些都离不开科技的融合应用。

一、1亿人使用的智能亚运一站通

大型赛事期间，观众经常面临着信息渠道分散、信息准确率与及时性不高等问题。回顾往届赛事，2018年雅加达亚运会建设了9个App，2014年仁川亚运会也为建设App投入巨资，但支持的场景和触达的观众数量都相对有限。杭州亚运会赛事平均上座率超90%，现场观众超370万人次，线上观众数以亿计。面对如此庞大的观众群体，为了提供更低成本、更高效率、更广泛覆盖的"一站式"信息服务，小程序成为理想的选择。

2020 年 9 月，杭州亚组委联合蚂蚁集团推出了国际大型综合性运动会史上首个"一站式"数字观赛服务平台——智能亚运一站通。观众无须下载额外的 App，只需在支付宝 App 上搜索"亚运"，即可进入智能亚运一站通小程序，享受购票、出行、观赛、游玩等全方位服务。智能亚运一站通首页如图 4-1 所示。

图 4-1　智能亚运一站通首页

智能亚运一站通围绕赛事服务、城市服务、互动体验、实用工具四大板块，建设了 30 多项特色功能和服务，为观众提供从购票、出行、观赛到住宿、用餐和旅游等"一站式"服务。截止杭州亚运会结束，智能亚运一站通累计用户数超 1.24 亿，累计访问量超 60 亿次，日访问量峰值与赛事期间日均访问量均超 1 亿人次。智能亚运一站通功能见表 4-1。

表 4-1   智能亚运一站通功能

分类	功能	内容
赛事服务	票务通	提供杭州亚运会官方票务信息查询、购票等服务
	知识通	提供亚运场馆、亚运城市、亚运项目、亚运历史等知识科普介绍
	出行通	为观众提供围绕观赛相关的智能化公共出行服务,包括公交地铁、高铁、共享单车和网约车等服务
	赛事通	提供杭州亚运会竞赛项目的赛程相关信息,包括赛程日期、竞赛场馆、赛事资讯、比赛成绩等
	亚运气象	提供亚运场馆周边天气信息查询服务
	AR 服务	提供 AR 导航导览、AR 亚运迎宾秀等服务,提升观众出行观赛体验
	场馆全景	提供亚运场馆 VR 全景服务
	实时翻译	提供包括中文、英语、阿拉伯语、韩语、俄罗斯语在内的双向实时翻译、语音转录、图像文字翻译等功能
	亚运商城	提供各类亚运周边产品售卖服务
城市服务	美食通	提供亚运特色美食推荐服务
	游亚运	整合亚运六城景点、酒店、线路信息,推出景点榜单、特色线路玩法攻略等功能,为观众提供智能化旅游服务
	行程规划	根据用户观赛计划,结合美食、酒店、娱乐、景点、演出、交通等场景,为亚运观众定制专属亚运观赛旅游计划
	亚运 PASS	为观众提供一码看亚运、一码游杭州、一码通全城服务
	运动	提供运动场馆推荐与预订服务
	城市体验	提供各类城市体验主题活动
	慢直播	提供亚运城市重点文化地标与场馆的实时直播服务
互动体验	亚运路线	用户通过日常积累步数完成亚运线路和站点任务,即可获得亚运定制的区块链明信片,有机会成为"亚运火炬手"
	亚运火苗	观众可以通过参与"捕火苗""扫一扫""走一走""动一动"等活动获得虚拟"亚运火苗",并兑换亚运特许商品
	亚运公益	提供寻找 2022 个亚运梦想、亚运足球梦想、杭州亚运梦想公益林、益起来捐步服务
	亚运话题	提供各类有奖互动话题,提升平台活跃度
	亚运夺宝	用户可参与各类亚运特许商品的抽奖活动
	亚运数字藏品	用户可通过一站通抢购亚运数字火炬、数字吉祥物等数字藏品
	智能篆刻	提供个性化篆刻服务
实用工具	智能客服	提供在线客服和热线客服两大模块,利用 AI 技术进行实时对话互动,帮助解决亚运购票、火炬活动、文旅礼包等在内的相关问题
	挂失服务	提供证件快寻、寻找失物、拾取登记、好寻码等服务
	侵权举报	提供侵权举报服务,包括线上举报、投诉电话、在线法院三大功能
	防伪查询	提供亚运官方特许商品的防伪码查询服务
	医疗点查询	提供亚运场馆相关的医疗点地址查询服务
	特许商店查询	提供亚运官方商品特许经营商店地址查询服务
	售票点查询	提供线下售票点查询服务
	医疗查询	提供亚运定点医院查询服务
	停车预约	提供亚运场馆周边停车场预约服务
	外币兑换点	提供集成外币兑换点查询和路线规划导航服务

智能亚运一站通为观众提供了无缝衔接的服务体验。

赛前，平台提供丰富的亚运知识、资讯、互动、便利的门票预订、酒店住宿和智能行程规划等服务。

赛时，观众不仅能实时获取赛事赛程的最新信息，能通过 AR 应用提升观赛体验，还可以享受到个性化的景点和美食推荐、方便的出行导航服务和丰富多样的线下互动活动。

赛后，平台通过旅程分享、赛事回顾等功能，让观众的杭州亚运会记忆得以延续和珍藏。

杭州亚运会的数字观赛之旅如图 4-2 所示。

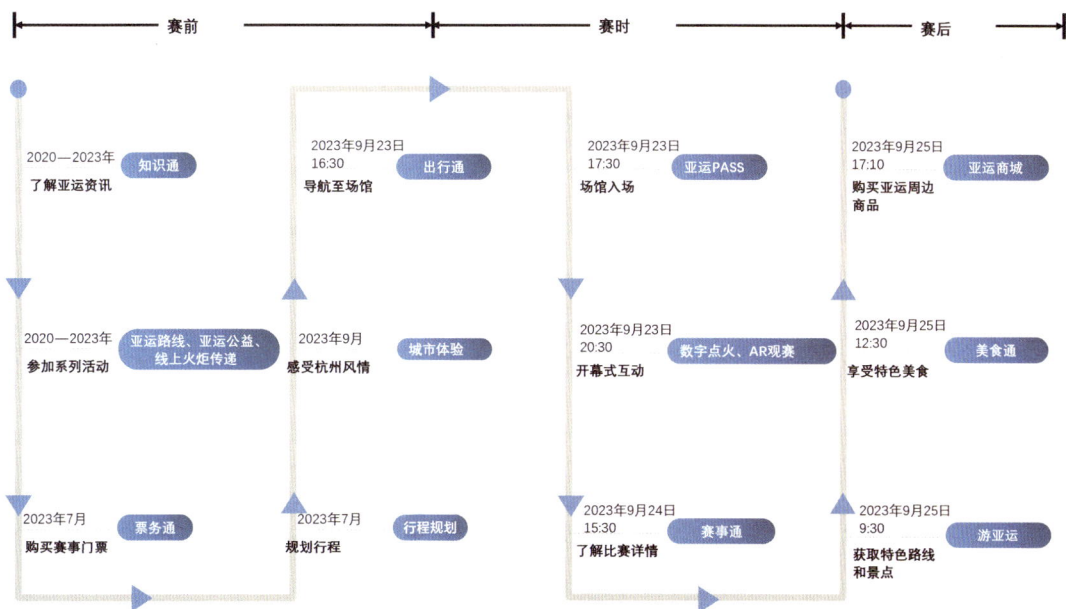

图 4-2　杭州亚运会的数字观赛之旅

赛事服务：打造无缝观赛体验

观众在准备去现场观赛时，经常会面临购票烦琐、赛事信息纷杂、出行不便等问题。为此，赛事服务板块集成了知识通、票务通、出行通等九大功能，为观众打造一个轻松愉快的观赛体验。

知识通功能提供了亚运场馆、亚运城市、亚运项目和亚运历史的详尽介绍，便于观众了解杭州亚运会场馆的位置、特色以及各个亚运城市的风情。知识通如图 4-3 所示。

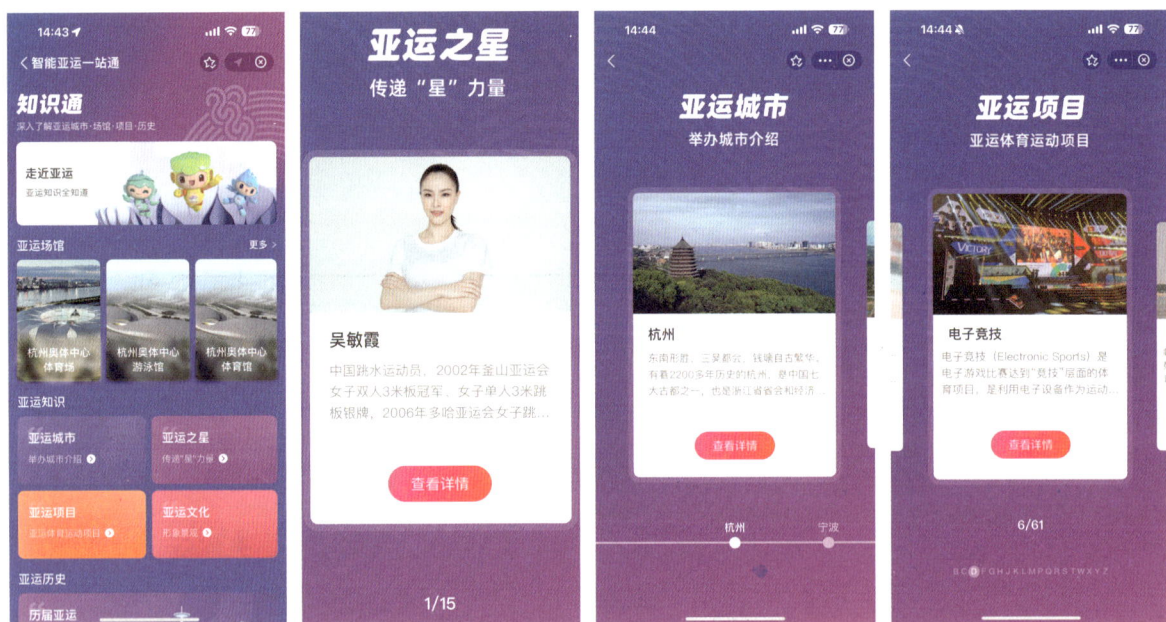

图 4-3　知识通

票务通作为杭州亚运会官方票务服务平台，不仅可以让观众第一时间查询官方票务信息，而且可以根据个人喜好和日程安排，提供线上和线下两种购票方式。此外，"票 +"服务功能更是为观众提供了交通指南、观赛场馆信息、场馆天气、观赛场馆交通、赛事赛程、票务权益等全面的观赛服务，确保观赛无忧。票务通如图 4-4 所示，"票+"服务如图 4-5 所示。

图 4-4 票务通

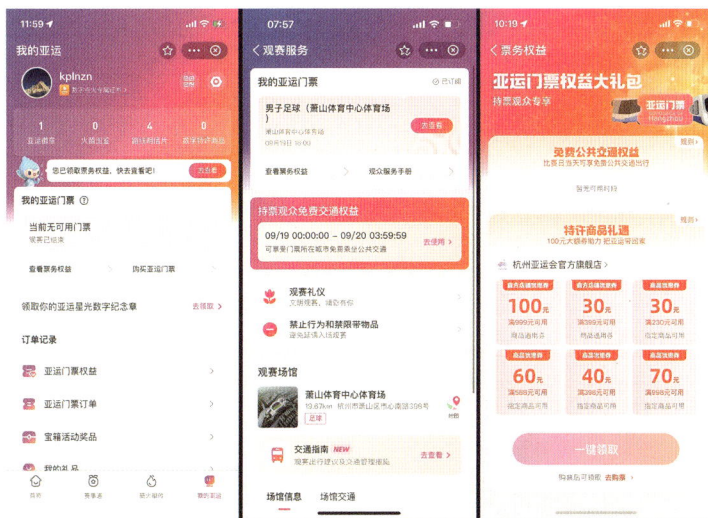

图 4-5 "票+"服务

专栏：票务通

建设内容： 票务通提供赛事项目信息、票务资讯服务、开闭幕式抽签及线上购票等服务，支持多语言服务，可以承载每秒百万量级用户同时在线访问，以及热门项目大流量抢票，为观众提供便利的购票体验。

线上购票方面，票务通可以提供详尽的赛事日程查询、门票预订和开售提醒等功能，观众可以实时查看所有赛事门票的库存和价格，以及座位的分布情况，并进行购买。为了让购票体验更加个性化，票务通还可以根据观众的喜好和购票历史智能推荐观众可能感兴趣的赛事和活动。

对于习惯线下购票的观众，票务通提供了线下购票网点查询功能。观众只需要点击相应入口，就能迅速找到附近的门票销售网点，还可以查看店铺图片、名称、地址和描述等信息，全面了解网点情况。

票务通采用了区块链技术，区块链具有"去中心化"、不易篡改、透明、安全等特点，每个数据块都链接到前一个块，形成连续的链，保障了交易历史的完整性。观众只需要扫一扫就可以看到门票流转的全过程，例如什么时候出的票，什么时候验的票，座位号是多少，如果通过转售区域买到，还可以看到什么时候转售，这些信息都被完整地记录在区块链上，有效地防止了"制假""贩假"现象。

除了票务通，观众还可以通过杭州亚运会公众售票官网（PC 端、H5 端）进行购票。

建设成效： 票务通与云端算力高速链接，30 秒即可完成 10 万量级座席自动配座，服务效能是传统票务系统的 5 倍以上。据统计，票务通在赛事期间累计访问用户数 945.4 万，访问量 17.6 亿人次，完成约 5 亿元票务销售，占全部公众售票金额的 83%。在现场核验服务上，通过智能现场核换验服务和多款自研硬件设备，保证了观众 1.5 秒通过票务核验。2023 年 10 月 1 日当天，票务通共服务 29 万观众入场，赛时单日服务 20 万人以上。

此外，观众还面临出行问题。智能亚运一站通的出行通服务为观众规划最佳出行路线，帮助观众在陌生环境下快速准确地找到各个亚运场馆的位置。出行通如图 4-6 所示。

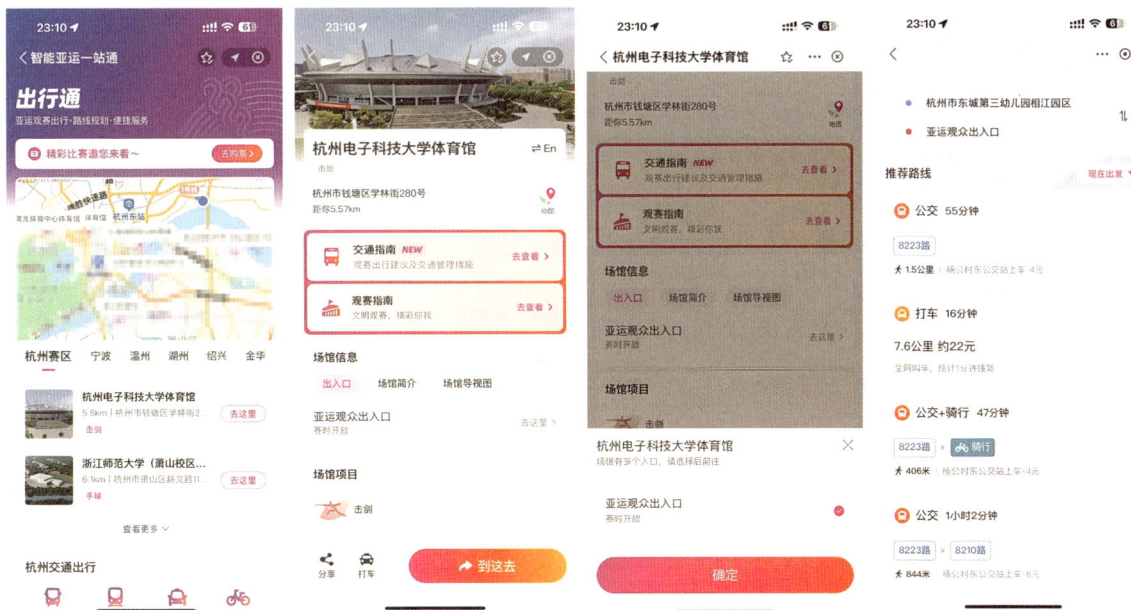

图 4-6 出行通

专栏：出行通

建设内容： 出行通集成了杭州、宁波、温州、湖州、绍兴、金华 6 个亚运城市的交通信息，推出场馆地图、场馆查询、场馆 AR 导航和出行交通工具等功能，为观众提供"一站式"的出行服务。

当观众选定场馆后，出行通会自动展示从当前位置到场馆的智能路线规划方案，该方案综合了实时交通状况、观众出行习惯等因素，可智能推荐公交、地铁、打车、骑行等选择，满足观众的个性化需求。

出行通具备强大的一键直达功能，观众可以直接通过该功能预约出租车、查询公交和地铁线路、解锁共享单车，甚至预订高铁票，进一步简化了操作步骤，提高了出行效率。

出行通还支持多语言服务，特别为境外观众设计了英文版，确保不同国家和地区的观众都能轻松使用，享受包括亚运场馆导视图、场馆周边公交地铁信息、场馆赛程安排、交通指南、观赛指南等在内的全面出行服务。

建设成效： 据统计，出行通在赛事期间累计服务 155 万人次，通过路线智能规划、个性化推荐、多语言支持和 AR 导航等特色功能，为观众提供了高效、智能、个性化的观赛出行体验。

杭州亚运会的赛程信息繁杂，如何快速查询到最新、最准确的赛事动态，是观众十分关心的问题。赛事通功能可以实时查询赛程日期、竞赛场馆、赛事资讯等详尽的赛程信息，确保观众能够第一时间了解最新的赛事动态，不错过任何精彩瞬间。赛事通如图 4-7 所示。

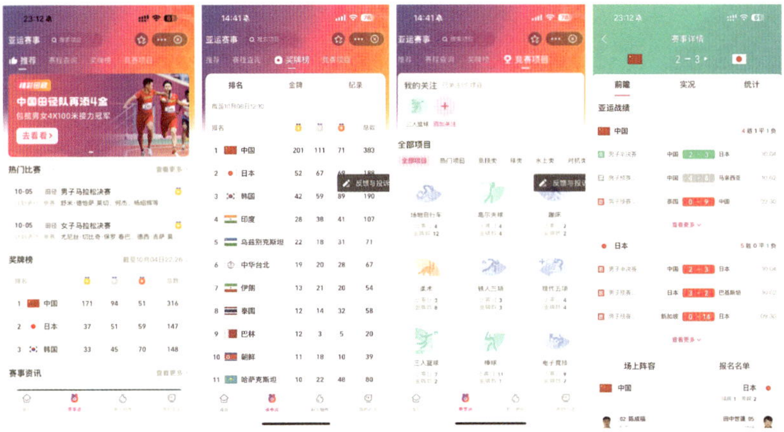

图 4-7　赛事通

专栏：赛事通

　　建设内容：赛事通整合了赛事信息、场馆介绍、成绩查询、购票提醒等多项功能，为观众提供了一个全面、详尽、易用的赛事信息查询服务。

　　观众可以通过赛事通实时查询赛程安排、参赛队伍、比赛项目、比赛成绩等关键信息，通过关注特定的赛事、队伍或运动员，实时定向推送相关的赛事信息提醒，并提供购票功能。

　　观众通过赛事通关键字搜索功能，可以轻松找到特定场馆的地址、竞赛项目等详细信息，并根据自己的喜好和时间安排，生成个性化的观赛计划。此外，赛事通还提供了英文版和 H5 版本，确保所有观众都能享受到全面、精准的赛事信息服务。

　　建设成效：赛事通提供杭州亚运会期间比赛项目信息，解析超 100 万条 ODF 数据，包括杭州亚运会 40 个大项、61 个分项、481 个小项、5600 余场比赛、45 个代表团、14000 余名运动员的赛程、成绩、奖牌数据。据统计，赛事期间，赛事通累计访问用户数 765 万，访问量达到 8.9 亿人次。

除了以上功能，"赛事服务"板块还有很多实用功能。例如，"亚运气象"提供场馆周边天气信息查询服务；"实时翻译"可实现中文、英文、阿拉伯语、日语、韩语、俄语 6 种语言文字、图片和语音的相互翻译；"亚运商城"提供杭州亚运会特许商品的线上购买、线下零售店引导，以及防伪查询等服务。

"赛事服务"板块以其全面性、便捷性和智能化等特点，为观众打造了一个无缝衔接的观赛体验，让每一位观众都能轻松感受杭州亚运会的精彩。

城市服务：享受智能便捷城市之旅

智能亚运一站通推出的"城市服务"板块，为观众提供"一站式"的城市体验服务。

在享受观赛乐趣的同时，如何巧妙安排行程，既能观看心仪的比赛，又能充分体验旅行的快乐？面对众多的门票、酒店和餐饮选择，怎样才能做出最佳决策，避免留下遗憾？每个人的需求和偏好都各不相同，那么如何才能获得一个既个性化又周到的旅行计划？智能行程规划提供了一个很好的解决方案，它能够根据输入的个性化信息，为观众量身定制观赛行程，让旅行更加贴心和顺畅。智能行程规划如图 4-8 所示。

图 4-8　智能行程规划

专栏：智能行程规划

建设内容： 智能行程规划根据观赛计划，结合美食、酒店、娱乐、景点、演出、交通等场景，为亚运观众定制专属的亚运观赛旅游计划，打造"千人千面"的"一站式"数字观赛服务。

智能行程规划利用人工智能、大数据分析等技术，基于个人需求，例如目的地、出发与返回日期、出游人数、出行方式和出行推荐等信息，并结合观众的年龄、性别、偏好等特征，快速创建个性化的行程。

智能行程规划融入了智能推荐服务。在观众选定行程内容后，系统会主动推送相关的天气信息、出行注意点、时间安排建议等内容，并推荐与行程匹配的购票、酒店、餐饮、住宿等周边服务，帮助观众更全面、细致地规划整个行程。

智能行程规划还具备行程管理能力。观众可以随时查看行程提示信息、具体行程内容和智能推荐内容等行程详情，并根据实际需要进行修改和添加内容。借助行程地图功能，观众还能直观地查看当天的行程轨迹，确保行程有序进行。

建设成效： 智能行程规划提供亚运 6 城特色吃喝玩乐行程路线 1600 多条，累计访问用户 74.03 万。该功能不仅在赛事期间颇受欢迎，更在赛后展现城市服务赋能潜力。随着人工智能大模型技术的兴起，智能行程规划进入了 AI+ 行程规划时代，杭州亚运会的宝贵经验，为 AI+ 行程规划提供了极具参考价值的案例。

除了智能行程规划，观众在出行过程中还面临着频繁切换二维码的问题。例如，乘坐公共交通、入住酒店、景区和比赛场馆检票，都需要不停地换码。为此，杭州亚组委联合杭州市文化广电旅游局等相关部门推出了"亚运PASS"服务，让观众享受"一码通行"的便利。亚运PASS如图4-9所示。

图4-9　亚运PASS

专栏：亚运 PASS

建设内容：亚运PASS是集观赛、旅游、出行等城市服务为一体的一码通服务，实现包括"一码出行""一码入园""一码入场""一码入住"等核心功能，无论是乘坐公共交通、游览景点，还是入住酒店，只需要出示同一张二维码，即可享受到畅通无阻的出行体验。

"一码出行"功能接入公共交通出行码，凭码即可快速乘坐公交、地铁等交通工具；"一码入园"功能实现了仅凭一张二维码即可进入景区，无须再携带纸质门票；"一码入场"功能整合了场馆预约信息和健康码信息，只需要出示一张码即可顺利入场；"一码入住"功能将观众的入住信息与健康码等身份凭证进行融合，简化了酒店入住流程。

亚运 PASS 实现了与门票信息的关联同步，为持票观众提供免费乘坐城市公共交通的服务和特许商品礼遇。杭州、绍兴赛区持票观众领取权益后可在比赛日当天免费乘坐公交、地铁等公共交通出行工具，还可以在杭州亚运会官方旗舰店中享受亚运特许商品的优惠。

建设成效：亚运 PASS 交通场景实现 100% 覆盖，并覆盖了杭州 45 个景点、101 个文博场馆和 100 余家酒店。除了杭州，还覆盖了绍兴、宁波、金华、湖州、温州亚运 5 城，其中，绍兴赛区覆盖全部公交、地铁线路和 30 余家酒店场景，其余 4 城覆盖了 65 家景区景点。

赛事期间，亚运 PASS 开通人数超过 1600 万，使用量超 5500 万人次。赛后，亚运 PASS 已转化为杭州城市生活服务工具——"城市 PASS"，以其集成化的优势，为市民和游客提供更加丰富的城市服务。

"城市服务"板块功能不止于此。"美食通"为观众推荐地道的城市美食，"游亚运"为观众提供了场馆周边及城市的景点推荐和预订服务，"运动"功能提供周边的运动场馆预约服务。对于那些想要更深入了解城市文化的观众，"城市体验"和"慢直播"功能将带他们领略这座城市的独特韵味和人文风情。

互动体验：全民共筑亚运记忆

为了在赛前和赛时持续保持杭州亚运会的热度，让全民积极参与杭州亚运会，杭州亚组委依托智能亚运一站通"亚运路线""亚运公益""亚运话题""亚运夺宝""亚运数字藏品"等一系列功能，为公众提供了多样的参与方式，引发了热烈讨论与广泛参与。

以"亚运火苗"活动为例，作为一项富有创意与公益性质的活动，观众可以通过参与"捕火苗""扫一扫""走一走""动一动"等活动获得虚拟"亚运火苗"，这些火苗能够转化为实际的公益行动，让观众参与亚运公益，并有机会获取亚运特许商品。截止杭州亚运会结束，"亚运火苗"参与人次超 7 亿，捐赠火苗超 14 亿个，完成 2022 所足球梦想学校捐赠。亚运火苗如图 4-10 所示。

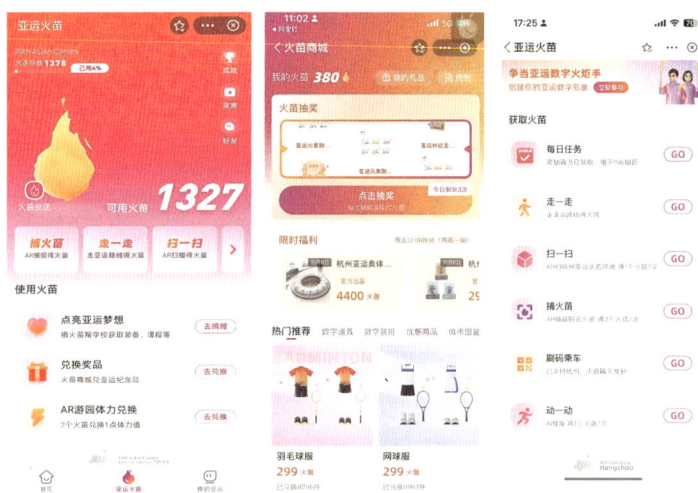

图 4-10　亚运火苗

杭州亚组委还通过区块链等技术赋能，发售了亚运数字火炬、数字吉祥物、数字主火炬塔等数字藏品，将数字藏品与体育、科技、公益多元领域结合，创造赛事公益的新玩法。2021 年 9 月 14 日，杭州亚运会火炬"薪火"的同款 3D 版数字火炬正式发布，这是亚运会历史上首次发行数字特许商品，2 万个 3D 版数字火炬一经上线，便迅速被抢购一空。杭州亚运会数字火炬、数字吉祥物、数字主火炬塔如图 4-11 所示。

图 4-11　杭州亚运会数字火炬、数字吉祥物、数字主火炬塔

此外，智能亚运一站通还提供了"智能客服""挂失服务"等 10 项实用工具，其中，"7×24"小时的智能客服机器人获得了广泛好评。

专栏：智能客服

建设内容：智能客服是一款提供猜问推荐、智能问答机器人和在线人工服务的综合性客户服务系统。

智能客服核心特色是提供多语言和无障碍人群分类解答服务，确保不同需求的观众都能得到及时的帮助。它不仅可以提供基础的信息查询和问题解答，还能够根据用户的使用场景和历史行为，进行智能推荐和精准分流。例如，系统可以根据用户的位置信息，推荐附近的杭州亚运会相关活动，或者根据用户的购票历史，提供个性化的赛事推荐。若问题较为复杂，智能客服还会根据用户意图提供人工服务入口。智能客服如图 4-12 所示。

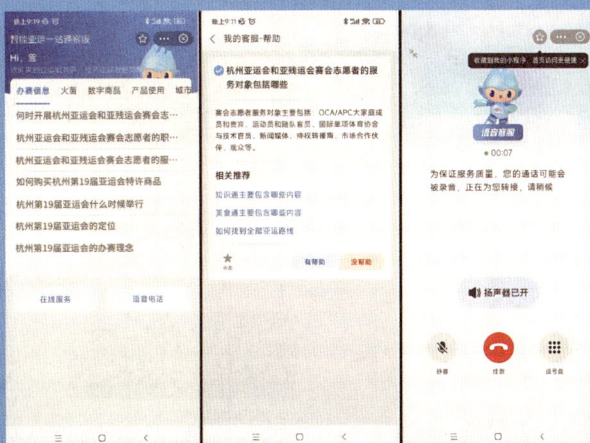

图 4-12 智能客服

智能客服还支持中英文版本和专为老年用户及视障用户设计的特殊版本。老年用户通过支付宝的长辈模式可以自动获得大字版本和极简服务，视障用户则可以通过开启读屏或旁白功能使用，智能客服使每一位用户都能无障碍地获取所需要信息。

建设成效： 赛事期间，智能客服累计为 1 亿多位用户提供了 38.89 万次服务，累计服务时长 4656 小时，共计处理 1211 工单，累计处理投诉工单 545 单。

杭州亚残运会期间，对于残障人士，传统的信息服务渠道往往分散且不易被获取，无障碍设施的查询也不够详尽，手语翻译服务更是稀缺资源。为此，杭州亚残组委会将智能亚运一站通转化为智能亚残运一站通，在保障便捷性的同时又兼顾特殊观众的个性化需求，确保来自亚洲各地的残疾人朋友顺畅、平等地共享体育盛会。智能亚残运一站通如图 4-13 所示。

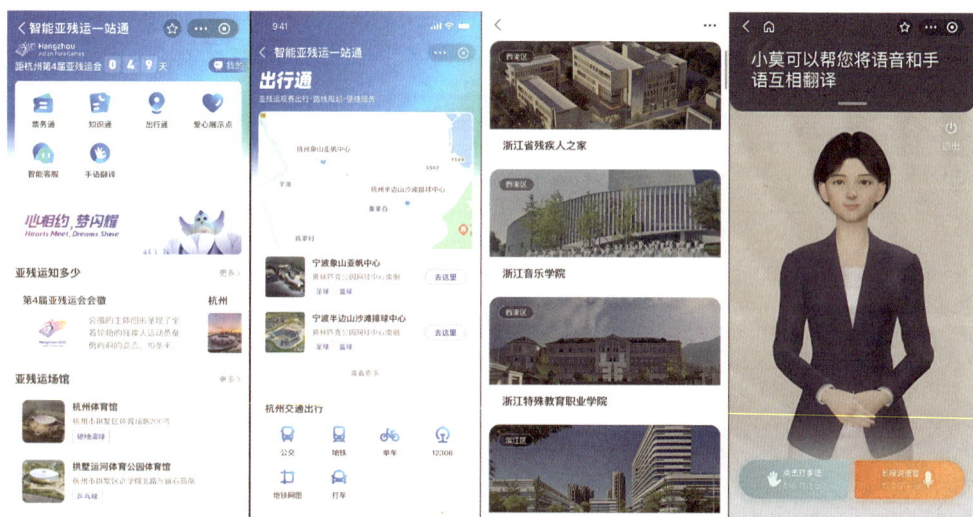

图 4-13　智能亚残运一站通

专栏：智能亚残运一站通

建设内容： 智能亚残运一站通涵盖票务通、出行通、爱心展示点、知识通、智能客服和手语翻译 6 个主要功能，旨在为残障人士提供"一站式"、无障碍的观赛服务。

除了知识通、票务通、出行通等功能外，该平台的爱心展示点版块整合了浙江省内的 44 个爱心展览点，全方位、多角度、立体化的展现残障人士自强不息的精神风貌和丰富多元的文化生活，为残障人士提供了一个展示自我、交流文化的平台。

残障人士还能通过智能客服在线获取场馆无障碍设施的信息，享受 24 小时在线的智能客服服务，并得到及时的帮助与解答。

另外，智能亚残运一站通还实现了手语翻译功能，数字人手语翻译机器人"小莫"具备手语识别和手语播报的双重能力，既可以将自然语言翻译成手语，也可以识别听障人士的手语并翻译成自然语言，让沟通变得无障碍。

建设成效： 杭州亚残运会期间，智能亚残运一站通为观众提供全部比赛项目信息，包括 22 个大项、564 个小项、2000 余场比赛、54 个代表团的赛程、成绩和奖牌数据，截止到 2023 年 10 月 28 日，累计注册用户 75.6 万，累计访问量 5004 万。

小结

智能亚运一站通赛前是海内外友人全面了解亚运、参与亚运线上活动、体验亚运城市风貌、数联世界的重要窗口；赛时是观众欣赏比赛项目，用户享受"一码通行"、智行规划，品尝城市美食的官方平台。智能亚残运一站通更是通过爱心展示点、智能客服、手语翻译等功能为残障人士搭建了一个有爱无碍的"一站式"平台。赛后，智能亚运一站通直接作为杭州亚运会遗产，转换为杭州赛会通，助力杭州打造国际"赛""会"之城。同时，该平台也可以作为大型赛事观众服务、城市旅游出行服务的成功样板，对外输出经验，为杭州、浙江乃至全国人民出行提供"一站式"快捷服务。

二、数实融合的开闭幕式

杭州亚运会开幕式上，1.05 亿亚运数字火炬手共同点燃亚运圣火，打破了传统体育赛事点火的固有模式，立体透视网幕、超级地屏、裸眼 3D 等技术的应用让古韵杭州与现代光影技术结合，实现了数字世界与现实世界的同频共振，为全球观众带来了一场难忘的视觉盛宴。

首个全民参与的数字点火仪式

从 2010 年广州亚运会利用激光技术实现创新点火，到 2022 年北京冬奥会采用环保火炬设计，每一次的点火仪式都是一次创意的比拼与文化的展现。

杭州亚运会打破以往点燃圣火的惯例，采用了"数字点火"的方式，将"以人民为中心，人人可参与"作为核心理念，由超过 1 亿名亚运数字火炬手汇聚而成的"亚运数字火炬人"，以世界首创且科技感满满的"数字点火"方式点燃"钱江潮涌"主火炬塔，成为亚洲奥林匹克历史上的经典时刻。

"数字点火"的创意究竟从何而来？这 1 亿多名亚运数字火炬手是如何产生的？数字火炬手又是如何"跑到"现场观众面前的？1 亿多名线上观众究竟是怎么做到与线下同步点火的？带着这些疑问，让我们深入探索数字点火仪式的诞生历程。

"数字点火"打破时空界限，是为了让每一个人都能参与到杭州亚运会中，共同见证并创造历史而诞生的创意。它是杭州亚运会"链上火炬"系列活动的最后一环，"链上火炬"活动由"火苗蓄力""薪火相传""数字点火"3 个阶段共同组成，旨在号召全球网民通过参加活动，分享亚运理念，从而成为亚运数字火炬手，并在开幕式上共同点燃主火炬塔。

第一阶段：火苗蓄力

2020 年 9 月 22 日，智能亚运一站通上线之际，同步推出了"争当亚运火炬手"活动，开启了"火苗蓄力"阶段。在该阶段，用户只需要释放日常行走、跑步积累的步数信息，完成特定的亚运路线，活动设置 27 个站点、102 条亚运路线，完成全部亚运路线，即有机会成为杭州亚运会火炬手。"争当亚运火炬手"活动如图 4-14 所示。

图 4-14　"争当亚运火炬手"活动

此阶段累计完成亚运路线的总人数超过 40 万，参与人数更是突破了 4200 万，参与人次接近 27 亿，累计的步数足以绕地球 30 万圈。活动发放了基于区块链技术的路线明信片约 4.47 亿张，以及相关纪念徽章 4627 万个、城市图鉴 259 万张。2023 年 5 月 15 日，在完成"争当亚运火炬手"的活动中遴选出 30 名杭州亚运会火炬手，参与亚运圣火传递。

同时，杭州亚组委依托智能亚运一站通平台推出"亚运火苗"概念，以"火苗"为主线，推出一系列具有科技感的活动，除被称为"走一走"的"争当亚运火炬手"活动外，用户还可以通过"扫一扫""动一动""捕火苗"等形式获得火苗。其中，"扫一扫"即用户通过手机 AR 功能扫描杭州吉祥物等内容获得"火苗"，借助智能科技将本届亚运会吉祥物与"火苗"相结合，创造虚拟＋现实的互动体验；"动一动"即"AI健身"功能，通过将人工智能与运动健身相结合，每次成功完成一个动作后，便可获得"火苗"奖励；"捕火苗"即通过多媒体、三维建模和场景融合等新技术，将亚运火苗叠加到真实的城市地图之上，用户可在火苗附近 500 米的范围内"找"到火苗并点击捕捉。此外，杭州亚组委还将"亚运火苗"与城市体验、运动健身相结合，通过使用"亚运 PASS""健身打卡"获取火苗。截止杭州亚运会结束，通过各种途径积累获得"亚运火苗"超 20 亿。"争当亚运火炬手"活动纪念徽章、明信片如图 4-15所示。

图 4-15 "争当亚运火炬手"活动纪念徽章、明信片

第二阶段：薪火相传

2022 年 11 月 27 日，杭州亚组委面向全球首创性推出亚运数字火炬手，正式开启"薪火相传"阶段。亚运数字火炬手是真实用户在数字亚运世界的数字身份，具有唯一性，旨在将现实世界的亚运火炬手拓展至数字世界，让更多的人能突破时间与空间的限制，切身参与到亚运盛会中来。全球网民通过参与"爱运动、爱公益、爱绿色"等活动，有机会成为亚运数字火炬手，并获得代表其独特身份的数字权益，例如个性

化的数字形象、杭州亚运会火炬手同款服装和"薪火"同款火炬的数字装扮等。在"亚运数字人平台"上，用户可以进行个性化装饰，并参与到"线上火炬传递"活动中来。"争当亚运数字火炬手"如图 4-16 所示。

图 4-16　"争当亚运数字火炬手"

专栏：亚运数字人平台

建设内容： 杭州亚组委联合蚂蚁集团共同打造的"亚运数字人平台"，是一个能够支持亿级用户规模、实现个性化数字形象创建，并让用户参与"争当亚运数字火炬手"活动的 Web3D 互动平台。

"亚运数字人平台"为了确保稳定性和兼容性，设立了大型测试机房，对数百台涵盖不同年代及型号的手机进行了超 10 万次的严格测试。通过自主研发的 Web3D 互动引擎 Galacean，该平台成功实现了亿级用户的覆盖，并支持高达 97% 的智能手机设备，即便是 8 年前的旧款手机也能轻松参与，真正践行了"通过一部手机，人人都能成为数字火炬手"的初衷。

为了实现亿级用户"一人一面"的需求，从脸部塑造、动作捕捉，到服装设计，"亚运数字人平台"利用 AI 等技术，进行了上万次的动作捕捉，使亚运数字火炬手的形象达到 2 万亿种，确保每一位参与的数字火炬手都能拥有独一无二的形象。

建设成效： 截至 2023 年 9 月 15 日，亚运数字火炬手参与总人数突破 1 亿人，他们来自全球 134 个国家和地区，年龄最大的 98 岁，年龄最小的 12 岁，20 岁至 39 岁的中青年人群则占了 64%。

　　浙江省卫生健康委员会联合蚂蚁集团依托"亚运数字人平台",推出了全国首个AI就医助理"安诊儿",让每个患者在就诊全程都有贴心的数字陪诊员。目前,该服务已覆盖浙江省近百家医院,服务超百万人次,部分医院在接入"安诊儿"后,导诊台的问询工作量下降了50%。亚运数字火炬手团队测试与开发场景如图4-17所示。

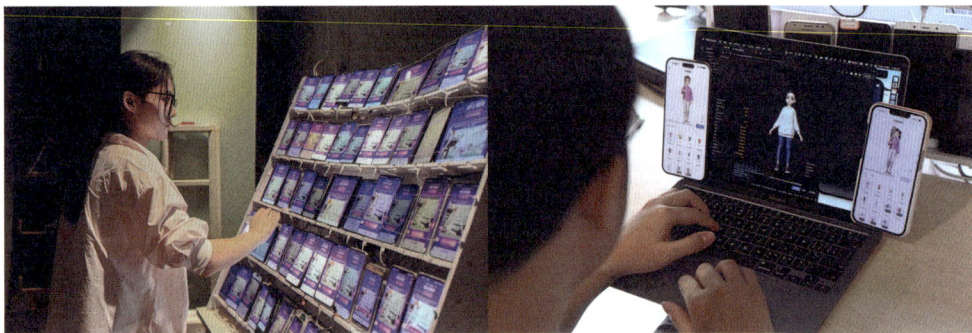

图 4-17　亚运数字火炬手团队测试与开发场景

　　"争当亚运数字火炬手"活动让亚运精神更加贴近群众生活,激发了大众的期待与热情。杭州80岁的"摇滚奶奶"董云蓉与她的摇滚乐队,成员平均年龄超70岁,她们将亚运数字火炬手的理念融入公益歌曲,用实际行动唱响了"争当亚运数字火炬手"的好声音。同样,来自德清的竹编非遗传承人马吉林也化身为"争当亚运数字火炬手"活动的"民间推广人",他用竹子巧妙地编织出亚运吉祥物和数字火炬手的形象,还制作了一个二维码,只需要扫描这个二维码即可参与活动。

　　2023年6月15日,随着亚运会火种在良渚古城遗址成功采集,杭州亚运会"线上火炬传递"活动正式开启,该活动打破了时空限制,将亚运之火传递给远方的陌生人,下一棒的数字火炬手会随机出现在亚洲45个国家(地区),全球网民可以在数字世界中,将亚运之火传遍亚洲。整个"线上火炬传递"活动分为"南亚—中亚线""西亚—东亚—东南亚线"以及"亚运在中国"3个阶段。2023年6月15日,上线了"中亚—南亚线",该线路包括亚洲的13个国家。2023年7月15日,上线"西亚—东亚—东南亚线",该线路包含31个国家和地区。"线上火炬传递"活动——"亚运圣火传遍亚洲"如图4-18所示。

图 4-18 "线上火炬传递"活动——"亚运圣火传遍亚洲"

2023 年 8 月 15 日，"线上火炬传递"活动上线"亚运在中国"阶段，开启了北京、广州、杭州这 3 个历届亚运会主办城市的线上传递活动。2023 年 9 月 8 日，线下火炬传递正式开启，与"线上火炬传递"活动同步进行，线上线下同频共振，实现了现实世界和数字世界的共同传递与互动。2023 年 9 月 15 日，亚运倒计时 8 天之际，亚运数字火炬手参与总人数突破 1 亿人，为"数字点火"的盛大开启做好蓄力。"线上火炬传递"活动——"火炬接力"如图 4-19 所示。

图 4-19 "线上火炬传递"活动——"火炬接力"

第三阶段：数字点火

2023 年 9 月 23 日晚，杭州亚运会开幕式上迎来了令人震撼的一幕。来自全球的 1.05 亿名亚运数字火炬手化作点点光芒，逐渐汇聚成一个奔跑的"数字火炬人"。它从江面上踏浪而行，一路跑向开幕式主会场"大莲花"，并与第 6 棒火炬手汪顺相遇，以数字点火的方式，共同点燃了主火炬塔，成为当晚最令人难忘的瞬间。此举也创造了吉尼斯世界纪录，即参与人数最多的线上大型体育推广活动。杭州亚运会开幕式互动环节如图 4-20 所示。

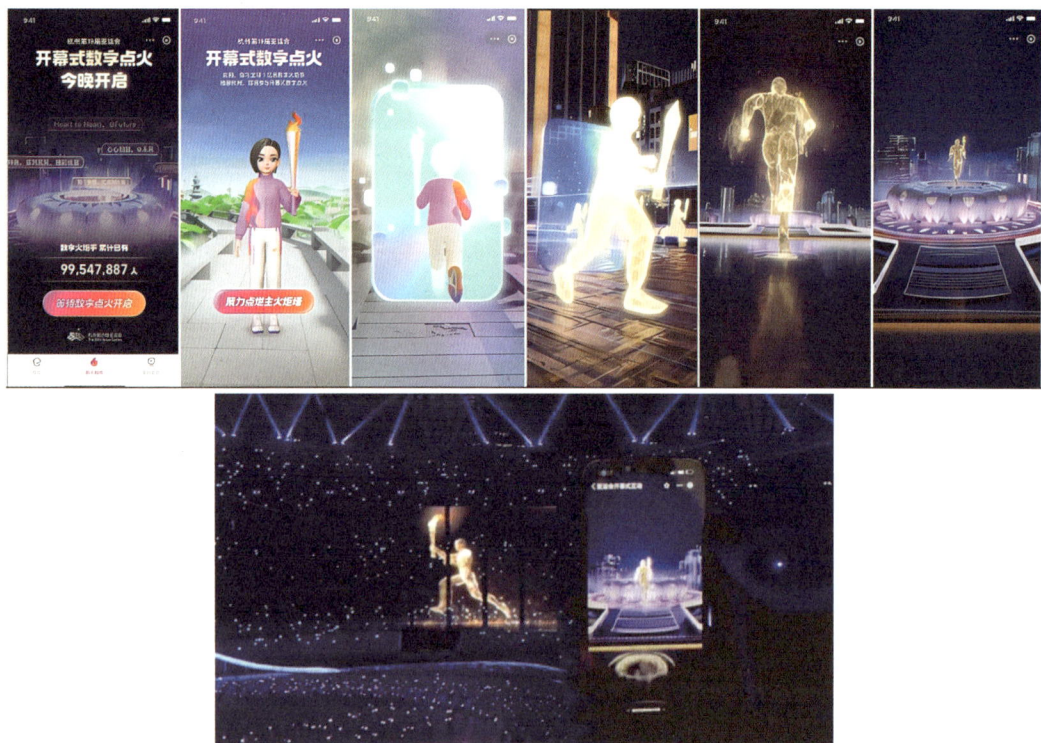

图 4-20　杭州亚运会开幕式互动环节

为了保障数字火炬手与真实火炬手之间的互动达到零秒误差，圆满完成点火仪式，幕后工作人员经过了无数次的打磨。为了保证数字人和真实火炬手同时跑到主火炬前，导演团队反复调整数字人的角度、大小、动作、点火的姿势，控制数字人播放的频率和速度，力求精准。当结合了力量、文化、科技元素的数字人，从钱塘江踏着浪花一步步来到"大莲花"上空，和现场火炬手共同点燃主火炬，这一刻是所有幕后人员辛勤付出的最好呈现。"数字点火"团队在开幕式彩排期间合影如图 4-21 所示。

图 4-21　"数字点火"团队在开幕式彩排期间合影

2023 年 10 月 8 日，杭州亚运会闭幕式上，"数字火炬人"以"弄潮儿"之名再次踏浪而来，一同见证了杭州亚运会主火炬的熄灭。在全球观众的注视下，"数字火炬人"举起手臂比出一个大大的爱心。随后它迈步向天际奔跑，亚运之火化作漫天星光洒满亚洲大地，照亮了和平、团结与友谊的亚洲未来。杭州亚运会开幕式"数字点火"仪式如图 4-22 所示。

图 4-22　杭州亚运会开幕式"数字点火"仪式

流光溢彩的开闭幕式舞台

奥运会与亚运会的开幕式和闭幕式不仅是一场演出的策划，更是一次跨越时空的文化展现与技术革新的深度交融。在有限的舞台空间内，开闭幕式不仅要重现"古韵杭州"的千年风华，捕捉"烟雨江南"的缥缈灵动，还要将广袤的"中国山水"浓缩呈现。

技术的实现更是充满挑战。以 185 米宽、20 米高的全球最大 IMAX 立体透视网幕为例，它不仅是技术与尺寸的简单放大，更是对材料科学、光学原理与视觉效果的一次探索。为了让远在 70 米之外的每一双眼睛都能感受到身临其境的震撼，技术团队进行了无数次的试验与优化，才最终实现了开闭幕式上的"沉浸式"体验效果。

杭州亚运会开幕式上的主火炬采用了仿生机械骨骼系统，运用 16 段柔性分段设计，以圆弧和直线变换实现"潮涌"特效，并在筹办过程中利用自主研发的智慧大脑控制系统，进行了无数次测试，以确保毫米级的运动。同时，在主火炬燃料方面，杭州亚运会采用了绿色甲醇，绿色甲醇的生产工艺是通过捕集工业废气中的二氧化碳和焦炉气中的氢气，进行热催化合成，生产一吨绿色甲醇能消纳 1.375 吨二氧化碳，实现了生产使用过程中零碳排放。

威亚是杭州亚运会开幕式上实现立体视觉的一个重要装置，杭州亚运会开幕式上共搭建了 250 多条威亚，总长度超过 128000 米。其中，双人 3D 威亚由国内企业自主研发设计，前后左右上下都能自如飞行，演员可以更加灵活地和影像、地面演员进行配合，让开幕式的创作空间、飞行轨迹更加精彩和多元化。杭州亚运会开幕式沉浸式画面如图 4-23 所示。

图 4-23　杭州亚运会开幕式沉浸式画面

此外，AR 技术的引入为现场观众带来了独特的互动体验，通过手机扫描主舞台，观众即可在现场召唤吉祥物、放飞许愿灯、寄送明信片等，实现了全球首次大型演出的 AR 互动。为了确保现场每个角落都能实现无差别的 AR 互动效果，达到"扫一扫"的秒级响应。技术团队在"大莲花"3 层看台、24 个区域、216 个点位，围绕不同角度、用不同方式累计采集了超过 40 万帧的影像数据。最终在 AI 算法的加持下，开幕式 AR 互动的识别成功率超过 95%，甚至在暗光环境下也能稳定运行。杭州亚运会开幕式现场 AR 互动如图 4-24 所示。

图 4-24　杭州亚运会开幕式现场 AR 互动

开幕式直播画面里利用三维动画、AR 等科技点燃的"数字烟花"，让电视机前的观众能够感受到火树银花划破夜空的隆重与热烈，既能让人感受到赛事的盛大氛围，也践行了"绿色""智能"的办赛理念。

杭州亚运会的闭幕式同样充满科技感，焦点之一是数控草坪，这块数控草坪内置 4 万个灯珠，在夜晚闪耀，随音乐变化展现出多彩图案和文字，将闭幕式舞台转化为一个魔幻的光影花园。数控草坪在闭幕式中的呈现画面如图 4-25 所示。

图 4-25　数控草坪在闭幕式中的呈现画面

小结

开幕式上，1 亿名亚运数字火炬手共同点燃主火炬塔，立体网幕、超级地屏、AR 技术与数控草坪让千年文明与科技视效实现了激情碰撞，引领着体育赛事的数字化发展潮流。2024 年 5 月，杭州第 19 届亚运会开幕式荣获第 45 届泰利奖（The Telly Award）最佳导演、虚拟艺术指导、直播视频与广播应用、沉浸式与混合现实、视觉效果等多个类目共计 18 项大奖。

杭州亚运会后，为用足用好亚运遗产，抢抓“演艺经济”流量密码，杭州亚运会开闭幕式团队与杭州市萧山区签署战略合作协议，开闭幕式演出及道具、主火炬塔等亚运资源永久留存萧山湘湖，共同打造中国首部亚运遗产大型数智湖景演艺秀《湘湖雅韵》，实现了开闭幕式珍贵遗产创意化提升和常态化展示。

三、智能支付的无缝跨境服务

由于不同国家和地区的支付系统互不兼容，境外人士的移动支付成为一个复杂的问题。为此，杭州亚运会打造了跨境移动支付、数字人民币"硬件钱包"、可见光交互支付等多种场景，让各国参赛者都能享受到便利、省心的支付体验。

在跨境移动支付上，杭州亚组委与蚂蚁集团合作，在票务、特许商品等重点场景，部署了智能支付设备，境外人士通过"下载支付宝 App 后绑定境外银行卡"或"直接使用境外电子钱包"，便能轻松体验移动支付服务，省去了换汇、换兑的烦琐手续，使杭州亚运会成为首个大规模支持境外数字钱包的大型国际赛事。

专栏：跨境移动支付

建设内容： 跨境移动支付是一种允许国外用户通过简单注册和绑定境外银行卡或电子钱包，在中国境内使用的移动支付服务。

这一支付方式突破了境外人士的移动支付功能限制。无论是境内用户还是境外用户，首次使用时只需提供身份证或护照、手机号、银行卡等信息，便可轻松绑定支付宝 App，并在中国境内享受移动支付服务。特别是对于境外用户，无须扫脸验证，只需通过 NFC 护照芯片、OCR 护照照片或大陆银行卡（如有）等身份信息，即可完成实名认证，大幅缩短了注册账号、认证及绑卡的时间。

跨境移动支付成功打通了国际币种支付。在中国人民银行总行和国家外汇管理局的指导支持下，蚂蚁集团与合作机构中国银行、网联清算公司紧密协作，实现了两套服务方案：一是境外用户可以通过下载支付宝 App 并绑定境外银行卡进行支付；二是境外用户也可以直接使用 AlipayHK（中国香港特别行政区）、Touch'n Go eWallet（马来西亚）、Kakao Pay（韩国）、mPay（中国澳门特别行政区）、HiPay（蒙古国）、Changi Pay（新加坡）、华侨银行（新加坡）、NAVER Pay（韩国）、Toss Pay（韩国）、TrueMoney（泰国）10 个电子钱包进行支付。这两套方案共同支持了境外个人在中国境内的移动支付服务。值得一提的是，支付宝 App 还支持绑定 Visa、Mastercard、JCB、Diners Club 等 10 个主流国际卡组的银行卡，进一步满足了用户的多样化需求。

为了提升"智能支付"的服务质量，蚂蚁集团还建立了覆盖中、英、日、韩、俄、阿、泰 7 国语言的亚运客服专线，提供"7×24"小时的多语言线上实时服务，在杭州亚运会的所有竞赛场馆和部分重点非竞赛场馆，提供了智能支付设备现场技术支持和现场双语客服支持服务，确保用户能得到及时、专业的帮助。

建设成效： 跨境移动支付解决了境外人士使用移动支付流程烦琐、支付困难等问题。据统计，赛事期间累积产生了 477882 笔交易，其中外卡交易笔数达到 245124 笔，占比超 50%。累计交易金额更是突破 1 亿元，达到 108201359 元。系统访问成功率高达 98%，支付接口调用成功率更是达到了 99.8%。同时，告警响应率、异常请求处理率均实现了 100%。

为了进一步提升支付的便利性，杭州亚运会的竞赛场馆与非竞赛场馆的亚运商户机具都进行了升级改造，并配备了智能支付设备。赛事期间，在 73 个场馆（55 个竞赛场馆，18 个非竞赛场馆）内，累计部署了 1085 台智能支付设备。

移动支付的应用并不限于赛事相关场景，境外观众无论是在线下的商户门店购物，还是在乘坐公交、地铁，甚至打车、骑行，预订酒店、机票、火车票或景区门票，都能轻松使用移动支付服务。

此外，数字人民币支付也在赛事期间得到广泛使用。境外观众只需要使用境外手机号注册并开通数字人民币钱包，就可以通过 Visa 或 Master 境外卡为钱包充值，享受数字人民币带来的便捷支付体验。

专栏：数字人民币"硬件钱包"

建设内容：数字人民币"硬件钱包"以数字人民币为功能核心，其形态分为卡式和手环式两种。使用时，用户可以通过数字人民币 App 内的"贴一贴"功能，即可与"硬件钱包"进行快速绑定，并存入数字人民币。

在日常消费时，用户可以与收款设备"碰一碰"，便能迅速完成支付，省去了扫码、输入密码等烦琐的步骤，提升了支付效率。此外，"硬件钱包"还采用了先进的加密技术，其安全性得到了充分保障，确保用户的资金安全无虞，让用户使用更加放心。

建设成效：赛事期间，浙江省全省 130 万家线下商户、102 万家线上商户、31 个大型商场、78 个热门景区、100 余个连锁品牌均已实现数字人民币的受理。此外，乘客还可以使用数字人民币"乘车码"直接扫码进站乘坐地铁，提升了支付便利性和出行效率。

可见光交互技术的应用也成了杭州亚运会支付服务的一大亮点，它克服了传统二维码、NFC等技术在人机交互领域存在的易被盗刷、信息安全性低、操作烦琐等问题，具有全自主可控、高安全性和高速传输等优势。可见光交互技术能在一秒内通过可见光传输海量数据，而且高速的光信号无法被捕捉，有效避免了信息泄露的风险。

相比传统交互形式，可见光交互技术不仅更安全、快捷，还为用户带来了形式更新颖的操作体验。赛事期间，吉祥物被赋予了新的生命，变成了"光交互闪光吉祥物"，可以与多个场馆和城市侧的光交互智慧设施进行互动，实现"一闪购物""一闪存包""一闪领取"等场景应用，用户只需简单的一步操作，轻轻一闪，就能享受到便捷、有趣的自助服务。

专栏：光交互闪光吉祥物

建设内容："光交互闪光吉祥物"是一种独特的吉祥物挂件，其内部嵌入了国产光芯片。只需轻轻按下它的耳朵，吉祥物的眼睛便会射出一束光，实现一闪身份认证、支付等多种功能。这种吉祥物不仅造型可爱，还极具实用性，可用于快速选货、存取物品及验票入园等多种场景。

赛事期间，黄龙体育中心、城市阳台、良渚遗址公园、亚运公园等12处重要场所都配置了光交互智能设施。用户只需要对准光交互智能福利站的光接收器，便能在短短一秒内完成选货、调货、领取的整个流程，有效地提高了效率。同样，在光交互智能存包柜前，用户也只需要对准光接收器按下吉祥物的耳朵，柜门便会自动打开，实现物品的快速存取。此外，每个吉祥物还附赠了一张青山湖景区水上森林门票，只用它一闪，即可轻松验票过闸，免费入园，为用户带来更加便捷、有趣的体验。

建设成效：可见光交互是关键近场通信＋物联网应用技术，也是未来 6G＋时代的主流通信频段，可在各个涉及国计民生的关键领域应用。同时，可见光交互技术克服了"二维码易复制""NFC 易盗读"等技术缺陷，适用场景丰富，安全性高，采用普通 LED 光源时，比二维码、NFC 更快、传输信息量更大，显著提升了交互效率。可见光交互闪光吉祥物火热应用场面如图 4-26 所示。

图 4-26　可见光交互闪光吉祥物火热应用场面

未来，只需手机闪光灯一闪，便可实现一闪开门、一闪购票、一闪购物、一闪取款、一闪点餐等便捷服务，同时避免各种支付风险。

小结

杭州亚运会期间，跨境移动支付服务支持多币种和多种电子钱包，实现了境外人士便捷支付。数字人民币"硬件钱包"采用先进加密技术保障安全，赛事期间广泛应用于线下线上商户及出行场景。"光交互闪光吉祥物"内置国产光芯片，实现一闪身份认证、支付等功能，应用于多场景，提升效率，保障安全，未来潜力巨大。

　　针对外籍来华人员使用移动支付不习惯、不适应等问题，国务院办公厅在 2024 年 3 月 7 日印发了《国务院办公厅关于进一步优化支付服务提升支付便利性的意见》，要求更好地满足外籍来华人员等群体多样化的支付服务需求，而"智能支付"在杭州亚运会上的实践，为解决这一问题提供了宝贵的经验。并且，在 2024 年 6 月的欧洲杯上，杭州亚运会"智能支付"的实践成果进一步在全球范围内得到展示。Alipay+ 的全球布局，连接了 30 个电子钱包和银行 App，观众无论身在何处，只需扫描 Alipay+ 的蓝色二维码，即可轻松完成支付。

　　杭州亚运会的"智能支付"实践，为全球数字支付的普及与发展提供了有力的示范，随着技术的不断演进和国际合作的深化，"智能支付"有望在全球范围内得到更广泛的应用。

四、XR 沉浸式的观赛体验

杭州亚运会将 VR/AR 等技术与亚运文化、城市特色融合，不仅生动展示了深厚文化底蕴和城市魅力，也为观众呈现了一场沉浸式的观赛盛宴。

首个体育赛事元宇宙平台

元宇宙，这一新兴的数字概念，构建了一个并行于现实世界的虚拟空间，它通过 VR/AR 等技术，使用户能够沉浸在一个高度互动且逼真的三维环境中。在虚拟世界里，用户可以体验、交互并创造内容，沉浸感和自由度得到了提升。

传统体育赛事的观赛方式在互动性和文化体验上，观众的参与感和沉浸感受到限制，且难以深入了解赛事背后的独特文化和民俗风情。为此，杭州亚组委推出了虚实融合的元宇宙平台，不仅带领用户沉浸式体验杭州亚运会的地标建筑、城市文化和民俗风情，同时也为杭州亚运会的文化传播开辟了新的渠道，展现了元宇宙在体育赛事领域的潜力。

专栏："亚运元宇宙"平台

建设内容："亚运元宇宙" 是杭州亚组委与中国移动联合打造的大型综合体育赛事元宇宙平台，它集亚运场馆、城市文旅、个人藏馆三大创意空间于一身，为用户提供亚运知识科普、虚拟体育竞技、元宇宙观赛、智能互动四大体验，带来了数字化观赛与互动乐趣。"亚运元宇宙"平台如图 4-27 所示。

图 4-27   "亚运元宇宙"平台

亚运场馆空间以杭州奥体中心体育场等标志性场馆为蓝本，创建了虚拟场馆，让用户能够以数字身份自由探索，享受沉浸式的观赛感受。

城市文旅空间以杭州为中心，辐射至其他协办城市，构建了各具特色的虚拟城市空间，用户可以游览虚拟环境，深入了解不同城市的文化和旅游景观，体验各地的文化魅力。

亚运个人藏馆为用户提供了个性化的私人空间，用于展示个人的线上亚运记忆和数字纪念品，空间支持三维模型和图片展示，并允许用户自由编辑和调整纪念品的摆放，让每个人都能打造出属于自己的亚运纪念天地。

除了三大创意空间，"亚运元宇宙"平台还为用户带来了四大体验。

亚运知识科普通过在线答题模式，采用"一站到底"的比赛规则，集结了来自不同背景的参与者，进行亚运相关知识的问答，既具有教育意义又充满娱乐性。

虚拟体育竞技设计了百米赛跑、龙舟、足球等多款虚拟竞技游戏，让玩家能够记录成绩、进行排名比较，从而不断挑战自我、追求更高的竞技水平。

元宇宙观赛利用直播视频和 VR 全景视频技术，在虚拟空间中为观众提供沉浸式的观赛体验。

智能互动通过杭州亚运会吉祥物的虚拟形象，为用户提供知识问答、文旅讲解和游戏规则讲解服务，在元宇宙中为用户增添更多的互动乐趣。

建设成效："亚运元宇宙"平台让用户能够自由探索虚拟场馆、畅游虚拟城市、深入了解不同城市的文化和旅游景观。它打破了传统观赛方式的单向性，让用户能够在享受赛事的同时，深入了解赛事所在地的文化特色和民俗风情，打造了一个互动性强、文化体验丰富的虚拟观赛世界。随着相关技术的不断发展和完善，元宇宙有望在教育、娱乐、商业等多个领域得到更广泛的应用，为人们带来更多元的沉浸式交互体验。

虚实结合的感观体验

杭州亚运会突破了传统观赛视听平面化的局限，利用 VR/AR、3D、气味科技等技术，构建了集 AR 导航、文化体验、迎宾解说、虚拟互动于一体的场景应用，既可以让现场观众探索数字世界的神奇，也能让远在千里之外的线上观众感受杭州亚运会赛场的热情氛围。

赛前，为了让无法到达现场的海内外观众了解到杭州亚运会场馆的独特魅力，除了传统的照片、视频记录介绍，杭州亚组委还建设了亚运全景 VR 平台。该平台以亚运竞赛场馆为核心，将线下亚运场馆 1:1 全景还原到互联网上，为用户带来沉浸式的互动体验。亚运全景 VR 平台如图 4-28 所示。

图 4-28　亚运全景 VR 平台

另外，为了提升观赛的趣味性，杭州亚运会还建设了票面互动小程序。观众在购买门票后，只需打开小程序，扫一扫纸质票面，亚运吉祥物等 3D 动画便栩栩如生地出现在眼前。程序包含了 21 个精心设计的票面动画互动内容，涵盖游泳、跳水、射箭、田径、羽毛球等热门项目。亚运会票面识别 XR 体验画面如图 4-29 所示。

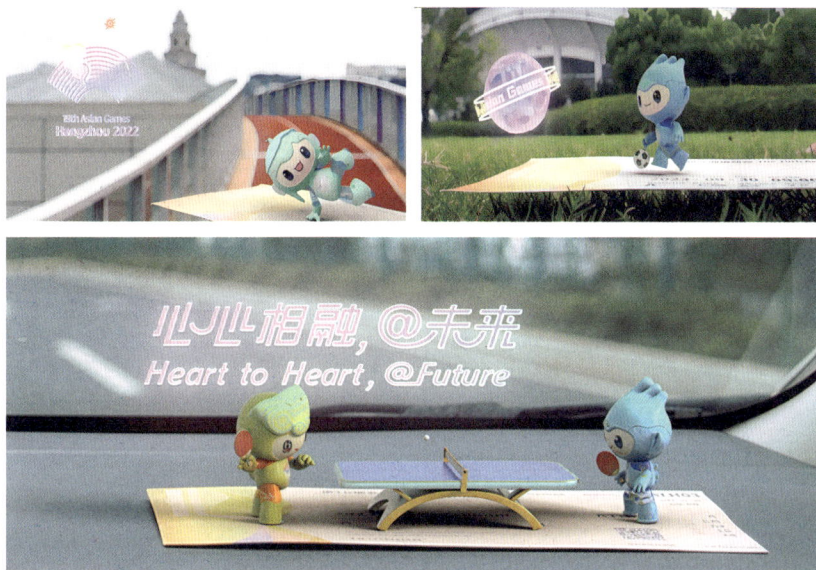

图 4-29　亚运会票面识别 XR 体验画面

　　观众在观赛过程中，也能感受到赛事的独特魅力和欢乐氛围。现场观众可以通过亚运 AR 服务平台体验 AR 吉祥物迎宾秀、亚运知识科普、观赛手绘地图、亚运之声等特色服务。观众使用手机扫描场馆，亚运吉祥物便在空中集结，用动作和语音表达热烈欢迎，并且还能与吉祥物合影拍照进行分享。AR 吉祥物迎宾秀如图 4-30 所示。

图 4-30　AR 吉祥物迎宾秀

　　针对杭州奥体中心场馆群面积广阔、入口众多，观众寻找困难等问题，亚运 AR 服务平台集成了 AR 场馆实景导航导览系统。在杭州奥体中心场馆群、黄龙体育中心场馆群，系统能够快速定位观众的位置，精准引领观众进入指定座位，让观赛过程畅通无阻。AR 场馆实景导航导览如图 4-31 所示。

图 4-31　AR 场馆实景导航导览

专栏：AR 场馆实景导航导览

　　建设内容： AR 场馆实景导航导览系统由杭州亚组委与商汤科技共同打造，它集成了场馆内目的地搜索、空间定位、AR 标识引导拐弯、跨楼层终点指示及基础设施导航等功能，旨在为观众提供实时、精准的路线指引和全面的导航辅助。

　　这一系统涵盖了五大核心功能：场馆内目的地搜索功能让观众能够轻松找到想要前往的地点；空间定位功能通过计算机视觉算法，实现高精度定位，快速准确地确定观众所在的位置；AR 标识引导拐弯与跨楼层功能，将虚拟指示标识融入现实世界，为观众提供直观的路线指引；AR 标识指示终点功能确保观众能够清晰地识别目的地的位置；基础设施导航功能则进一步丰富了系统的实用性，让观众在场馆内能够轻松地找到各类基础设施。

该系统还通过 AR 指示牌、语音提示及动态领航物等多种方式，为观众提供全方位的辅助和导航指引，确保他们能够顺畅地抵达目的地。

AR 观赛体验画面如图 4-32 所示。

图 4-32 AR 观赛体验画面

建设成效： AR 场馆实景导航导览系统实现了超 100 万平方米的 AR 大规模空间定位，以 AI+AR 技术打造覆盖线下多场景的实景空间虚实融合体验，让观众沉浸式感受富有杭州特色且极具感官冲击的虚拟现实交互体验。

观众在杭州奥体中心场馆群、黄龙体育中心场馆群中能够享受到精准、实时的导航服务，大幅提升了观众的观赛便利性，增强赛事的参与感和沉浸感。

针对比赛间隙互动活动缺乏、等待期间较为乏味的现象，杭州亚运会在场馆内部署了 AR 智能屏、AR 眼镜等互动设备，观众可以通过智能屏体验各类互动游戏，与吉祥物一起拍摄趣味短视频并进行分享，让等待比赛的过程中充满乐趣。

专栏：AR 互动设备

建设内容： AR 互动设备是一种融合了 AR 与 AI 技术的智能设备，不仅能为用户提供赛程查询、场馆导航等实用服务，还能为用户带来丰富多彩的互动体验。这类设备包括 AR 智能屏和 AR 眼镜，在杭州亚运会期间，被部署在杭州奥体中心场馆群、黄龙体育中心场馆群、中国杭州电竞中心等 13 个重点场馆，为观众提供了不一样的观赛体验。

AR 智能互动屏不仅提供基本的赛事信息服务，还推出了"最美亚运笑脸"和"亚运项目模仿秀"等互动项目。其中，"最美亚运笑脸"利用先进的 AI 技术捕捉并识别观众的笑容，智能分享观众的笑容。而"亚运项目模仿秀"则鼓励观众模仿 42 个竞赛项目的动作，通过 AI 动作识别技术，记录并分享自己的运动风采，使观众更加深入地参与亚运项目。

AR 眼镜是一种集成了 AR 技术的智能眼镜设备，它通过多种技术和组件的协同作用，实现了虚拟信息与现实世界的融合，为用户带来全新的沉浸式体验。杭州亚运会通过 AR 眼镜，打造了"AR 亚运氛围""AR 亚运文化介绍""AR 亚运体育项目"和"亚运博物馆"等体验项目，观众戴上 AR 眼镜后，能够置身于一个映衬在实景之上的虚拟世界，可以领略西湖的秀丽文化、拱宸的春色美景、良渚的古老遗址，以及足球、举重、摔跤等多个运动项目的精彩瞬间，并与杭州亚运会的吉祥物进行互动，感受亚运会的无限魅力。

建设成效： AR 互动设备解决了传统观赛方式在比赛间隙互动性匮乏的痛点，让观众能够积极参与和感受亚运风采，丰富了观众的文化体验，解决了文化体验浅显单一的问题，让观众在观赛之余领略杭州亚运会的丰富文化内涵和美景，创新了赛事服务模式。其中，AR 眼镜有望在旅游、教育、医疗等领域得到更广泛的应用，提供虚拟导游服务、打造沉浸式学习环境、辅助手术操作，为人们带来更加丰富的沉浸体验。AR 智能互动屏体验如图 4-33 所示，AR 眼镜体验如图 4-34 所示。

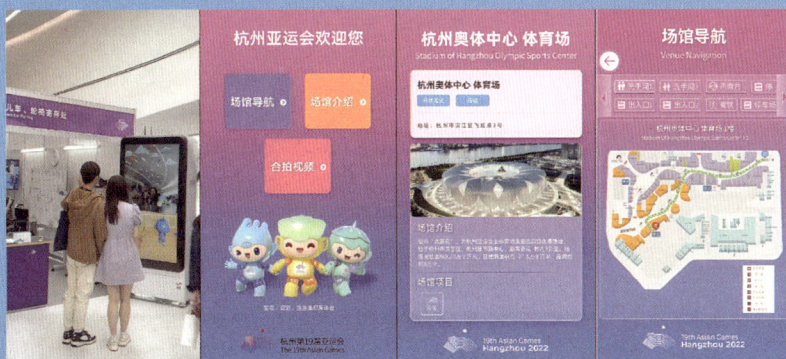

图 4-33　AR 智能互动屏

图 4-34　AR 眼镜体验

此外，在杭州亚运会倒计时 200 天主题活动中，用无人机演绎了杭州亚运会主会场"大莲花"、亚运会主题口号"心心相融，@未来"、亚运会吉祥物、三潭印月等图案，这些图案点亮了西湖的夜空，刷爆了朋友圈。据悉，在杭州亚运会、杭州亚残运会倒计时期间，共进行了近百场无人机编队表演，获得 15.8 亿以上的全网曝光量，并被《人民日报》、央视网体育、新华网、浙江卫视等主流媒体转发报道。

在杭州亚运会开幕式上，气味编码技术重现了各个国家和地区的独特香气，实现了亚洲人民的"同呼吸、共感受"。裸眼 3D 技术也使城市观赛大屏实现了智能蜕变，它采用 AI 与光场技术，将游戏、照片、视频、流媒体等 2D 内容转化为立体生动的 3D 画面，观众无须佩戴任何设备，便能畅享 3D 观赛体验。另外，VR 直播还支持网球、排球、跆拳道、摔跤、羽毛球等 13 类赛事，观众戴上 VR 设备，便相当于坐在观众席的最佳位置，享受高沉浸感的观赛体验。

杭州亚运会无人机主题表演如图 4-35 所示，裸眼 3D 观赛大屏如图 4-36 所示。

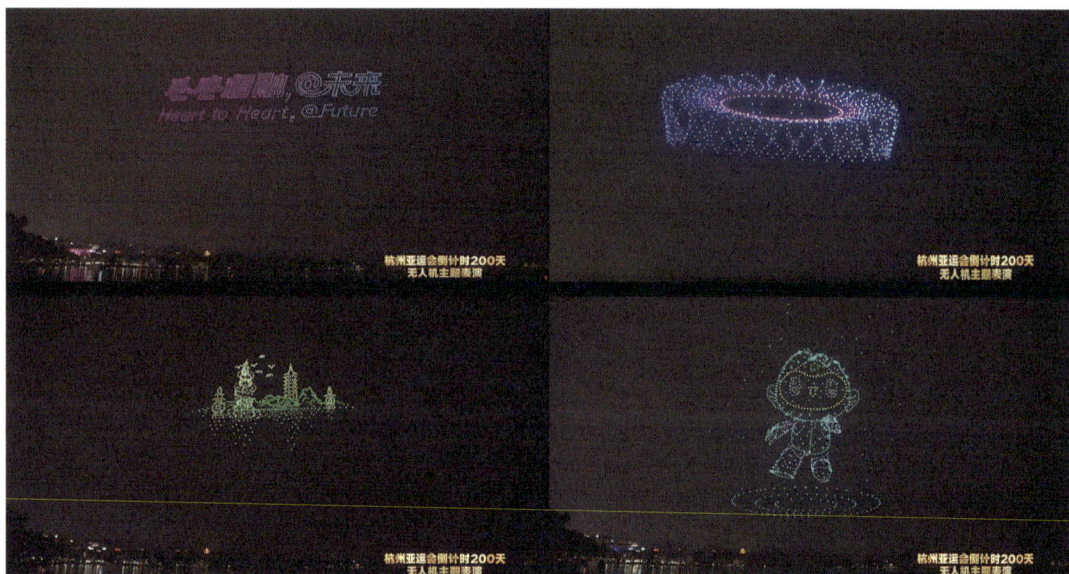

图 4-35　杭州亚运会无人机主题表演

图 4-36 裸眼 3D 观赛大屏

小结

赛事期间，一系列的观赛智能互动体验，重塑了传统体育赛事的参与和观赏模式。元宇宙虚拟空间让人流连忘返；亚运全景 VR 平台让无法到达现场的观众也能"亲临"亚运场馆；XR 票面体验、亚运 AR 服务平台、AR 互动设备、VR 直播和裸眼 3D 大屏增加了观赛的趣味性与沉浸感。这些智能互动应用的推出，提升了赛事观众的参与度和满意度，引领了文化与科技融合的新潮流，为文旅景区和娱乐产业提供了新的发展机遇。

2024 年 5 月 6 日，文化和旅游部联合各部门印发了《智慧旅游创新发展行动计划》，明确鼓励和支持各大景区与博物馆"运用虚拟现实（VR）、增强现实（AR）、拓展现实（XR）、混合现实（MR）、元宇宙、裸眼 3D、全息投影、数字光影、智能感知等技术和设备建设智慧旅游沉浸式体验新空间，培育文化和旅游消费新场景"。我国数字文旅产业规模早已突破千亿元，但是，目前国内的景区数字化建设水平参差不齐，部分景区虽然落地了数字化项目，但尚未充分运用，效果不佳。杭州亚运会上的数实融合场景化应用，展示了科技如何赋能体育赛事与文旅场景，为推动数字文旅建设树立了典范，提供了更多的经验与灵感。

五、智能、便捷的城市公共服务

杭州亚运会是一次城市智能升级的实践，6 个办赛城市升级城市公共基础设施，让市民和观众在观赛之余，享受到科技带来的便捷与舒适。

快捷舒适的智能出行体验

在大型国际赛事中，保障观众的顺畅出行不仅是赛事顺利进行的基石，更是对办赛城市综合能力的考验。为此，各办赛城市借助自动驾驶、人工智能等技术，全面升级交通体验。

城市交通更智慧

杭州亚运会成为智能网联汽车发展成果的检阅场，杭州市余杭区、钱塘区、萧山区和绍兴市分别在杭州亚运会场馆周边的人流密集区新增了自动驾驶亚运公交专线，为观众、媒体出行提供服务。各地自动驾驶亚运公交专线线路见表 4-2。

表 4-2　各地自动驾驶亚运公交专线线路

区域	线路	长度 / 千米
杭州市萧山区	亚运主场馆—亚运村（观澜路）	5.9
杭州市余杭区	地铁良睦路站—桃花港	5
杭州市钱塘区	地铁 1 号线下沙江滨站—亚运轮滑中心南	12
绍兴市	棒球未来社区数字展厅—亚运棒球馆	5.7

绍兴棒（垒）球体育文化中心自动驾驶亚运公交专线如图 4-37 所示。

图 4-37　绍兴棒（垒）球体育文化中心自动驾驶亚运公交专线

这一服务离不开背后强大的技术支持。为了保障自动驾驶公交安全运行，各地配备了全息路口、斑马线安全预警、交叉口安全预警、网联信号灯和智能充电设施等设备。这些设备协同运作，实时传递信号灯、人车冲突等各类超视距车路协同感知信息，共同实现了公交车 L4 级的自动驾驶，确保了公交专线的顺畅与安全。

专栏：杭州市钱塘区智能网联公交线项目

建设内容： 2023 年 8 月 25 日，钱塘（新）区"地铁 1 号线下沙江滨站——亚运轮滑中心南"智能网联公交线正式开放启用，该线路总长 12 千米，采用了智能化、定制化、小型化的公交方案，充分响应解决市民地铁出行"最后一千米"的接驳需求。该智能网联公交车搭载了 5 个摄像头、4 个毫米波雷达和 3 个多线程激光雷达，通过智能决策、轨迹规划、传感器融合、场景仿真等算法的植入，具备自动行驶、车路协同、远程接管等功能。

建设成效: 赛事期间,该智能网联公交线累计运营 2510 千米、1500 余人乘坐。乘客们纷纷表示,自动驾驶公交的引入提升了他们的出行体验,不仅准点率高,而且行驶平稳,让他们在赛事期间能够更加快捷、舒适地往返于场馆与住宿地。

除了自动驾驶公交专线,杭州亚运会还推出了自动驾驶乘用车服务,为运动员和媒体记者带来了更加多元化的出行选择。自动驾驶乘用车具备先进的自主领航辅助系统和高精度定位导航系统,自主领航辅助系统由 7 颗 800 万像素摄像头、12 颗超声波雷达、1 颗毫米波雷达等精密设备组成,具备算力功耗低、不依赖高成本激光雷达等优势;而高精度定位导航系统则凭借车道级精准定位能力,实现了车辆的自主领航,为乘客带来更舒适、便捷的出行体验。亚运智驾体验线路见表 4-3,亚运智驾体验线路场景如图 4-38 所示。

表 4-3　亚运智驾体验线路

区域	线路	长度 / 千米
杭州市	滨江区政府奥体中心环线	3.1
杭州市	滨江区政府萧山机场专线	22
杭州市	亚运主媒体中心—亚运村	4.2

图 4-38　亚运智驾体验线路场景

地铁出行更便利

地铁是城市公共交通的重要组成部分。传统地铁站客服中心主要依赖人工操作，面对票务处理、信息查询等多样化的乘客需求时，往往无法快速响应，也难以充分关注和满足特殊乘客群体的需求。

为了解决地铁站服务手段单一、高峰期服务效率不高等问题，温州、绍兴赛区打造了多个智慧客服中心。智慧客服中心以"智能设备"为载体，不仅提供票卡处理、自助购票、自助补票、电子发票等"一站式"票务服务，还增设了智能问询、幸福雨伞借用、准妈妈徽章等贴心服务，丰富了乘客的乘车体验。

温州 S1 线"智慧客服中心"如图 4-39 所示。

图 4-39　温州 S1 线"智慧客服中心"

专栏：温州 S1 线 "智慧客服中心"

建设内容： 温州 S1 线 "智慧客服中心" 兼顾人工服务模式和自助服务模式，提供自动票务处理、智能交互和智慧便民服务三大功能，设置了便民服务柜、半自动售票机、无障碍低位服务台等服务设施，实现了车站面向乘客的全过程服务。

自助票务处理可为乘客解决各类票务事务，包括异常票卡处理、车票信息查询、电子发票获取、人脸业务、与远程座席端进行通信等事务。

智能交互功能配置机器人软件、音／视频交换软件、语音智能识别、唇动识别等软件系统，可向乘客提供包括智能问询、运营咨询、出行指南、爱心预约在内的一系列交互功能。

智慧便民服务在 "智慧客服中心" 旁设置便民服务柜，将其和智慧客服中的智能交互模块相结合，乘客通过智慧便民平台操作可自助取用和归还便民服务柜中的物件。针对雨伞借用，"智慧客服中心" 通过手机验证码的形式，对一借一还进行闭环管理，针对幸福药箱、准妈妈徽章、针线盒等工作人员协办情景，"智慧客服中心" 设计工作人员到点服务，针对老花镜、母婴用品、幸福纸巾、幸福手写板等 "自助取用类" 物品，乘客可按需自行取用。

建设成效： "智慧客服中心" 推动的自助服务模式，将服务人员从固定的客服中心中解放出来，与厅巡岗位结合，扩大服务范围，针对大件行李、老弱病残孕等特殊群体，电扶梯客伤等特殊事件，从而更好地发挥服务引导和应急事件处置的作用。赛事期间，"智慧客服中心" 服务约 10 万人次，自助使用占比约 76.52%，日均服务人数增长约 67.48%，票务和服务数据准确性达 100%，实现了乘客出行业务处理效率和服务体验的双提升。

城际高铁更舒适

赛事期间，运动员、工作人员、观众需要在不同城市多个场馆之间频繁通勤，如何为他们提供一个舒适、快捷的交通环境也是一大挑战。

为满足赛事期间各类人员的城际出行需求，杭州亚运会特别推出"亚运专列"，将杭州与宁波、温州、金华、绍兴、湖州5座协办城市串联，实现了运动员的顺畅抵离和工作人员的高效通勤。

"亚运专列"采用全频段5G车载系统收集数据，并引入以太网车辆控制技术，提升数据传输效率。同时，车载安全监测系统、车载故障预测和健康管理系统实时监测列车的各项运行指标，这四大系统紧密配合，共同确保了出行的安全。

在乘客体验方面，全车覆盖了5G+Wi-Fi网络，为乘客提供了稳定的网络连接。此外，个别车厢还增设了智能交互终端，提供了高铁娱乐中心、无线投屏等多元服务，让乘客出行更加丰富多彩。

航空旅行更高效

赛事期间，航空公司同样面临着客流剧增的现象，在传统管理调度模式下，航班调度因复杂多变而频繁延误，难以实时全面监测安全保障，客流管理则因服务需求的激增而压力骤增。为此，长龙航空打造了航空生态平台，对关键环节进行全面优化与升级。

航空智慧运行中心及航空生态平台如图4-40所示。

为了提升航班调度效率，航空生态平台精准模拟和推演航班运行的各种影响因素。基于这些评估结果，平台能够更加灵活地调度航班，从而显著减少航班延误和取消事

图 4-40　航空智慧运行中心及航空生态平台

件，进一步提升旅客的满意度。

在安全保障方面，航空生态平台通过实时监测飞机的速度、高度、航程、航时等关键指标，实时评估每架飞机的健康状态。一旦发现任何异常"症状"，该平台会迅速响应并流转处理，从而确保飞行安全。

为了进一步优化乘客的体验，航空生态平台推出了基于 AI 大模型的智能客服。该款智能客服以大屏一体机的形式亮相，能够为乘客解答关于航班动态、机票预订和行李托运等各种疑惑，有效节省了乘客在人工问询处的排队时间，带来了更便捷的服务体验。

便利高效的智能市政设施

在便民利民领域，杭州市不断升级市政基础设施，不仅方便了前来观赛的游客，让他们能够轻松探索杭州的魅力，也让本地居民感受到科技对日常生活的积极影响。

地下人行通道往往被视为单调、缺乏吸引力的交通空间。然而，杭州临平区的地下人行通道却别具一格，各具特色的主题通道让人流连忘返。其中，科技通道着重展现科技临平、亚运临平、未来临平的概念，矩阵荧幕描绘了未来城市的革新风貌；文化通道铺开"运河""非遗"等南宋画风图景的临平长卷；历史通道讲述临平的百姓故事、小城故事；自然通道则平移展示玉架山遗迹、超山梅花、古临平水乡、现代临平山居图等山水图景，为市民和游客提供了丰富的文化体验。科技通道、文化通道、历史通道、自然通道如图 4-41 所示。

图 4-41　科技通道、文化通道、历史通道、自然通道

在杭州市中心的武林广场和龙游路，一种会"说话"还会"转头"的智能语音指路牌的出现，给游客带来了惊喜。这种指路牌能在人靠近时自动启动智能语音助手，轻点屏幕即可查看并选择周边景点、餐饮、购物、公共交通、卫生间等目的地。语音助手随之提供线路导航和语音讲解，上方的旋转指路箭头也会指向目的地，并在 LED 屏幕上告知地点及距离，为游客提供全方位的方向引导。

另外，城市内停车难、找车烦、等待久一直是车主们头疼的问题。传统停车场空间有限，车位紧张，尤其是在高峰时段，寻找合适的停车位往往耗费大量的时间和精力。即使找到了车位，停车后的找车过程也十分烦琐。

在杭州市中心庆春广场商圈的杭州蜻蜓公园·未来停车楼使这些问题得到了有效解决。该停车楼可容纳 500 辆车，不仅提供充电服务，还引入先进的塔式停车与 AGV 机器人停车技术，实现了无人值守的智能停车管理。车主只需在地下一层的存取车大厅将车驶入存车区，便可放心离开，机器人会在 1 ~ 2 分钟内将车送到不同楼层停放。取车时，车主只需提前几分钟在小程序进行线上操作，抵达取车区时，车子已在等候，极大地节省了车主的时间和精力。

全民乐享的智能文体服务

赛事期间，为激发全民参与文体活动的热情，提升活动的互动性、娱乐性及参与度，众多文娱休闲设施实现了智能焕新。

杭州钱塘区江滨亚运主题公园引入了智慧步道大数据管理平台、定制化用户服务小程序、AR 信息互动大屏、人脸识别打卡杆、人脸识别智能储物柜、智能急救站、智能体测一体机、智能座椅及智能导览等一系列智能设施，在吸纳运动人群、提升用户体验方面取得了良好的成效。

江滨亚运主题公园智慧步道如图 4-42 所示。

图 4-42　江滨亚运主题公园智慧步道

　　另外，"亚运场馆在线"平台解决了市民寻找、预订和使用体育场馆时，信息不对称、预订流程烦琐、服务不便利等问题，为市民提供了"一站式"体育服务。"亚运场馆在线"平台集成了场馆查询、预订、核销等功能，提供了培训和参观服务，进一步提升了市民的体育服务体验，有效利用体育场馆资源，避免闲置浪费。2024 年 5 月，"亚运场馆在线"正式升级为"杭州体育在线"。平台用户数已超 200 万，成为"浙里办"的高频应用，为亚运场馆的赛后利用提供了创新路径。"杭州体育在线"
如图 4-43 所示。

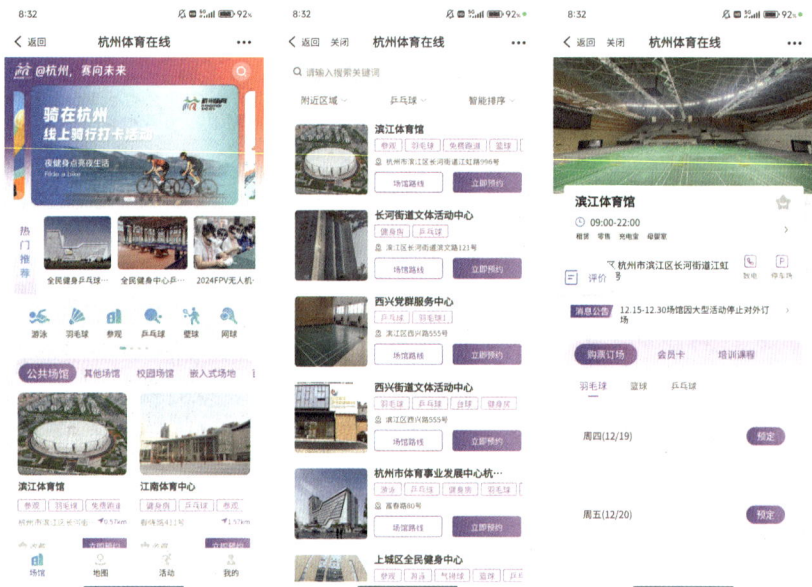

图 4-43 "杭州体育在线"

在文旅领域，传统的展示方式过于静态和单一，难以让游客深入体验和感受历史
文化的魅力。如何让古老的历史文化遗产焕发新的生命力，吸引更多游客的关注和兴
趣，一直是一个亟待解决的问题。

智能技术为文旅遗产注入了新的活力。例如，世界遗产良渚古城遗址公园的莫角
山朝圣之路 AR 体验项目，通过 AR 小程序重现良渚时期的活动景象，让游客在长约
300 米的路上，身临其境地体验良渚时期的生活日常、制陶过程、宫殿建造过程、仪
式庆典等丰富内容。游客还可以点击"AI 对话"，双语数字导览员便会化身"历史
百科全书"，为游客提供专业而详尽的解答。

同样，南宋德寿宫遗址博物馆通过"词雨弄潮"项目，也将中华文化与数字媒介
有机融合，50 首诗词中的文字随机掉落，观众通过触摸感应各个汉字，即可解锁包
含这个字的一首诗词。墙上生成整篇诗词后，AI 播音会领读，引导游客读古籍、悟

原理，赓续传统文化。南宋德寿宫遗址博物馆"词雨弄潮"项目如图 4-44 所示。

图 4-44 南宋德寿宫遗址博物馆"词雨弄潮"项目

赛后，为了更好地传承亚运遗产，2024 年 4 月，杭州亚运会博物馆正式向公众开放。这里汇聚了历届亚运会的火炬、吉祥物、奖牌、海报等珍贵实物遗产，并融入了 AI、VR 技术，通过 TED 主题剧场、互动体验区、体育书吧等打卡点，让游客的参观之旅充满新鲜感，进一步推动了杭州亚运会遗产的传承与发扬。

小结

杭州亚运会通过物联网、大数据、AI 等技术应用，在智能出行、市政设施、文体服务等多个方面进行了升级。在智能出行方面，自动驾驶公交、乘用车服务、智慧客服中心，以及城际高铁"亚运专列"提升了出行体验。在市政设施方面，地下人行通道、智能语音指路牌，以及智能停车楼等为市民和游客带来了便捷与舒适。同时，在文体服务领域，智慧改造的公园、"一站式"体育服务平台"亚运场馆在线"，以及利用 AR 技术焕发新生的历史文化遗产等，都充分展示了智能技术在提升城市公共服务水平方面的巨大潜力。

以智能出行为例，2024 年，自动驾驶出行服务在全国各大城市加速发展，截至 2024 年 4 月，"萝卜快跑"无人驾驶出租车已在 11 个城市开放载人测试运营服务，在开放道路提供的累计单量超过 600 万。这一迅猛的发展势头，不仅预示着自动驾驶技术的日益成熟，也体现了市民和游客对智能出行方式的认可和接纳。

2024 年 5 月 1 日，《杭州市智能网联车辆测试与应用促进条例》的施行更为智能网联车辆的发展提供了有力的法律保障。该条例率先将杭州市 8 个城区（上城区、拱墅区、西湖区、滨江区、萧山区、余杭区、临平区、钱塘区）和桐庐县共计 3474 平方千米作为智能网联车辆测试应用区域，服务人口数量超 1000 万。这一举措是杭州亚运会智能出行服务的进一步深化推广，推动了智能网联车辆在杭州的广泛应用。

智能出行服务的升级是城市公共服务智能化升级的一个缩影，展示了智能技术在提升城市公共服务水平方面的巨大潜力。展望未来，随着智能技术的不断进步和应用场景的持续拓展，城市公共服务将会更加智能化，市民的生活也将更加便利、舒适。

CHAPTER
FIVE

第五章

智能亚运对城
市发展的影响

杭州亚运会向世界全面展示了中国科技创新成果，不仅为未来的体育赛事提供了可复制、可推广的智能化解决方案，也为数字经济、政治、文化、社会、生态文明建设提供了"亚运模式"，对杭州乃至全国的城市现代化建设产生了积极的影响，加速了城市转型升级的步伐，提升了城市综合竞争力，推进了杭州"创新活力之城"建设，为实现可持续发展目标奠定了坚实的基础。

一、经济发展新篇章：
智能亚运引领创新提质

杭州亚运会以独特的智能亚运理念，从智能办赛的高效组织，到智能参赛的全面体验，再到智能观赛的创新服务，充分体现着"数字浙江""数字杭州"的建设成效，向世界打开了一扇展示中国科技创新的窗口。充分发挥智能亚运的带动效应，释放筹办和举办杭州亚运会带来的经济红利，将体育赛事"流量"转化为发展"增量"，深入推进数字经济创新提质"一号发展工程"，为数字经济高质量发展提供新动能和新引擎。

激发数智科技力量抢占数字产业新高地

杭州亚运会打造了一批在人工智能、云计算、机器人、元宇宙等领域具有辨识度的硬核科技应用场景，推出近 20 项首推、首创、首用的科技应用，落地了 200 多个智能项目，以"数字化办赛"模式吸引了全球目光。这些科技的创新应用成为浙江、杭州深入实施数字经济创新提质 "一号发展工程"、加速发展新质生产力的关键着力点和催化剂，也为培育以杭州"六小龙"[1]为代表的前沿硬科技企业提供了肥沃土壤，助力本土企业加速自身业务拓展与技术迭代，从而在数字经济版图中崭露头角。

以新一代人工智能激活产业创新发展

2024 年以来，随着通用大模型泛化能力增强，人工智能领域出现了新趋势。**一是大模型持续进化**。以 DeepSeek、通义千问为代表的国产大模型迎头赶上，具备全球竞争力。同时，国际上先后涌现例如 MX Workmate、Industrial Copilot、CheggMate 等典型垂类大模型应用。截至 2024 年 7 月，全国范围内已有 197 家生成式人工智能服务通过备案，其中行业大模型占比近 70%。**二是数字人发展迅速**。根据艾媒咨询发布的《2024 年中国虚拟数字人产业发展白皮书》，2023 年我国数字人带动的产业市场规模和核心市场规模分别为 3334 亿元和 205 亿元，到 2025 年将分别超过 6400 亿元和 480 亿元，比 2023 年增长超过 90% 和 130%。**三是具身智能[2]成为追逐热点**。人类智能[3]、离身智能[4]、具身智能的协调发展是今后人工智能发

---

1 杭州"六小龙"是指杭州崛起的处于新技术领域前沿、在业内具有影响力、聚焦于人工智能、机器人、游戏开发、脑机接口等领域的 6 家企业分别是深度求索、宇树科技、云深处科技、游戏科学、强脑科技和群核科技。
2 具身智能：一种智能系统或机器能够通过感知和交互与环境进行实时互动的能力。具身智能依赖于智能体的身体结构与环境进行物理交互，通过传感器和执行器感知和行动，完成各种任务。
3 人类智能：人类所拥有的智能，包括认知、情感、创造力等多个方面，是人类大脑和神经系统复杂交互的结果。
4 离身智能：也称为非具身智能，指不依赖于具体物理身体的智能，主要通过纯粹的计算和信息处理来实现智能功能。这类智能通常存在于软件系统中，通过算法和数据处理进行操作。

展的主线，从各地政府工作布局、企业投资方向看，它们均不断向具身智能聚焦，其中无人驾驶汽车、人形机器人将最有可能率先实现产业化落地。赛事期间，人工智能技术全面应用。"亚运钉"基于通义千问大模型成功变身为智能协同办公平台，提供 AI 文档、实时翻译等实用工具。亚运数字火炬手可识别人脸并还原用户面孔，提供 2 万亿种数字人形象，确保每一位参与的数字火炬手都能拥有独一无二的个性化形象。数字人手语翻译机器人"小莫"为听障人士提供 24 小时免费翻译服务。此外，以宇树科技、云深处为代表的四足机器人、人形机器人等具身智能场景也成功落地，为参赛和观赛人群提供了全新的智能体验。

　　杭州作为人工智能产业创新高地，2023 年人工智能产业营业收入达 2563.8 亿元，占浙江省全省总量的 45%，综合实力强劲，更有阿里巴巴、海康威视等人工智能头部企业集聚于此，产业先发优势明显。在此背景下，杭州需要顺应人工智能发展趋势，持续探索"人工智能＋"，积极抢占人工智能产业制高点。一方面，要加强人工智能应用开发。依托杭州视觉智能、智慧医疗、智慧金融等领域优势，加大大模型的研发和投入，鼓励企业深耕自身擅长的垂直领域，推动通义千问、DeepSeek、观澜等本地大模型发展，实现大模型带动大产业、大产业促进大发展的良性循环。另一方面，要加快具身智能产业链条培育。进一步扩大 L4 级别无人驾驶车辆试点运营区域，完善车路协同设施的部署，吸引更多无人驾驶企业落地；鼓励企业持续完善基于通用人工智能大模型的机器人"大脑"模型和控制智能机器人的"小脑"模型，加强控制器、减速器、触觉传感器、电机等机器人核心零部件企业研发制造，加快发展人形机器人、脑机接口产业和应用场景，并打造一批面向工业、服务业等重点领域的应用示范，加快形成基地化优势。

推动云计算产业再创新高

　　当前，云计算产业形成了两大重点趋势。一是云原生技术成为企业降本增效的首选。云原生技术利用云端虚拟化的资源设施提供和本地化类似的计算能力，具备弹性扩展和响应、服务自治和故障自愈、跨平台及服务规模复制的特性，成为充分发挥云效能的最佳实践路径。二是大模型带动了智能算力需求的爆发。云服务的本质是算力服务，随着大模型的快速发展，原有的以通用算力为主的服务已经难以适应，智能算力需求呈爆发式增长，并且进一步催生了多样性异构算力互联、跨资源协同调度等服务新范式。

杭州亚运会运用阿里云的统一云原生技术底座，实现赛事核心系统全部在云端运行，云上打通系统数据和应用服务，并向上支撑云转播、亚运钉、智能亚运一站通等智能应用。其中，云转播超越了传统卫星转播带宽和线下设备限制，提供了更丰富的画面信号和剪辑方式，保障亚运转播信号快速、稳定地传输至新加坡、孟买等节点，实现了亚洲乃至全球观众的实时收看。

根据《浙江省云计算大数据产业发展报告（2023年）》，2022年，浙江省云计算领域重点监测企业共实现营业收入1463.1亿元，其中杭州市占比超过95%，其拥有全球排名第四的云厂商阿里云，在全国云计算产业布局中已形成区域性集聚优势。在此背景下，杭州需要进一步放大亚运效应，在产品迭代与算力普惠方面持续发力。一是加速多元主体上云进程。深化政府、企业"上云用数赋智"，鼓励探索建设各类行业云，增强企业上云用云的比例和应用深度，并助力本土企业向全球市场进军，带动产业发掘更多更广的发展潜力，同时强化云供应商全过程云安全管理能力，严格推进访问控制、数据加密、安全监控和漏洞管理工作，确保企业用云环境的安全稳定运行。二是夯实算力产业发展底座。统筹推进通算、智算、超算协同发展，加强高性能计算、高速互联总线等关键核心技术攻关，加快推进算力网、传输网和互联网交换中心的深度融合，率先部署新型算力中心集群间的全光运力网络，加快建设算力调度平台，共同构建"数（大数据）算（智能算力）模（大模型）用（垂直应用）"产业生态体系，引导社会资本、金融机构参与算力基础设施建设和算力技术产业发展。

加速 5G–A 商业化规模化应用

根据工业和信息化部《2024 年上半年通信业经济运行情况》数据，截至 2024 年 6 月，我国 5G 基站总数达到 391.7 万个，用户规模达到 9.27 亿户；已覆盖 97 个国民经济大类中的 74 个，行业渗透率超 76%；5G 行业用户规模超 3 万家，在全国 25 个主要沿海港口中应用比例达 92%，在 20 强煤炭和钢铁企业中的应用比例分别达到 95% 和 85%，5G"一业带动百业"作用持续凸显。

5G-A 被认为是拓展 5G 能力边界，释放 5G 创新潜力的新发力点。作为介于 5G 和 6G 之间的移动通信技术，5G-A 在速率、时延和连接规模方面，相较于 5G 有 10 倍的能力提升，可实现下行万兆和上行千兆的峰值速率、毫秒级时延和千亿物联，弥补了 5G 在上行超宽带、宽带实时交互、低功耗和通信感知融合等性能上的不足，能够更好地满足无人驾驶、VR、物流管理、低空经济、智能制造等高标准要求。

杭州亚运会在杭州奥体中心等重点场馆试点开展 5G 超密组网，率先将 5G-A 技术应用在智能网联汽车、无源物联、智能场馆管理、高清沉浸看亚运等应用中，并在杭州奥体中心至亚运村路段建设了国内首条 5G-A 万兆网络示范路线，实现了全路段峰值 10Git/s、平均 5Git/s 体验，在办赛、观赛、参赛各个环节中的各个领域展示了 5G-A 的应用潜能，为今后产业链上下游生态的培育以及相关行业的协同创新打下了坚实的基础。

基于 5G-A 的跨越式升级特征，杭州从 5G-A 部署和应用场景探索出发，释放数字经济新动能。一方面，加速扩大 5G-A 网络覆盖面。以 2024 年全面启动的"5G-A"千站计划为基础，加强 5G-A 的连片组网，同时强化网络管理和维护。另一方面，推动 5G-A 广泛应用。推动 5G-A 网络在各行各业的广泛应用和深度融合，重点加强通信企业与产业链上下游的紧密协作，聚焦重点场景进行深耕，赋能新型工业化核心场景，实现提质降本增效的目标；同时以 5G-A 为技术基础，支撑城市物流、商务通勤、空中游览、医疗运输、应急救援等应用场景，赋能低空经济"展翅高飞"，激发裸眼 3D、XR、AI、智能差异化体验保障等新业务的广泛应用和用户的体验升级，共促 5G-A 生态繁荣。

助力视觉智能产业加快发展

视觉智能是以视频（图像）等数据资源为核心，以算法、芯片等为基础，以高端制造业为支撑，提供智能化产品、技术和应用服务的产业形态。我国视觉智能产业以长三角地区为中心，根据人民网数据，2023 年杭州产业规模达 7763 亿元，拥有海康威视等智能安防视觉领域的全球头部公司。如今，随着人工智能的深入应用，视觉智能的产业应用边界正不断拓宽，逐步从数字安防向工业视觉、医学影像、无人驾驶等领域扩展，场景应用正逐步成为牵引视觉智能产业发展的主导力量。

杭州亚运会上，视觉智能技术得到了广泛应用，为工作效率和观赛体验的提升提供了有力支撑。AI 智能识别安检系统可自动、实时、高准确度识别可疑液体、易燃易爆物品、各类刀具等多种违禁品和危险品，智能识别率达 95%。亚运 AR 服务平台则实现了 AI+AR 技术与亚运赛事文化的创新结合，构建了多场景虚实融合赛事体验。

杭州要发挥好后亚运时代的品牌效应，依托"中国视谷"建设，加快视觉智能产业发展。一是夯实视觉智能产业发展底座。推动智能芯片、传感器和光学器件、存储显示设备等基础设备的升级迭代。二是加快关键技术突破和转化。鼓励视觉智能技术创新基地建设，聚焦感知智能、认知智能、平台智能展开核心技术攻关，建立有效的科研成果转化机制。三是拓宽视觉智能应用场景。以"视觉 +""+ 视觉"为思路，重点发展数字安防、工业视觉、智能网联汽车、医学影像、智能生活及办公、VR/AR 及元宇宙、特殊成像共 7 个产业细分赛道，同时综合运用全息投影、AR、数字光

影等多种视觉技术打造更加丰富的沉浸式体验新空间，培育文化和旅游消费新场景。

未来，"中国视谷"将持续推动视觉智能技术产业化，利用视觉智能技术助力传统产业未来化，持续拓展多元未来产业，推动视觉智能产业向传统产业和战略性新兴产业渗透扩散。

探索形成数据要素价值化新路径

2022 年以来，随着《中共中央 国务院关于构建数据基础制度更好发挥数据要素作用的意见》的印发，以及各地相继成立数据局，数据要素价值化的探索进入了快速

发展阶段。数据要素价值化，可以被认为是数据作为要素而产生价值的过程，包括数据从一开始的无序状态经过数据治理后成为数据资源，通过确权、估值，具备价值属性后成为数据资产，然后将数据资产加工打包成数据产品并定价，最终在数据交易平台交易流通的全部环节。简单来说，数据价值化是指以数据资源化为起点，经过数据资产化、数据产品化阶段，通过在数据交易平台的交易流通配置的市场化行为，实现数据在流动中产生价值。

　　面对杭州亚运会庞大而复杂的数据，各类智能应用纷纷涌现，实现了数据的广泛采集、有效分析和价值转化。亚运会赛事综合指挥平台接入 9 张网 29 个业务系统 72 大类数据，通过数据智能分析，为指挥者提供了多维度、即时的数据服务支持，提升了赛事指挥调度的科学性、精准性。5G 物联网移动监护设备实现了病患体征数据的自动采集分析，能够有效识别伤病员潜在的健康风险，确保患者获得及时且适当的医疗援助，实时守护参赛者生命健康安全。此外，杭州亚运会还开展了气象、安防等众多领域的数据综合应用，为提升办赛、参赛效率提供了有力支撑。

目前，数据在资产化阶段仍存在困难，各地通过出台各类数据资产入表规范、设立数据交易所等多种形式进行积极探索，但仍未找到适当的破题办法。杭州在全国率先开展公共数据授权运营，已在医疗、金融等领域积累了丰富的运营经验，但体育文旅、智能制造等领域的数据授权运营刚刚起步，亿级用户规模的智能亚运一站通平台汇聚了大量各个领域的行为数据，为下个阶段数据要素市场化奠定了基础。

未来，杭州可以将数据资源化、产品化、市场化作为率先突破点。一是加快数据资源供给。积极开展公共数据授权运营，促进企业开展数据标准贯标工作；推进大规模、多模态行业数据汇聚，在影视娱乐、交通、医疗、金融、营销等领域形成一批高质量数据集。二是催生一批便民利企数据产品。加快数据开发利用，做强数商企业群体，提升数商发展能力，打造数据产业聚集和数据创新应用高地；聚焦数据技术服务、数据产品开发、数据流通服务、数据安全服务、数据平台运营服务 5 类业务培育本地数商企业，鼓励企业积极参与 415X 产业集群[1] 数字赋能，不断壮大自身实力。三是构建合规高效的数据交易制度体系。加快发展杭州市数据交易所，以头部企业为引领，鼓励本地企业积极上线数据产品，并加快制定数据流通交易的相关规范要求，积极推动隐私计算等安全手段，保证数据交易的合法性和安全性。

---

1 415X 产业集群具体指代如下："4"指重点发展新一代信息技术、高端装备、现代消费与健康、绿色石化与新材料 4 个万亿级世界级先进产业群；"15"指重点培育智能电气、生物医药与医疗器械、高端新材料等 15 个技术水平先进、国际竞争力强的千亿级特色产业集群；"X"指重点聚焦三大科创高地和人工智能、基因工程、区块链等前沿领域，培育一批成长性高的百亿级"新星"产业群。

促进数字经济和实体经济深度融合

杭州亚运会是一场数实融合的体育盛会，在推动科技产业发展的同时，也加速了传统产业的数字化转型升级。

促进制造业高质量发展

制造业的数字化转型，本质是通过数字化赋能研发设计、生产制造、检测和监测、物流运输、服务管理的全流程，推动制造业企业业务转型、技术转型和组织转型，进而实现制造业的高质量发展。当前，制造业数字化转型面临着系统平台接口标准不统一，互联互通难度大；传统设备数字化改造难度大，难以一体化接入；企业重数据采集、轻数据挖掘，数据红利难释放等多种问题，导致数字化转型在真正实施的过程中遇到诸多的困难。

赛事期间，可变动伸缩的"钱江潮涌"主火炬塔，使用数码定位织造技术打造的亚运礼服，亚运场馆所铺设的通信电缆和智能感知终端，运动员使用的跑步机、冲浪板等体育用品，亚运村里来自数字化车间生产的家用厨电，以及来自极氪未来工厂的官方指定用车，这些亚运产品都有着"浙江智造"的身影，充分展示了制造业数字化转型所带来的产品优势与活力。

杭州乃至浙江要发挥亚运效应提供的新动能，加快先进制造业数字赋能，聚力突破制造业数字化转型重点难题。一是加快中小企业数字化改造。开发集成一批"小快轻准（小型化、快速化、轻量化、精准化）"的数字化解决方案和产品，通过示范带动、看样学样、复制推广，引导和推动广大中小企业加快数字化转型，构建数字化改造和数字化管理解决方案集成供应平台，降低中小企业数字化改造门槛。二是推进中大型企业智能制造转型。分行业梯次培育"数字化车间—智能工厂—未来工厂"，打造升级版智能制造。发挥人工智能大模型赋能千行百业的作用，大力实施"智改数转"

计划，推动制造业全环节、全链条数字化改造，深化推进 5G + 工业互联网，培育一批优质的智能制造企业。**三是构筑数字赋能生态。**完善工业互联网平台体系，推进数字服务商培育建设，共同提升研发设计、生产销售、采购分销、物流配送、检验检测等全链条的数字化水平。

加快服务业数字化转型

与具备规模优势的制造业相比，传统服务业的劳动生产率普遍较低，往往会出现劳动成本增加和生产率下降等结构性问题，导致经济增长出现结构性减速现象，即服务业的"成本病"。数字技术、数据要素和数字平台，已经成为缓解"成本病"，实现服务业高质量发展的重要途径。2023 年 12 月，商务部等 12 部门联合印发的《关于加快生活服务数字化赋能的指导意见》为服务业的数字化转型提供了明确的方向，强调要以商贸和文旅等领域为重点，丰富生活服务数字化应用的场景。

在赛事期间，智能支付绑定了 10 个境内外电子钱包和 10 个主流国际卡组的银行卡，更是在赛后进一步拓展到 Changi Pay、OCBC Digital、Tinaba 等 30 个电子钱包和银行的 App，不仅为赛事参与者提供了便捷的支付体验，也为全球数字支付的普及与发展提供了示范。另外，开幕式上的数实融合表演更是为文旅行业的数字演艺提供了新的思路。

杭州应充分运用智能亚运的科技成果，大力发展金融、文旅等领域的智能产品和服务，提升数字生活新服务的能力。一是助力数字金融融合创新。进一步高水平建设钱塘江金融湾和杭州国际金融科技中心，推动移动支付技术与支付结算服务创新，切实推进"外卡内绑""外包内用"、旅行通卡等国际化移动支付产品的应用，引入并率先在杭州落地使用更多的境内外电子钱包，推进条码支付互通，扩大受理移动支付的覆盖面。二是推动体育产业数字化转型。以数字化、智能化推动传统体育用品制造企业向"制造 + 服务"发展，以大型高科技体育产业的运作主体为基础，通过对体育产业链上下游的数字化开发，延长体育产业链，提升体育产业的市场弹性，构建多元创新、开放共享、统一规则、协调联动的体育产业交易平台，促进体育产业生产要素的优化配置。同时，进一步加快体育产品的数字技术研发，大力发展体育用品、运动服装等体育制造业，加强可穿戴运动设备和智能运动装备的研发制造，做大做强体育特色产业集群。三是促进文旅领域数实融合。固化亚运会开幕式演出成果，创新开发融合亚运会开幕式的"湘湖·雅韵"实景演艺，探索融合 VR/AR 等技术的数字演艺、沉浸式游览等多种新型业态场景，为"数字经济第一城"的发展再添新动能。

加速科技成果转化促进高质量发展

作为"数字经济第一城"，杭州拥有强大的科技创新能力。全球容量最大的超重力离心模拟与实验装置实验大楼在杭州落地，浙江工业大学"新型膜法水处理关键技术及应用"项目获国家科学技术进步奖一等奖，众多研究机构、高校和科技企业构建了充满活力的杭州创新生态系统。但目前，杭州众多研究机构、高校仍面临着科研投入产出不成正比等现实问题，科技创新成果的活力未能得到充分的释放。为解决这一问题，加速科技成果转化显得尤为重要。科技成果的加速转化可以显著提高技术的效率，推动新技术和新产业的发展，促进产业结构的优化升级，为地区提供了更多发展新产品、新产业的选择机会和投资机会，使城市的经济发展更加充分地发挥其比较优势，这也有利于城市在全球科技竞争中占据更加有利的地位。

赛事筹办期间，杭州亚组委与浙江省科技厅、杭州市科技局合作，助力企业、高校和科研院所近 70 个重点科技研发项目在杭州亚运会转化落地，其中不乏机器人、智能超表面、可见光交互、无介质全息和 3D 打印等科技成果，这些成果不仅具有较强的应用实效性，创造了众多智能亚运亮点"黑科技"的场景，更有效地促进了技术与市场的融合，推动了亚运时代的科技成果转化与产业化进程。

杭州要发挥智能亚运的带动作用，积极汲取赛事期间科技成果转化的经验，将科技成果从示范场带向城市发展的应用场，助力产业高质量发展。一是要促进高质量科技成果供给。加快建设一批以之江实验室、乾元实验室为代表的前沿科技创新基地，支持科研平台加快转化科研成果，开展科技成果赋权改革试点，支持开展核心技术攻关。二是畅通科技成果转化链条。支持科技创新机构概念验证中心建设，支持成果转化孵化载体建设。三是支持科技成果转化交易。支持重大科技成果落地产业化，支持开展技术交易活动。四是促进技术服务机构发展。支持科技中介服务机构建设，支持技术转移人才队伍建设，支持举办各类成果转化活动。五是增强科技金融服务能力。加大科技成果转化基金投资，鼓励创业投资机构发展，从而将杭州打造成全国科技成果转移转化首选地、全国颠覆性技术转移先行地、全国科技成果概念验证之都、全国创新创业梦想实践地，构建形成万亿元级的科技大市场。

二、城市治理新典范：
智能亚运展现治理现代化

2020 年 3 月，习近平总书记来到杭州城市大脑运营指挥中心，对杭州运用城市大脑推进城市治理体系和治理能力现代化进行考察调研，并强调了前沿技术在城市治理现代化中的重要性。2023 年，杭州亚运会的成功举办，不仅反映了杭州在承办大型国际赛事上的组织管理实力，更充分展示了杭州多年来奋力打造"全国数字经济第一城"的先进成果。

深化城市大脑功能推动"一网统管"提效

城市大脑是互联网大脑架构与智慧城市建设结合的产物，是城市级的类脑复杂智能巨系统。作为政府内部条块融合的有效载体，城市大脑通过不断增加其与各个节点的互联性，实现各级各部门业务信息的实时在线和数据实时流动，能够有效破解政策、工作碎片化的问题，从而提升城市的管理和运行效率，使城市能够满足市民的多元化需求。

智能亚运借助城市大脑的支撑和保障作用，实现了智慧体育赛事管理与智慧城市发展的有机融合。在城市侧，杭州亚运会利用城市大脑，实现了城市运行全要素的实时监测、风险识别和自动预警，强化了杭州市各赛区的区域协同作战能力，提升了赛事期间城市的安全风险防范水平。在赛事侧，杭州亚运会基于城市大脑建设理念，建设了赛事综合指挥平台，实现赛事运行、场馆监测、城市保障等重点领域系统的集成，为赛事运行提供了重要的指挥调度保障，也为城市大脑的未来发展提供了新的场景应用和实战经验。

后亚运时代，杭州也应准确把握新形势下城市大脑建设的使命和任务，聚焦城市运行"一网统管"平战结合的治理体系，消除数据供给、流通障碍，实现"管好一件事"向"保一方安全"的转变，提升城市精细化的管理水平和安全风险的防控能力。一是提升综合性治理水平。汲取杭州亚运会赛事总指挥平台的综合指挥和联动调度经验，加快推动城市大脑从垂直行业应用向城市整体智能决策转变，完善跨部门协同调度与联动体系，从单个难题破解到全面赋能城市治理提升。二是打通城市数据神经网络。持续连接分散在城市各个部门的数据资源，坚持全量全要素归集，加快构建高质量的数据集，大力推进城市大脑智能中枢大模型的培育，运用政务大模型技术实现数据的有效分析和价值挖掘，为城市治理提供智能决策支撑。三是推动大脑实现智能进化。运用"云计算＋人工智能"提升综合算力，打造更聪明、更智慧、更高效的城市大脑，打造城市大脑 GPT 等更多的数字产品，赋能城市大脑实现思考决策、运营指挥、自我演进等中枢能力，夯实一体化数字孪生城市的底座。四是打造城市大脑建设合作生态。以行业头部企业为引领，聚集上下游产业链的企业，整合解决方案和技术服务能力，形成多主体共同参与的格局，并在推出数智产品、培育市场主体、制定行业标准等方面取得更大突破，进一步擦亮杭州城市大脑"金名片"。

运用"亚运钉"理念升级"一网协同"效能

当前，社会需求呈现复杂化、多元化的特征，对政府的整体工作效率和服务质量提出了较高要求。但政府机关组织架构较为复杂，部门之间的职能分散且工作目标不一致，导致政府内部协同不够顺畅。为此，各省积极探索和完善政府内部的协同机制，加快跨层级、跨地域、跨部门、跨系统和跨业务的创新应用建设，以期提高政府机关的运行效能。在这一背景下，"一网协同"平台通过提供一个统一的工作平台来优化内部流程，减少冗余环节，实现资源的有效整合与利用。这种模式不仅能够显著提高政府机关的工作效率，还能促进信息共享和跨部门协作，为决策提供更加及时和准确的数据支持。浙江省自 2015 年开启统一政务协同平台"浙政钉"建设以来，截至 2024 年年底，已经为浙江省 210 多万个用户提供 IM、音视频和文档协同等基础服务，同时提供组织体系、消息通知、待办审批、定位轨迹等近 300 个支撑组件，有效地提升了政府机关的数字化运行管理能力，助力浙江省打造"掌上办公之省"。

承袭"一网协同"的理念，杭州亚运会打造了全球首个大型体育赛事数字办赛一体化平台——"亚运钉"，成功打破了大型组织在沟通、管理与协作上的固有壁垒，引领近 10 万办赛人员跨地域、部门、层级的全面协同。其中，基于通义千问大模型的钉闪记、智能会议纪要、问答机器人、AI 魔法棒和 AI 文档等创新 AI 功能，更是为工作人员提供了多种智能实用的办公工具，有效提升了赛事筹办的效率和质量。

未来，"浙政钉"可借鉴"亚运钉"的经验，全面提升智能化水平。一是提高政务工作的效率。充分考察政务办公多元化的需要，在"浙政钉"上集成智能会议纪要、钉闪记和 AI 文档等高效办公工具，在保障政务数据安全的前提下，使政府工作人员逐渐从烦琐的行政材料事务中解放出来。利用 AI 的自主学习和整合能力，打通信息壁垒，实现多事项合一，减少多头上报和重复上报，减轻基层工作的负担，使其更好地服务于社会发展大局。二是提高政务服务的水平。引入政务大模型用于识别与分析政务数据，进一步强化政府部门的事项办理需求预测、预判能力，避免出现因公共服务供给与需求不匹配带来的资源浪费、资源错配等问题。

以数智赋能推动人才队伍建设

杭州亚运会在场馆建设管理、赛事组织、信息技术等方面培养锻炼了人才队伍。特别是信息技术指挥中心运行团队作为赛事期间信息技术总体运行保障的决策指挥机构，全面掌控亚运会信息技术运行实时状况，第一时间处理各场馆、各条线的信息技术事件，打造了一支高素质的信息技术管理人才队伍。秉承智能亚运的理念和实践，对于全面加强高素质干部队伍、体育人才队伍和志愿者队伍建设都具有重要的意义。

强化领导干部数字化思维和能力提升。各级领导干部应充分发挥自我完善、自我革新的精神，增强主动学习数字化知识的意识，提高主动运用大模型、数字化工具、方法应对处置数字化转型过程中的业务问题的能力，善于用数据说话、用数据决策、用数据管理、用数据创新，为高水平推进中国式现代化提供强劲的人才支撑。

加快体育事业和体育产业数字化人才的培育。针对体育产业数字化转型过程中面临的人才不足困境，要健全供给侧的数字化人才培养系统，通过校企联合培养、定向培养等方式，构建"智能＋体育""数字化＋体育产业"等多学科人才培养体系；健全需求侧的数字化培训系统，鼓励体育企业建立灵活的数字化人才培养机制，加大投入培训资源，不断完善体育人才数字化训练设施和相应的服务。

三、文化繁荣新平台：
智能亚运促进文明互鉴

2023 年 9 月，习近平总书记在浙江考察时强调，"运用杭州亚运会亚残运会、世界互联网大会等窗口加强文化交流传播，不断提升中国文化感染力和中华文明影响力"[1]。杭州亚运会是体育盛会，也是文化盛宴，多样的人文元素反映出杭州这座城市的文化底蕴和独特美学。智能亚运使中国悠久的历史文化得以用现代技术精彩地呈现出来，也使亚洲各国的文明交流互鉴更便捷、更高效。

创新公共文化服务供给

近年来，我国公共文化服务高质量发展的建设取得了一定成效，但仍存在一些问题和挑战。一方面，公共文化服务内容单一，缺乏吸引力，缺乏创新活动，难以满足人民群众多样化需求。另一方面，均等化和精准度不足，城乡公共文化服务存在较大差距，农村文化设施落后，而城市文化服务产品又较为单一，差异化供给不足。数字技术在解决上述问题方面具有良好的效果，以云端、指尖等模式延伸了公共文化服务的边界、缩小了城乡服务的差距，通过VR/AR等技术丰富了公共文化服务的供给形式。

1　《始终干在实处走在前列勇立潮头 奋力谱写中国式现代化浙江新篇章》，载《人民日报》2023 年 9 月 26 日。

因此，数字技术在公共文化服务领域扮演着越来越重要的角色。

杭州亚运会正是历史文化与数字技术融合的典范。赛事期间，各国宾朋不仅身临其境地体验了西湖的旖旎风光、宋代的繁荣景象及钱塘江的壮观潮汐，还通过亚运元宇宙平台的城市文旅空间，深入虚拟环境，领略了不同城市的文化和旅游景观。此外，亚运数字火炬、数字吉祥物、数字主火炬塔等数字藏品，探索了文创产品的新形态，为传统文化注入了新的活力。世界遗产良渚古城遗址公园和南宋德寿宫遗址博物馆通过 AR 技术和数字光影的互动体验，使传统文化景点焕发出新的生机。

杭州应发挥亚运会数字文化的赋能作用，运用数字化的理念、方法和手段进一步推动公共文化服务提质增效。一是丰富公共文化服务场景。借鉴亚运期间元宇宙空间、AR 服务的应用经验，升级"文化优享"应用，探索开发云上文博、云上展览和云上景区等数字化文化服务，打造可视化、沉浸式和交互式的内容，并缩小区域间公共文化服务的差距。二是丰富公共文化服务产品。借鉴亚运数字文化藏品设计、生产和传播的经验，使高品质数字文化供给更加多元。三是丰富公共文化服务空间。建设文化数智场馆，依托杭州亚运会博物馆，融入亚运期间的科技产品，面向大众打造亚运品牌传播阵地，以适当形式固化形成城市地标性景观。

促进历史文化保护传承

世界上唯一绵延不断且以国家形态发展至今的是中华文明。当前，文化的保护传承工作既重视"传下去"，也重视"活起来"。"传下去"就是要把保护放在第一位，全力维护文物的历史真实性、风貌完整性和文化延续性；"活起来"则是对中华优秀传统文化的创造性转化、创新性发展，让收藏在博物馆里的文物、陈列在广阔大地上的遗产、书写在古籍里的文字活起来，不再仅以封闭的过去形态而存在。

杭州亚运会生动地践行了文化保护传承工作"传下去、活起来"的理念，开幕式以宋韵文化为主题，西湖和拱宸桥在立体透视网幕和地屏上作为杭州文化的标志性形象生动呈现，《千里江山图》和《富春山居图》两幅国宝级名画通过数字技术动了起来，成为移动的山水……杭州亚运会让中国传统文化的传播既保留了原有的内涵，又焕发出新的生命力，在新时代"流动"起来，"传承"下去。

杭州要巩固深化亚运会全面展现文化科技交融之美的做法经验，推动中华优秀传统文化创造性转化、创新性发展，以更好地展示浙江深厚的历史文化底蕴。一是加强文化保护工作。推动数字技术在历史文化名城名镇名村、历史建筑、文化遗产、文物和古迹保护利用等领域的应用，通过高精度的数字化采集技术，例如三维激光扫描、倾斜摄影测量等，精确记录文物的每一个细节，实现数字化存储，为文物的保护、修复和研究提供翔实的数据支持，实现对文物状态变化的有效监测。二是探索文物活化利用。利用 VR/AR 等技术，以全新的方式讲述古老的故事，让文物以更生动的方式呈现给观众，使观众能够在虚拟的环境中全方位地感受文化遗产的魅力。三是加强文化资源留存。聚焦杭州特色的宋韵文化、民俗文化，融入亚运文化，汇聚高质量文化资源数据，建设杭州文化数据库；借鉴杭州亚运会对于影像记录的工作经验，实施国家级非物质文化遗产项目影像工程，创新非遗传承传播，打造杭州非遗网络传习所，数智赋能守好浙江文脉。

聚力发展数字文化产业

中国文化产业正朝着高质量发展的方向稳步前进，根据国家统计局的数据，2023 年，全国规模以上文化及相关产业企业实现营业收入 129515 亿元，同比增长8.2%。其中，文化新业态特征较为明显的数字出版、动漫游戏和文化娱乐平台等 16个行业小类实现营业收入 52395 亿元，比 2022 年增长 15.3%，增幅高于全国规模以上文化企业 7.1 个百分点。2023 年，杭州文化产业增加值达到 3211 亿元，同比增长11.3%，占 GDP 比重 16%，数字内容、影视生产和动漫游戏等优势行业加快发展，特别是数字文化企业实现营业收入 8064 亿元，同比增长 18.0%。数字文化对于行业

的带动效应明显。

赛事期间，全球首创的亚运数字火炬手活动实现了数字人与真人火炬手共同点燃主火炬的壮观场面，也引爆了数字人在各领域的应用；电子竞技首次作为正式竞赛项目亮相杭州亚运会，一共产生 7 枚金牌，营造了有利于游戏产业发展的创新创业环境。2024 年，由杭州企业游戏科学制作发行的游戏《黑神话：悟空》更是进一步引爆全球，弥补了我国在 3A 游戏（大预算、高质量的顶级游戏）领域的空白。

在此背景下，杭州要依托亚运经验，大力发展重点数字文化产业。一是夯实产业发展硬件基础。聚焦数字影视、数字演艺、数字出版、数字音乐和动漫游戏等重点数字文化产业，高水平建设之江文化产业带、大运河国家文化公园等一批数字文化创新基地，升级艺创小镇、高新区国家动画产业基地。二是打造数字文化品牌。深化品牌亚运理念，探索运用数字化手段开发良渚文化、西湖文化、大运河文化和宋韵文化等特色文化 IP 产品，打造一批具有中国气质、接轨国际市场的现象级数字文化品牌。三是助力产业集聚发展。通过数字技术加强国际文化交流互鉴，例如通过"中国网络作家村"等平台，推动网络文学创作和数字出版，提升国际影响力；利用亚运契机，引进举办国内外顶级电竞赛事，推动智力运动产业集聚发展。

四、社会和谐新阶段：
智能亚运便捷全民生活

杭州亚运会以科技创新为驱动力量，聚焦"全民亚运"的核心理念，通过一系列创新功能，向世界展示了一个充满活力、高效便捷、和谐共享的数字社会形象，在此过程中培养起来的公共服务能力、新型生活业态等，对杭州和浙江其他城市的发展将产生深远的影响。

构建普惠共享的数字公共服务

随着基本公共服务体系的日益健全，城市公共服务正朝着更加智能化、人性化和可持续化的方向发展，以满足居民的多样化需求，并提高城市的宜居性和竞争力，具体表现为以下两大趋势：一是公共服务均等化，城市通过提高服务的普及性和均等化水平，确保全民都能享受到公共服务；二是公共服务智能化，城市利用大数据、云计算、物联网和人工智能等技术，整合城市运行核心系统的关键信息，优化服务流程，从而提高公共服务的效率和质量。

杭州亚运会对上述理念进行了深度实践，在健康与医疗领域，"亚运场馆在线"将全民健身场地设施全面纳入管理，推进机关企事业单位体育场地设施向社会开放，实现全市体育场馆在线可查和可预订；"争当亚运火炬手"主题活动号召全民健身，分享亚运理念；5G-AR 远程云诊疗和应急医疗服务体系（Emergency Medical Service System，EMSS）的应用，提升了医疗服务的效率和水平，智能仿生手和仿生腿让残障人士的生活更加便利，为科技创新应用于大众健康提供了重要经验。在交通出行领域，"亚运 PASS"集观赛、旅游和出行等城市服务为一体，让市民享受畅通无阻的便利；亚运智慧交通通过建设全息路口、绿波带和交通管控平台等，提升了车辆通行的效率。

杭州要用好亚运会期间的实践成果，更好地服务于城市居民的生活。一是助力医疗普惠。进一步提升智慧医院建设，创新分级诊疗和远程医疗医联体模式，强化城乡医共体在线服务能力的建设。二是推动全民健身。完善"亚运场馆在线"的升级版——"杭州体育在线"，进一步增强公共场馆、其他场馆、校园场馆和百姓健身房等场馆和项目的在线预约覆盖，让全民健身走进寻常百姓家。三是提升交通效率。升级"亚运 PASS"为"城市 City Pass"，覆盖生活服务各场景，进一步便利市民和游客出行和消费体验。加快推广智能信号灯、多功能电子站牌、全息路口、多杆合一和边缘智能体等智能交通产品应用，减少交通拥堵，加速车辆过闸，实现交通系统的良好运行。

培育便捷舒适的数字生活消费

数字生活消费作为数字经济时代的一种经济形态，与传统消费相比，体现为线上线下融合和移动支付两大特征，并在发展过程中进一步形成一些新的趋势。一是消费要素得到创新，包括消费主客体、渠道工具、理念环境实现了数字化，涌现了例如 VR 游戏、云上游览等新型产品；二是消费业态得到创新，直播带货、在线医疗等为代表的数字消费新业态、新模式迅速发展；三是消费观念得到刷新，出现了定制生产、共享经济等新的消费概念。

在数字生活消费的潮流下，通过杭州亚运会，杭州的生活消费创新优势逐步凸显，国际知名度逐渐打响。杭州亚运会实现了 10 个境内外电子钱包的直接绑定支付，可

绑定主流外卡直接进行支付；智能亚运一站通为赛事出行提供覆盖"吃住行游购娱"的全面便捷服务；武林、湖滨等商圈和商业综合体也在亚运期间迎来了智慧化的升级与改造。

杭州应利用好、传承好亚运成果，促进生活更加便利，助力商业活跃度进一步提升。一是提升境外人员支付的便利性。发挥利用好杭州亚运会移动支付技术的成果和经验，拓展更多的海外电子钱包接入，为全球游客提供智能支付体验。二是升级打造城市"一站式"生活消费服务。将智能亚运一站通等智能亚运创新项目作为亚运遗产继续为城市提供服务，为城市旅游出行提供便捷服务的系统，为杭州、浙江乃至全国人民出行旅游提供"一站式"的便捷服务。三是创新构建新型消费体验。建设一批元宇宙为代表的新型消费体验中心，利用 AR、AI 等技术的数字体验吸引消费者的注意力，创新消费业态模式。四是建设综合智慧商圈。提升商圈、商业综合体、特色街区的智能化、数字化水平，打造一批集智慧管理、服务和营销等为一体的智慧商圈。五是促进"演赛展商旅"联动。充分利用杭州亚运会场馆基础设施，引入和支持大型演唱会、音乐节、重大体育赛事和大型展览等项目，依托赛事期间智能场馆、智能指挥系统能力，支持演艺、赛事、商贸深度融合发展，不断拓展消费链条，助力杭州打造"赛会之城·购物天堂"。

五、生态文明新视界：
智能亚运倡导绿色发展

数字化和绿色化已成为全球发展的重要主题，智能亚运和碳中和的相互融合、相互促进，成为杭州亚运会的一大特色创新，为智能、低碳的理念融入城市发展，加快形成数字化和绿色化导向的生产方式、生活方式和治理方式提供了宝贵财富。

推进数字化、绿色化协同转型发展

绿色低碳作为全球性的趋势，是促进可持续发展，实现经济、社会和环境协调的必然路径。2024 年 7 月，《中共中央 国务院关于加快经济社会发展全面绿色转型的意见》印发，提出要从能源、产业、交通和建筑等多个领域着手推动经济社会全面绿色转型。在能源领域，大力发展清洁能源，并强调通过数字化手段提升产业的核心竞争力；在产业领域，推动高耗能、高污染产业推广节能低碳技术和工艺，加快发展绿色低碳产业；在交通领域，推广低碳交通工具，加快车辆电动化替代；在建筑领域，推广绿色建筑、绿色建材，加强农业废弃物处理和秸秆焚烧等管控；在生活领域，加大绿色消费产品供给，推广节能减排、垃圾分类等绿色降碳行动，共同推动绿色低碳发展。

杭州亚运会在办赛过程中，深度践行了绿色化与数字化双转型、双协同的思路，主火炬塔使用了废碳再生的绿色甲醇作为燃料，每生产 1000 千克绿色甲醇可以消纳

1375 千克二氧化碳，实现了二氧化碳资源化利用、废碳再生；杭州奥体中心主体育场的江水源空调利用江水进行高效制冷和制热，光催化材料实现场馆表面自动分解污染物；杭州亚运会实现了绿色电力全覆盖，并在全国率先启动绿电交易。

杭州要推广亚运会绿色能源、绿色场馆和绿电交易等做法，深入推进现代化国际大城市减污降碳协同创新，推动"碳达峰试点城市"建设。一是推进能源绿色低碳转型。加快重点行业清洁生产技术改造和产业循环化改造，打造能源、工业、交通和建筑等重点领域低碳标志性工程；持续完善建筑领域绿色低碳技术标准体系，推进绿色建造、智能建造、BIM 等新技术的推广和应用；大力发展非化石能源，例如太阳能和水电等，加快构建新型电力系统。二是促进数字产业绿色发展。着力提升数据中心、网络通信设施、数字产业等节能技术、可再生能源的使用比例和能效水平。三是开展工业生产过程综合节能。推动"双化协同"技术在重点行业的应用，降低工业生产能耗水平；通过智慧能源系统发掘能源生产、传输、分配和存储等环节的数据价值，提升可再生能源的利用效率。四是持续培育绿色低碳生活方式。实施绿色产品消费券、消费增值绿色积分等多种绿色消费刺激形式，探索建设云种养等绿色产品产销协同模式，共同促进提升"双化协同"水平。

以数字技术拓展生态环境治理路径

健全和完善生态环境治理体系是中国式现代化建设中不可或缺的重要组成部分，更是构建人与自然和谐共生的美丽中国的关键所在。《中共中央关于进一步全面深化改革、推进中国式现代化的决定》提出了"健全生态治理体系"，对加快构建生态环境治理体系作出了新部署。一是构建多层次、多维度、立体化的治理体系，形成自上而下的治理层级，涵盖行政监管、市场机制、法律法规与公众参与等多个维度，形成多主体治理合力；二是构建突出区域差异化的生态环境协同治理新范式，建立跨行政区划的治理联合体，实施差异化的治理策略；三是强化生态环境治理的

市场化和信息化等能力建设，深化环境信息披露制度改革，构建环境信用监管体系，建立生态产品价值实现机制，推进生态补偿机制。

　　杭州亚运会的亚运环境质量保障指挥系统是对上述要求的一次生动诠释，系统在治理体系层面实现了部、省、市、县四级联动，现场人员、专家等多方参与的共同治理形式；在协同治理方面，整合了长三角41个城市的环境治理信息，形成联合治理、差异化实施；在数字化能力方面，更是通过实时接入环境质量、污染源和视频等各类信息，实现了对环境质量的全面监控和有效管理。

　　杭州要发挥亚运效应，以数字化赋能推进美丽杭州建设向更高水平迈进。一是完善环境感知能力，实现全面监测。建立健全全市生态质量监测网络，在重点园区开展

废气、废水、固废和噪声等工业主要污染环境风险预警监测等设施建设，构建生态环境态势感知"一张网"。二是提升数据治理能力，推动一体协同。强化全市生态环境数据的汇聚治理和融合分析，打通从污染源排放到环境质量变化的完整数据链，为环境污染防治精准溯源和精准预测提供有力的技术支撑，并实现横纵向的数据授权共享，提升美丽杭州建设的系统性、整体性和协同性。三是丰富数字化手段，促进个性化处置。基于杭州区域特色，构建针对千岛湖、西湖等水域及园区等重点区域，废水、废气和噪声等主要污染源的特色应用，进一步推广亚运环境质量保障指挥系统、秀水卫士等应用经验，构建全面联动、个性处置的生态环境服务能力。

附录

附录一　英文名词释义

序号	名称	释义
1	μg/m³	microgram per Cubic metre, 微克每立方米
2	1080P	一种在逐行扫描下达到 1920×1080 的分辨率的视频显示格式
3	2D	Two Dimensions, 二维
4	3D	Three Dimensions, 三维
5	3DAT	Three Dimensions Athlete Tracking, 三维运动员追踪
6	4K	属于超高清分辨率, 是指水平方向每行像素值达到或者接近 4096 个, 不考虑画幅比
7	5G	5th Generation Mobile Communication Technology, 第五代移动通信技术
8	8K	属于超高清分辨率, 是指水平方向每行像素值达到或者接近 7680 个, 不考虑画幅比
9	ABTC	APEC Business Travel Card, APEC 商务旅行卡
10	AED	Automated External Defibrillator, 自动体外除颤器
11	AGIS	Asian Games Information System, 亚运赛事网络系统
12	AGV	Automated Guided Vehicle, 自动导引车
13	AI	Artificial Intelligence, 人工智能
14	AIMS	Anti-doping Intelligent Management System, 反兴奋剂智慧管理系统
15	AIoT	Artificial Intelligence & Internet of Things, 人工智能物联网
16	AlipayHK	支付宝香港
17	APEC	Asia Pacific Economic Cooperation, 亚太经济合作组织
18	API	Application Programming Interface, 应用程序接口
19	APT	Advanced Persistent Threat, 高级持续性威胁
20	AR	Augmented Reality, 增强现实
21	AVS	Audio Video Coding Standards, 数字音视频编解码技术标准
22	B/S	Browser/Server, 浏览器 / 服务器模式
23	BIM	Building Information Model, 建筑信息模型
24	Bullet time	子弹时间, 一种使用在电影、电视广告或电脑游戏中的摄影技术模拟变速特效
25	CCTV	China Central Television, 中国中央电视台
26	Changi Pay	新加坡电子钱包

续表

序号	名称	释义
27	ChatGPT	Chat Generative Pre-trained Transformer, OpenAI 公司研发的一款聊天机器人程序
28	CIM	City Information Model, 城市信息模型
29	DDoS	Distributed Denial of Service, 分布式拒绝服务
30	DeepSeek	杭州深度求索人工智能基础技术研究有限公司推出的一款创新型 AI 助手
31	Diners Club	大来国际公司发行的信用卡
32	Discover	Discover Financial Services, 发现金融服务公司发行的信用卡
33	ECS	Elastic Compute Service, 阿里云提供的云服务器
34	EMSS	Emergency Medical Service System, 应急医疗服务体系
35	FIFA	International Federation of Association Football, 国际足球联合会
36	FOP	Field of Play, 比赛场地
37	Galacean	蚂蚁集团图形互动技术品牌
38	GIS	Geographic Information System, 地理信息系统
39	GPS	Global Positioning System, 全球定位系统
40	Hayya Card	2022 年卡塔尔世界杯球迷身份卡
41	HDS	Help Desk System, 帮助台系统
42	HiPay	蒙古国电子钱包
43	ID	Identity Document, 身份标识码
44	IE	Internet Explorer, 微软推出的网页浏览器
45	IMAX	Image Maximum, 比传统胶片更大和更高解像度的电影放映系统
46	IP	Internet Protocol, 互联网协议
47	IPS	Intrusion Prevention System, 入侵防御系统
48	ITCC	Information Technology Command Centre, 信息技术指挥中心
49	JCB	Japan Credit Bureau, 日本信用卡株式会社
50	Kakao Pay	韩国电子支付品牌
51	km	Kilometer, 千米
52	KNX	Konnex, 建筑自动化控制系统开放标准协议
53	LED	Light Emitting Diode, 发光二极管
54	MasterCard	万事达国际组织与全球各地银行联合发行的银行卡

续表

序号	名称	释义
55	mm	Millimetre, 毫米
56	MMC	Main Media Center, 主媒体中心
57	MOC	Main Operations Centre, 总指挥部 / 主运行中心
58	mPay	澳门电子钱包
59	ms	Millisecond, 毫秒
60	Naver Pay	韩国 Naver 公司电子钱包
61	NFC	Near Field Communication, 近场通信
62	OBS	Olympic Broadcasting Services, 奥林匹克广播服务公司
63	OBS Cloud	奥林匹克转播云
64	OCR	Optical Character Reader, 光学字符阅读器
65	ODF	Olympic Data Feed, 奥运数据集
66	PM2.5	Particulate Matter2.5, 细颗粒物
67	PPP-RTK	Precise Point Positioning RealTin Kinemalic, 精密单点定位和实时动态定位技术的组合
68	Q·Parking	杭州蜻蜓公园智慧停车管理系统
69	QoS	Quality of Service, 服务质量
70	RedCap	5G Reduced Capability, 轻量化 5G 技术
71	RIS	Reconfigurable Intelligence Surface, 智能超表面
72	Robotaxi	自动驾驶出租车
73	SAOT	Semi-Automated Offside Technology, 半自动越位识别技术
74	SenseAuto Pilot	商汤集团有限公司推出的绝影智能驾驶解决方案
75	SenseMARS	商汤集团有限公司推出的火星混合增强现实平台
76	SIEM	Security Information and Event Management, 安全信息和事件管理
77	Sora	OpenAI 公司研发人工智能文生视频生成大模型
78	TED	Technology Entertainment Design, 技术、娱乐、设计等主题的演讲或表演
79	Toss Pay	韩国 Viva Republica 公司电子钱包
80	Touch'n Go eWallet	马来西亚主流电子钱包
81	TrueMoney	泰国 Ascend Money 公司电子钱包
82	V2G	Vehicle to Grid, 电动汽车给电网送电的技术

续表

序号	名称	释义
83	VIP	Very Important Person，贵宾
84	Visa	Visa International Service Association，国际组织信用卡品牌
85	VR	Virtual Reality，虚拟现实
86	WADA	World Anti-Doping Agency，世界反兴奋剂机构
87	WARR	WRF ADAS Rapid Refresh System，快速更新同化数值预报模式
88	Web 3.0	用于描述互联网潜在的下一阶段，一个运行在"区块链"技术之上的"去中心化"的互联网
89	Web3D	网页三维
90	XR	Extended Reality，扩展现实

附录二 杭州亚运会赞助商项目建设名单

序号	赞助商		承建项目
1	官方合作伙伴	浙江吉利控股集团有限公司	"亚运中国星"高精度车辆监管平台;自动驾驶乘用车等
2		中国移动通信集团有限公司	黄龙体育中心"智慧场馆大脑";杭州电竞中心数字驾驶舱;5G-A 无源物联基站;5G-A 通感车联基站;亚运元宇宙;XR 票面互动体验;VR 直播观赛等
3		中国电信集团有限公司	"子弹时间"直播;5G-A 超高清浅压缩视频传输及虚拟同框;全沉浸式裸眼 3D 体验厅等
4		中国工商银行股份有限公司	数字人民币"硬件钱包"
5		浙江长龙航空有限公司	长龙航空智慧运行中心及航空生态平台
6		阿里巴巴(中国)有限公司	亚运钉;全链路多端云转播;"大小莲花"数智管理舱;云上亚运村;数字人手语翻译机器人"小莫"等
7		支付宝(中国)网络技术有限公司	智能亚运一站通;亚运数字火炬手;AI 写真馆;移动支付;无障碍支付;开幕式现场 AR 互动等
8		杭州安恒信息技术股份有限公司	亚运天穹防御系统
9		博南体育科技公司	计时记分系统
10	官方赞助商	杭州海康威视数字技术股份有限公司	赛事综合指挥平台;安保综合数据平台;交通指挥调度平台;AI 智能识别安检系统;亚运三馆智慧场馆数字化监管平台等
11	官方独家供应商	浙江商汤科技开发有限公司	亚运 AR 服务平台;亚运 AR 智能巴士、亚运 AR 眼镜、亚运 AR 智能屏等
12	官方非独家供应商	杭州嘉培科技有限公司	亚运全景 VR 平台
13		杭州城市大脑有限公司	杭州亚运行、电子身份注册卡

附录三 杭州亚运会非赞助商建设项目清单

序号	所属领域	应用名称	建设单位 / 承建单位
1	智能指挥	信息技术指挥平台	国家体育总局体育信息中心
2		亚运任务在线	亚运会和亚残运会杭州市运行保障指挥部
3		杭州城市运行管理服务平台	杭州市综合行政执法局（杭州市城市管理局）
4		城市眼·云共治驾驶舱	杭州市拱墅区人民政府
5		杭州亚运会赛事安全指挥平台	杭州市公安局
6		AR 实景地图指挥系统	杭州市临平区人民政府
7	智能安防	太赫兹智能人体安检系统	乾元实验室
8		杭州亚运会低空安全监管平台	杰能科世智能安全科技（杭州）有限公司
9		城市环境低空安全电磁防御系统	杭州钱塘科技创新中心
10		低慢小目标侦干毁一体防控系统	乾元实验室
11		水陆一体安防系统项目	中国船舶集团有限公司第七一五研究所
12		亚运海关监管平台	中华人民共和国杭州海关
13	智能交通	亚运智慧交通（全息路口、绿波带）	杭州市公安局萧山区分局交通警察大队
14		智能网联车辆运行管理服务平台	绍兴市交通运输局
15		亚运数字专用车道	杭州市公安局交通警察支队
16	智能医疗	5G-AR 远程云诊疗系统	浙江瑞海思智慧医疗科技有限公司
17		智能亚运保障急救系统	杭州市急救中心、之江实验室
18		5G 医疗急救无人机	杭州市急救中心、杭州迅蚁网络科技有限公司
19	智能转播	8K 超高清转播	中央广播电视总台
20	智能场馆	视觉形变监测平台	杭州鲁尔物联科技有限公司
21		杭州电竞中心无源无线测温传感器	浙江悦和科技有限公司
22		亚运场馆夜景照明一体化管理平台	杭州罗莱迪思科技股份有限公司
23		杭州奥体中心游泳馆水循环系统	北京恒动环境技术有限公司
24		"大莲花"光催化材料	浙江和谐光催化材料有限公司
25	智能基础设施	亚运赛事气象保障服务综合指挥平台	浙江省气象局、杭州市气象局
26		亚运赛事智能气象预报预警服务系统	浙江省气象局、杭州市气象局
27		亚运环境质量保障指挥系统	杭州市生态环境局
28		秀水卫士	杭州市生态环境局淳安分局
29		杭州亚运会电力运行保障指挥平台	国网浙江省电力有限公司
30		配电数智设备机器人"米特"	国网浙江省电力有限公司杭州供电公司、杭州云深处科技有限公司
31		智能地钉	国网浙江省电力有限公司绍兴供电公司越城供电分公司
32		亚运供排水保障智能平台	杭州余杭水务控股集团有限公司
33		杭州亚运会数智消防综合平台	杭州市消防救援支队

续表

序号	所属领域	应用名称	建设单位 / 承建单位
34	智能竞技	基于 AI 的运动动作识别和运动辅助系统	浙江体育职业技术学院
35		中国乒乓球队智能大数据分析决策平台	浙江大学
36		反兴奋剂智慧管理系统	中国反兴奋剂中心
37	智能生活	亚运电视专属平台	华数数字电视传媒集团有限公司
38		智能语言翻译机	科大讯飞股份有限公司
39		亚运食品智慧监管系统	杭州祐全科技发展有限公司
40		智能鲜食机	快鳄（杭州）科技有限公司
41		无人冰淇淋车	新石器（杭州）无人车科技有限公司
42		3D 云阵相机	杭州优链时代科技有限公司
43		3D 打印·元宇宙体验舱	杭州盼打科技有限公司
44		智能篆刻系统	浙江大学
45	机器人	四足机器狗服务投掷类田径项目	杭州宇树科技有限公司
46		安保智能巡逻机器人	浙江小远机器人有限公司
47		安消一体巡检机器人	高新兴科技集团股份有限公司
48		搬运机器人	杭州蓝芯科技有限公司
49		无介质全息数字迎宾机器人	杭州飞像科技有限公司
50		消杀机器人	浙江孚宝智能科技有限公司
51		智能巡检灭蚊机器人	杭州申昊科技股份有限公司
52		咖啡机器人	万事达（杭州）咖啡机有限公司
53		人形机器人与四足机器人的协同表演	之江实验室、杭州云深处科技有限公司
54		围棋机器人	浙江钱塘机器人及智能装备研究有限公司
55		画像机器人	杭州妙绘科技有限公司
56	智能助残	智能仿生手、智能仿生腿	浙江强脑科技有限公司
57		智能导盲犬	杭州宇树科技有限公司
58	智能表演	立体透视网幕、超级地屏	西安诺瓦星云科技股份有限公司
59		数控草坪	浙江迪生光电股份有限公司
60		数字烟花	湖南孝文电子科技有限公司
61	智能支付	光交互闪光吉祥物	杭州闪易科技有限公司
62	智能体验	无人机主题表演	上海千机创新文旅科技集团有限公司
63		数字气味播放器	杭州气味王国科技有限公司
64	智能公共设施	杭州市钱塘区智能网联公交线	钱塘区智能网联汽车办
65		绍兴自动驾驶亚运公交专线	绍兴市公共交通集团有限公司、绍兴市未来社区开发建设有限公司
66		温州 S1 线"智慧客服中心"	浙江幸福轨道公司
67		"亚运场馆在线"平台	杭州市体育局
68		莫角山朝圣之路 AR 体验项目	杭州良渚遗址管理区管理委员会、新华智云科技有限公司
69		南宋德寿宫遗址博物馆"词雨弄潮"项目	浙江天迈文化科技有限公司

附录四 智能亚运重点项目解决方案征集工作最佳奖获奖名单

序号	领域	企业（单位）名称	方案名称
1	智能指挥	中国电信股份有限公司浙江分公司与中国科学院自动化研究所联合体	亚运会智能指挥系统（MOC）
2		中国移动通信集团浙江有限公司与清华大学公共安全研究院、深圳清华大学研究院联合体	智能亚运智能指挥系统
3		城云科技（中国）有限公司	智能指挥平台
4		杭州海康威视数字技术股份有限公司	亚运会智能指挥项目
5		杭州数梦工场科技有限公司	应急指挥系统
6		华数数字电视传媒集团有限公司与航天科工广信智能技术有限公司联合体	智能亚运智能指挥项目
7	智能安防	杭州海康威视数字技术股份有限公司	智能安防系统
8		华数数字电视传媒集团有限公司与航天科工广信智能技术有限公司联合体	智能安防系统
9		中国移动通信集团浙江有限公司与浙江商汤科技开发有限公司联合体	智能安防系统
10	智能安检	同方威视技术股份有限公司	智能安检系统
11		杭州海康威视数字技术股份有限公司	智慧安检系统
12	智能生活	腾讯云计算（北京）有限责任公司	智能生活服务管理平台
13		中国电信股份有限公司浙江分公司与绿城理想生活服务集团有限公司联合体	亚运会智能生活平台
14		中国移动通信集团浙江有限公司	智能生活
15	智能表演	浙江大丰实业股份有限公司	"智能亚运"表演项目应征解决方案
16	智能场馆	阿里云计算有限公司	数字平行世界智能场馆解决方案
17		中国移动通信集团浙江有限公司与浙江中控技术股份有限公司联合体	智能场馆管理平台
18		中国电信股份有限公司浙江分公司	亚运会智能场馆项目
19		浙江科澜信息技术有限公司	智能亚运数字孪生 CIM 平台项目应征解决方案
20	智能语言	腾讯云计算（北京）有限责任公司	腾讯智能语言服务
21		中移在线服务有限公司浙江分公司与英华博译（北京）信息技术有限公司联合体	智能亚运智能语言服务项目
22	智能出行	阿里云计算有限公司	结合杭州城市大脑的智能出行解决方案
23		杭州海康威视数字技术股份有限公司	第 19 届亚运会智能出行解决方案

续表

序号	领域	企业（单位）名称	方案名称
24	智能观赛	浙江商汤科技开发有限公司	智能亚运智能观赛项目
25		中国移动通信集团浙江有限公司	下一代沉浸式智慧观赛新体验
26	创新技术应用展示	杭州云象网络技术有限公司	智能亚运区块链综合应用平台
27		中国电信浙江分公司与浙江商汤科技开发有限公司联合体	AI+AR 亚运多场景应用
28		苏州中阑文化科技有限公司与杭州师范大学联合体	面向智能亚运的数字文化展示与传播
29		广州码石信息科技有限公司	室内位置服务赋能亚运场馆
30		诸暨市云杰科技有限公司	智能机器狗 - 前沿科技展示

附录五　浙江省科技厅亚运会支持项目

序号	年份	项目名称	承担单位
1	2019	2022 年亚运会智能化技术创新与应用研究－面向复杂大场景的安防和全息多媒体展示多功能智能机器人研究	浙江大学
2		2022 年亚运会智能化技术创新与应用研究－基于无人机及 5G 的空气质量监测系统关键技术及应用	浙江贝尔技术有限公司
3		智能安防典型场景解决方案研究及应用示范－基于人工智能技术的研究及应用	杭州海康威视数字技术股份有限公司
4		分布式配电网智能调控技术研究及应用－户用光伏发电运行安全智能监控系统	浙江正泰仪器仪表有限责任公司
5	2020	基于"智能亚运"等重大活动公共安全需求的关键技术、装备研究及应用示范－面向监狱管理的智能视频监控系统设计与开发	浙江理工大学
6		基于"智能亚运"等重大活动公共安全需求的关键技术、装备研究及应用示范－基于"智能亚运"等重大活动公共安全需求的警务实战 VR 情景训练系统研发及示范	浙江警察学院
7		基于"智能亚运"等重大活动公共安全需求的关键技术、装备研究及应用示范－基于大数据驱动的重大活动公共安全防控平台及装备研发	杭州匡信科技有限公司
8		面向 2022 年亚运会的视频直播编码技术研究－现场及云端协同视频编解码传输直播技术研究	杭州趣看科技有限公司
9		面向 2022 年亚运会的视频直播编码技术研究－基于云端协同的亚运赛事视频直播技术研究及应用	阿里巴巴（中国）有限公司
10	2021	基于 AI 的运动动作识别和运动辅助系统的研发－备战杭州亚运浙籍选手关键技术优化及训练辅助系统研发	浙江体育职业技术学院
11		智慧亚运关键技术研发及应用示范－亚运场馆智能导航、安防和质检机器人的研发和应用	西湖大学
12		基于"智能亚运"等重大活动公共安全需求的关键技术、装备研发及应用示范－面向亚运会场馆的公共安全智能物联网关键技术	浙江大学
13	2021	基于"智能亚运"等重大活动公共安全需求的关键技术、装备研发及应用示范－重大活动公共安全智能防控平台开发及应用示范	杭州电子科技大学
14		基于"智能亚运"等重大活动公共安全需求的关键技术、装备研发及应用示范－杭州亚运会场馆水下智能安全防卫系统	西湖大学
15		基于 AI 的运动动作识别和运动辅助系统的研发－面向足篮排场馆的运动数据采集装置及智能辅助训练系统研制	新华智云科技有限公司

续表

序号	年份	项目名称	承担单位
16		面向重大赛事活动的智能服务平台关键技术研发及应用示范	浙江大学
17	2022	基于"智能亚运"等重大活动公共安全的关键技术、装备研发及应用示范 - 基于拉曼光谱的危险物品成分检测仪器研发及应用示范	浙江工业大学
18		基于"智能亚运"等重大活动公共安全的关键技术、装备研发及应用示范 - 面向反恐侦查的便携式太赫兹穿墙多目标成像系统研制	浙江财经大学
19	2023	竞技体育智能化精准运动训练辅助系统研发与示范应用	浙江体育职业技术学院

附录六　杭州市科技局亚运会支持项目

序号	项目名称	承担单位
	2022 年立项项目	
1	四足机器人在颁奖仪式和运动员场务服务方面的应用	杭州宇树科技有限公司
2	基于智能超表面（RIS）的新型移动通信技术在亚运场馆的示范应用	杭州钱塘信息有限公司
3	医疗急救无人机在亚运医疗保障的应用	浙江省杭州市急救中心
4	杭州亚运会无人机城市空中运输	杭州迅蚁网络科技有限公司
5	基于深度视觉感知技术的智能搬运机器人	杭州蓝芯科技有限公司
6	可见光交互技术亚运智能应用项目	杭州闪易科技有限公司
7	面向大型活动疫情防控的智能机器人技术研究及其亚运会应用	杭州申昊科技股份有限公司
8	助力亚运食安保障智慧管理应用项目	杭州祐全科技发展有限公司
9	基于无介质全息技术的亚运会应用方案	杭州飞像科技有限公司
10	亚运会量子安全综合数据管控平台	浙江神州量子通信技术有限公司
11	智能导盲四足机器人系统研制	西湖大学
12	基于 5G 物联网技术移动监护系统在杭州亚运急救医疗保障中的应用研究	杭州市第一人民医院
13	亚运场馆互动、导引、消杀智能机器人系统	浙江孚宝智能科技有限公司
14	"低、慢、小"无人机精确诱捕智能安保系统	杭州雷擎电子科技发展有限公司
15	杭州亚运会（亚残运会）人员及车辆制验证管理系统	杭州中奥科技有限公司
16	"亚运全景"数字化新基建 VR+AR+AI 一站式解决方案	杭州嘉培科技有限公司
17	印记亚运——元宇宙背景下的智能篆刻创作	浙江智琮科技有限公司
18	亚运安保智能巡逻机器人	浙江小远机器人有限公司
19	面向亚运会大型体育赛事的智能超高清三维虚拟制播平台	杭州趣看科技有限公司
20	基于分布式服务框架的无延迟多维度视角智能亚运观赛平台	杭州电魂网络科技股份有限公司
21	"智能亚运"智能指挥平台	城云科技（中国）有限公司
22	亚运个性艺术肖像工牌与场馆画像机器人的部署应用	杭州妙绘科技有限公司
23	中国乒乓球队智能大数据分析平台	浙江大学计算机创新技术研究院
24	元宇宙数字人技术在亚运会的落地应用	杭州优链时代科技有限公司
25	多语种辅助机器人平台化项目	杭州哈智机器人有限公司
26	物联网智慧照明系统在绿色亚运中的综合应用	永馨智慧科技（杭州）有限公司

续表

序号	项目名称	承担单位
27	无人售卖现磨咖啡机器人	万事达（杭州）咖啡机有限公司
28	空间电磁安全卫士与智慧场馆数字孪生平台	西安电子科技大学杭州研究院
29	基于人工智能的场馆设施安全监测预警项目	杭州鲁尔物联科技有限公司
30	亚运周边场所安保智能巡逻四足机器人	杭州靖安科技有限公司
31	基于 GIS 的智慧低空安防信息系统	钱塘科技创新中心
32	数字气味播放器在亚运会的应用	杭州气味王国科技有限公司
33	基于光影渲染技术的沉浸式裸眼 3D 体验解决方案	浙江中南卡通股份有限公司
34	基于 RS+AIoT 技术的千岛湖水安全保障及亚运应用	杭州水保科技有限公司
35	基于多维感知技术的智能搬运机器人	浙江华睿科技股份有限公司
36	精密贵金属 3D 打印技术在亚运纪念品制作中的应用	芯体素（杭州）科技发展有限公司
37	基于室内外精确位置的亚运场馆智能安防系统	杭州中震科技有限公司
38	杭州亚（残）运会一站式智能化防疫健康管理服务系统研发	迪安诊断技术集团股份有限公司
2023 年立项项目		
1	智慧亚运场馆智能灯具及其软件平台融合研究及应用	杭州罗莱迪思科技股份有限公司
2	基于自动化和数字化打造的智能餐饮解决方案 -3D 烹饪智能鲜食机	杭州话饼智能科技有限公司
3	国产 KNX 芯片与系统在亚运智能化场馆中的应用	杭州深渡科技有限公司
4	基于自主标准 AVS3 的 8K 超高清电视广播与智能信息发布系统	浙江省北大信息技术高等研究院
5	服务亚运会安全保障的太赫兹智能人体安检系统研发与应用	乾元科学研究院
6	低慢小目标侦干毁一体防控系统	乾元科学研究院
7	亚运主场馆 5G +光交互智慧综合服务与应用系统	杭州闪易科技有限公司
8	消防巡查机器人亚运场馆创新应用研究	浙江振大实业建设有限公司
9	杭州亚运食品农残快检多联卡开发及智能信息化关键技术攻关与应用示范	杭州市食品药品检验科学研究院
10	亚运会及亚残运会在线咨询与实时互动平台	杭州网易智企科技有限公司
11	人形机器人火炬传递应用开发	杭州云深处科技有限公司
12	面向智能观赛的真人级全息直播亭与高维度交互式自由观赛系统	西安电子科技大学杭州研究院

附录七　信息技术指挥中心指挥层主要人员

序号	业务组	姓名	岗位
1	指挥层	胥伟华	指挥长
2		林革	指挥长
3		李业武	执行指挥长
4		詹佳祥	执行指挥长
5		沈凯波	执行指挥长
6		张鸽	执行指挥长
7		孟亚峥	副指挥长
8		赖立文	副指挥长
9		杨晓勇	副指挥长
10		赵自芳	副指挥长
11		姚利民	副指挥长
12		姜楚江	副指挥长
13		施雄伟	副指挥长
14		欧阳波	副指挥长
15	综合保障组	赵梅芳	综合保障主任
16	智能亚运组	郑俊	智能亚运主任
17	运行管理组	阳琳赟	运行管理主任
18	赛事信息系统组	詹永喆	信息系统主任
19	通信网络组	叶孟飞	通信网络主任
20	网络安全组	楼周锋	网络安全主任
21	无线电安全组	蔡旭阳	无线电安全保障主任

附录八　智能亚运组主要人员构成

序号	姓名	岗位
1	郑俊	智能亚运主任
2	屠娇绒	智能亚运值班主任
3	雷卿	智能亚运值班主任
4	张霄龙	智能亚运值班主任
5	冯艳华	一站通应用主管
6	冯烨妍	一站通应用主管
7	杜欣	一站通应用主管
8	王东兴	一站通值班主管
9	徐文海	一站通值班主管
10	刘凯淇	一站通值班主管
11	边心搏	一站通服务专家
12	徐翔	一站通服务专家
13	唐岚	一站通服务专家
14	濮小燕	一站通运营
15	俞婷莉	一站通运营
16	董韵琪	一站通运营
17	方美丽	杭州亚运行应用主管
18	胡浙飞	杭州亚运行应用主管
19	方文诗	杭州亚运行应用主管
20	周建平	杭州亚运行值班主管
21	马晓雨	杭州亚运行值班主管
22	韩诗琳	杭州亚运行值班主管
23	张佳军	杭州亚运行值班主管
24	俞金萍	杭州亚运行服务专家
25	章佳丹	杭州亚运行服务专家
26	孙昊天	杭州亚运行服务专家
27	邵昱昊	杭州亚运行服务专家
28	任红红	智能项目应用主管

续表

序号	姓名	岗位
29	张善达	亚运钉应用主管
30	陈磊	亚运钉应用主管
31	葛家藤	亚运钉应用主管
32	牛力平	亚运钉值班主管
33	洪雪强	亚运钉值班主管
34	王露莹	亚运钉值班主管
35	王超	亚运钉值班主管
36	何晋	智能项目应用主管
37	柯飞君	智能项目应用主管
38	李嘉棋	智能项目值班主管
39	冯雪松	智能项目值班主管
40	吕万里	智能项目值班主管
41	胡楠	智能项目值班主管
42	向智军	智能项目值班主管
43	季文浩	智能项目值班主管
44	李炳泽	智能项目值班主管
45	侯瑶	智能项目值班主管

附录九 各方评价

智能亚运开创了数字化办赛的先河，成为我国尖端数字技术发展的展示窗口，亚运史上首个"一站式"数字观赛服务平台、首个数实融合的点火仪式、首届"云上亚运"、首张电子身份注册卡、首次实现移动支付互联的亚运会、首张 5G-Advanced 万兆网络走进现实……20 余项首推、首创、首用的科技应用得到了 500 多家国内媒体和 50 多家国际主流媒体的广泛赞誉。

在刚刚闭幕的杭州第 19 届亚洲运动会上，从首创亚运数字火炬手到推出电子身份注册卡、探索使用 5G-A 新技术……数字赋能、科技助力，让世界看到了中国的科技实力和东方文化的魅力。

——2023 年第 20 期《求是》

《推进党的创新理论体系化学理化》

这是一场数字和实体交相辉映的体育盛会，杭州亚运会以智能化的奋斗目标，实践了科技应用对现代文明发展的推动，展现了数实融合科技应用的时代之光。

——新华社《科技塑造亚运亚运展现未来——杭州智能亚运绽露数实融合时代》

杭州亚运会用科技创造历史，用创新为亚运赋能，让世界看到"数字中国"。

——新华社《"智"感十足的亚运会有啥"黑科技"？》

杭州的智能科技惊艳世界——场上有帮助传递标枪、铁饼的"显眼包"机器狗，宾馆里有"问不倒"的智能机器人"导游"；走进地铁"亚运专列"，OLED 智慧车窗系统里闪烁着赛博朋克的画面；徜徉历史街区，裸眼 3D 和"元宇宙"体验让你瞬间"穿越"回古代中国……

——新华社《杭州，感谢亚运！》

智能是杭州亚运会的办赛理念之一。用数字化赋能赛事筹备，提高赛时管理水平，已成"标配"。亚运会赛事总指挥部如一个大脑，对各类数据进行汇总、整合、分析，实时呈现赛事进程、交通物流、电力运行、食宿保障、卫生医疗等多种信息，实现多维度调度、高效率指挥，保障亚运会顺利举办。

——人民日报《杭州亚运会彰显满满"科技范儿"——科技支撑绿色智能》

在技术支持下，杭州亚运会不仅在亚运史上首创开幕式数字点火仪式，而且有更多突破：云计算替代传统数据中心，全面支撑亚运会的组织和运营；通过人工智能红外追踪技术，人工智能裁判将选手的每个动作实时转换成三维图像，对选手的各项身体参数和动作角度进行分析、打分……

——人民网《"数实融合"让杭州亚运会更智能》

在杭州举办的这场亚运会，既是一次体育盛会，亦是一场科技盛宴。在亚运村，有"舞蹈演员"机器人，可为"村民"进行舞蹈表演；在羽毛球场馆，机器人又化身"快递员"，可帮羽毛球运动员寄送物品……杭州亚运会在众多的场馆部署了配送、巡防、迎宾、灭蚊等各类机器人，服务于公共表演、体育训练、安全保障、教育娱乐等领域。

——人民网《"数智融合"闪耀杭州亚运会》

观众在场馆内外的指定地点，通过手机扫描，就能与亚运吉祥物"隔空见面"，享受他们的热情欢迎；在场馆群中亦可通过实用的 AR 实景导航导览，体验一键直达目的地的高效穿梭服务。位于场馆内的 AR 眼镜和智能屏互动体验，更是能够带领观众沉浸式观看杭州文化内容、快捷查询赛事信息，还可以和吉祥物互动、合影，感受亚运文化的同时，留下自己专属美好的"杭州韵"记忆。

——人民网《科技助力杭州亚运会打造虚实融合赛事体验》

杭州亚运会也让亚洲和世界看到了一个开放、热情、现代化的中国。目前，浙江正在建设共同富裕示范区，是中国式现代化的先行者；杭州是中国数字经济发展最为活跃的城市之一。本届亚运会上，智能亚运被首次纳入办赛理念。从亚运史上首个"一站式"数字观赛服务平台"智能亚运一站通"，到智能服务机器人进行场馆导览、赛事讲解，再到绿茵场会按时"喝"水、路边座椅能自动给手机充电，智能亚运成为外界观察中国式现代化的一扇窗口。

——中央广播电视总台国际在线

《国际锐评 | 杭州亚运会何以得到亚洲人民坚定支持》

杭州亚运会是史上首届提出"智能"办赛理念的亚运会，创下多个"首次"。诸多"首次"是中国创新的积累。智能亚运是观察中国式现代化的一个很好的窗口。创新是中国式现代化的第一动力，智能亚运就是近年来中国创新成就的一个缩影。在智能亚运中，人们还看到了中国式现代化以人民为中心的本色。

——中央广播电视总台国际在线

《国际锐评 | 智能亚运是观察中国式现代化的一个窗口》

亚运史上首个"一站式"数字观赛服务平台、首个数字点火仪式、首届"云上亚运"、首次实现移动支付互联……这一系列首创，让杭州亚运会成为有史以来数字化程度最高的亚运会之一。相聚一团火，化作满天星。闭幕式上，亚运数字火炬人"弄潮儿"送给所有人一份特别的礼物—象征着亚运精神永远传承的"亚运星光数字纪念章"。

——中央广播电视总台国际在线

《国际锐评 | 杭州亚运会落幕，中国送给世界一份特别礼物》

图书在版编目（CIP）数据

杭州亚运会的智慧之光 / 2022 年第 19 届亚运会组委

会主编. -- 北京 ： 人民邮电出版社，2025. -- ISBN

978-7-115-65915-6

Ⅰ. G811.23-39

中国国家版本馆 CIP 数据核字第 2025XX4794 号

内 容 提 要

　　本书是一本全面记录和深入分析杭州亚运会智能化应用的专著。书中详细阐述了智能亚运的起源背景、内涵、顶层架构和目标，以及通过赛事经验借鉴，如何在大型体育赛事中实现智能化的创新实践。全书分为多个章节，涵盖了智能办赛、智能参赛、智能观赛等多个方面，展示了智能指挥、智能安防、智能交通等智能化系统的应用，并探讨了智能亚运对经济社会发展的影响和赛后遗产的利用。书中不仅介绍了杭州亚运会在数字化、智能化方面取得的成就，还探讨了这些技术如何提升赛事质量、保障赛事安全、丰富观众体验，并推动相关产业的发展，同时，也展望了大型体育赛事智能化应用的未来，为体育赛事的未来发展提供了宝贵的经验和启示。通过这本书，读者可以获得对智能亚运全貌的深刻理解，以及对科技创新在体育领域应用的深入洞察。

◆ 主　　编　2022 年第 19 届亚运会组委会
　　责任编辑　赵　娟
　　责任印制　马振武
◆ 人民邮电出版社出版发行　　北京市丰台区成寿寺路 11 号
　　邮编　100164　　电子邮件　315@ptpress.com.cn
　　网址　http://www.ptpress.com.cn
　　北京盛通印刷股份有限公司印刷
◆ 开本：787×1098　1/16
　　印张：19　　　　　　　　　　　　2025 年 6 月第 1 版
　　字数：271 千字　　　　　　　　　2025 年 6 月北京第 1 次印刷

定价：88.00 元

读者服务热线：(010)53913866　印装质量热线：(010)81055316
反盗版热线：(010)81055315